电力企业
标准化工作指南

DL/T 485—2018《电力企业标准体系表编制导则》
和 DL/T 800—2018《电力企业标准编写导则》
解读

中国电力企业联合会标准化管理中心 组编

中国电力出版社
CHINA ELECTRIC POWER PRESS

内 容 提 要

为满足电力企业在构建标准体系、编制企业标准等标准化工作方面的需求，中国电力企业联合会标准化管理中心组织权威标准化专家编写了本书。本书通过对 DL/T 485—2018《电力企业标准体系表编制导则》、DL/T 800—2018《电力企业标准编制导则》的解读，为电力企业科学开展标准化工作提供有效的指导和帮助。

本书内容共分 14 章，分别为电力行业标准化发展概况、标准系统原理、企业标准体系结构特性与功能、企业标准体系表编制要求、电力企业标准体系表构成、电力企业标准体系结构、技术标准体系、管理标准体系、岗位标准体系、标准明细表、标准统计表、标准体系表编制说明、企业标准体系表编制程序、标准编写基本要求。此外，本书设置了 4 个附录，收录了电力企业标准化工作必备标准。

本书适用于电力企业标准化工作人员，其他相关工作人员也可参考阅读。

图书在版编目（CIP）数据

电力企业标准化工作指南 / 中国电力企业联合会标准化管理中心组编.
—北京：中国电力出版社，2019.4（2023.4 重印）
ISBN 978-7-5198-3051-9

Ⅰ.①电… Ⅱ.①中… Ⅲ.①电力工业－工业企业－标准化管理－指南 Ⅳ.①F407.616-62

中国版本图书馆 CIP 数据核字（2019）第 065480 号

出版发行：中国电力出版社
地　　址：北京市东城区北京站西街 19 号（邮政编码 100005）
网　　址：http://www.cepp.sgcc.com.cn
责任编辑：刘亚南（010-63412330）　付静柔
责任校对：黄　蓓　郝军燕
装帧设计：王红柳
责任印制：钱兴根

印　　刷：北京天宇星印刷厂
版　　次：2019 年 4 月第一版
印　　次：2023 年 4 月北京第五次印刷
开　　本：850 毫米×1168 毫米　32 开本
印　　张：10.375
字　　数：278 千字
定　　价：48.00 元

编 委 会

以新版国标思想为指导
电力行业标准为依据
深入推动电力企业标准化建设
（代序）

2017 年底，新版《企业标准体系》系列国家标准经国家质量监督检验检疫总局和国家标准化管理委员会联合发布，于 2018 年 7 月 1 日起正式实施。这一系列标准的修订和发布实施，将在新形势下，进一步指导企业构建适合自身发展战略、经营管理需要的标准体系，形成自我驱动的标准体系实施、评价和改进机制，掀起企业标准化工作新热潮，助推企业提升管理水平，提高整体绩效，使企业的生产经营和管理全面实现可持续发展。

一、电力企业标准化管理已取得重要成果

电力企业标准化工作全面展开。企业标准化是标准化工作的重要组成部分，是企业的一项综合性基础工作，是企业组织现代化大生产的必要条件和实现专业化生产的前提，贯穿于企业整个生产、技术和管理活动的全过程。通过企业标准化活动的开展，企业可以在规范技术要求、统一管理内容，节约原材料和有效利用各类资源，加快新产品的研发、缩短产品生产周期，稳定和提高产品与服务质量上，促进企业不断提升能力并对经济和社会效益等各方面起到重要促进作用。电力企业实行标准化管理始于 20 世纪后期，最初阶段的特点是质量为先，兼顾安全、健康、环境等管理体系，通过导入 GB/T 19001《质量管理体系 要求》、GB/T 24001《环境管理体系 要求及使用指示》、GB/T 28001《职业健康安全管理体系 要求》标准，建立并实施三标一体化管理体系，完善标准体系。随着标准化管理理论的成熟和企业管理升级的需要，电力企业不断健全标准化组织机构，立足服务企业战略目标，结合企业实际及内在需求，建立了以技术标准为主体，管理标准和工作标准协

调配套的企业标准体系。国家电网公司从转变公司发展方式出发，提出了按照集团化运作、集约化发展、精益化管理、标准化建设要求，建立了科学合理、运行良好、不断改进的企业标准体系。大唐集团在 2012 年对标准化建设工作进行全面部署，提出了"126"工作思路，即：把握建设集团公司一体化标准化平台这一主线，突出"标准完善、标准执行"两个重点，抓好"调整机构、构建体系、完善平台、开展试点、检查督办、培育意识"6 项主要工作。各电力集团公司的重视和支持，有力推动了电力企业标准化建设进程。

国家标准化管理委员会和原国家电力监管委员会联合开展电力企业"标准化良好行为企业"确认。电力企业通过标准化工作的有效开展和标准体系的有效运行、持续改进，提高了工作效率，节约了生产成本，在实现企业战略目标、保障电力建设和生产安全、提升管理水平等方面都发挥了重要作用，标准化活动成效在企业发展中的作用日益凸显。为在电力行业更加广泛深入地开展标准化活动，全面推动电力企业标准化工作开展，2003 年，中国电力企业联合会（简称中电联）进行了电力企业标准体系建设的探索，得到国家标准化管理委员会（简称国标委）和原国家电力监管委员会（简称电监会）的大力支持以及电力企业的广泛认同。国标委和电监会分别于 2006 年和 2008 年联合印发了《电力企业标准化良好行为试点及确认管理办法》（简称《管理办法》）和《电力企业标准化良好行为试点及确认工作实施细则》（简称《实施细则》），这标志着在国家政府部门的支持下，电力企业 "标准化良好行为企业"试点及确认工作正式开展。"标准化良好行为企业"试点及确认工作是电力企业根据《企业标准体系》系列国家标准和有关电力行业标准，建立以技术标准为核心、管理标准和工作标准相配套的企业标准体系，并有效实施和持续改进的企业标准化活动。《管理办法》和《实施细则》是在国家标准和行业标准指导下，电力企业开展标准化良好行为试点和确认活动的重要依据性文件。

受政府部门委托，中电联具体组织实施"标准化良好行为企业"评价确认。为使电力企业标准化良好行为试点及确认活动的正常有序开展，国标委和电监会决定成立电力企业标准化良好行为试点和确认工作办公室，挂靠在中电联标准化管理中心，具体负责电力行业开展标准化良好行为企业试点及确认的各项工作和日常管理。2010 年，经企业自愿申报、国标委和电监会研究，确定了第一批电力企业标准化良好行为企业试点单位共 88 家。2012 年，电监会联合国标委召开了电力企业标准化良好行为企业试点及确认工作现场会，为首批通过确认的 30 家电力企业颁发了标准化良好行为企业牌匾。

2013 年，电监会和国家能源局进行重组后，国家能源局对电力企业标准化良好行为企业试点及确认活动的开展模式进行了调整，明确继续支持和推动这项活动的开展，委托中电联具体组织实施。经电力企业自愿申请，中电联先后确定了 3 批试点企业名单，并具体组织现场确认活动和日常管理工作，截至 2018 年底，已有超过 200 家电力企业通过了标准化良好行为企业的确认，企业从事的专业涵盖了电力设计、施工、发电（水、火、新能源）以及电网等各个领域。确认工作也走向了海外，中国电建海外投资公司柬埔寨甘再水电公司通过标准化良好行为企业 4A 级确认。通过标准化良好行为企业的创建，促进了技术进步与成果转换，提升了企业各项管理水平，规范了员工的工作行为，为电力企业标准化工作的全面开展奠定了基础、积累了经验、树立了示范。

二、《企业标准体系》系列国家标准不断修订完善对指导企业标准化工作起到了重要作用

《企业标准体系》系列国家标准制、修订历程。企业标准化管理的主要依据是《企业标准体系》系列国家标准。1995 年，随着我国社会主义市场经济体系逐步完善，经济全球化的步伐加快，企业要适应市场竞争的需要，不仅产品质量要达到高技术标准要求，而且要通过管理标准和工作标准对产品全过程实施有效控制，以保证产品的可信性，增强产品在国内外市场的竞争力。为此，原国家技术监督局标准化司在《企业标准化纲要》的基础上，充分研究了在社会主义市场经济体制对企业经营管理的要求，制定了 GB/T 15496—1995《企业标准化工作指南》、GB/T 15497—1995《企业标准体系 技术标准体系的构成和要求》和 GB/T 15498—1995《企业标准体系 管理标准和工作标准的构成和要求》三项国家标准，构成了一套完整的企业标准化工作指南系列标准，作为企业开展标准化工作的指导文件和建立健全企业标准体系的依据。经过八年的企业标准化工作实践，在总结经验的基础上，2003年国家标准化管理委员会完成了《企业标准体系》系列标准的修订，为了推

动企业标准体系的不断持续改进，保证其持续有效性和适宜性，增加制定了 GB/T 19273—2003《企业标准体系 评价与改进》，构成了《企业标准体系》四项标准组成的系列标准，在指导企业建立以技术标准引领，管理标准、工作标准相配套的企业标准体系，推动企业有效开展标准化工作、建立规范化秩序发挥了至关重要的指导作用。但随着我国改革开放政策的深化，经济全球化进程加快，企业的生产、经营、管理体制都发生了巨大变化，国际标准化的活动已进入一个全新的阶段，对该标准的修编工作已经成为一项重要而紧迫的任务，为此国家标准化管理委员会再次启动了标准的修订工作。经过各方努力，新版《企业标准体系》系列国家标准于 2017 年底发布。

新版《企业标准体系》系列国家标准作了重大调整。 新版《企业标准体系》对企业标准体系结构框架做了重新设计和构建，改变了原企业标准体系以技术标准体系、管理标准体系和工作标准体系的结构，企业围绕产品实现和基础保障这一主线，落实到岗位标准进行体系结构框架设计。对于产品实现和基础保障体系中的标准融合技术要求和管理要求，企业可根据实际需要对标准内容进行编制完善。产品实现标准体系主要以产品标准为核心，围绕企业产品实现过程进行设计，提供产品全生命周期的标准体系。基础保障标准体系主要以保证企业产品实现有序开展为前提进行设计，以生产、经营和管理活动中的保障事项为要素。评价与改进部分修改为企业标准化工作的评价与改进，扩大了范围，评价工作贯穿于整个企业标准化工作之中而不仅限于标准体系，"标准化良好行为企业"由 A～AAAA 级修改为 A～AAAAA 级，最高级别为 AAAAA 级。新版《企业标准体系》系列国家标准数量由四项增加到五项，增加了 GB/T 35778《企业标准化工作 指南》（简称《指南》）。《指南》结合标准化改革、标准化工作实践及企业开展标准化工作的要求，对企业整个标准化过程管理进行了规定，明确了企业开展标准化工作的范围、内容、途径和具体要求等，突出了对企业标准化工作发展提出各项要求，以便于企业深入贯彻实施《企业标准体系》系列标准，引导企业按照系列标准要求建立和实施标准化工作的管理机制，规范、有序地开展企业标准化工作。在企业标准体系建设和运行方面更加明确要求遵循"PDCA❶"的管理方法，

---

❶ PDCA 循环，即计划、实施、检查、处理。

建立以"设计与建立—实施与运行—监督与评价—改进与创新"的管理机制和方法，以推进企业标准体系持续改进，深化系列标准的实施并提高实施系列标准的有效性和效率。

新版《企业标准体系》系列国家标准通用性和灵活性更强。《企业标准体系》系列国家标准的修订从理论和实践的结合上借鉴国际标准化组织（ISO）在质量管理体系、环境管理体系等管理理念和管理方法，满足"工业4.0"和"中国制造 2025"的要求，突出了灵活性、融合性、专业性、引导性、适用性和可操作性，提升了企业标准体系自我设计能力，更加突出了市场机制下企业的主体责任，为各类企业建立标准体系、开展标准化工作提供通用的工作方法和途径。在标准体系建设上强调以需求为导向和企业标准为主体，将原来的技术标准体系、管理标准体系、工作标准体系变更为产品实现标准体系、基础保障标准体系和岗位标准体系，以解决一些中小型企业技术、管理标准分不开、理不清的困惑，并拓宽适用范围；企业在建立体系时，可根据实际需要，以产品实现和基础保障为主线，以确保企业生产、经营、管理的全过程保持高度统一行动和高效运行为目的，确定标准化对象，构建适宜企业自身特点的标准体系。同时系列标准还统筹考虑了企业类型的复杂性和多样性，给出了企业可结合自身特色，按本企业标准体系发展历程选择适宜的标准分类的方法，体系结构设计中仍推荐保留技术、管理、工作三大标准体系的框架供企业选择，充分体现了系列标准的连续性和可操作性。

三、按照新版《企业标准体系》系列标准要求构建电力企业标准体系

贯彻新要求，修订电力行业相关标准。电力企业已由规模增长转向智能、绿色能源方向发展，标准化工作是实现企业战略目标的重要支撑和保障，成为保障电力企业实现跨越发展的迫切需要。为使电力企业更好地贯彻实施新版《企业标准化工作》系列国家标准，更加切合电力行业特点，中电联在认真学习领会系列标准新理念方法和内容要求的基础上，组织行业内有关单位对 DL/T 485—2012《电力企业标准体系表编制导则》、DL/T 800—2012《电力企业标准编制规则》、DL/T 1004—2006《电力企业管理体系整合导则》等标准进行了修订。修订后的 DL/T 485 和 DL/T 800 紧密结合国家系列标

准理念、方法和要求，给出了更加切合电力企业生产特性和实际，更加系统和更加适应电力企业发展和经营管理需求的电力企业标准体系表编制导则和标准编制规范，对电力企业开展标准化工作具有重要的指导作用。修订的 DL/T 1004 给出了如何融合电力企业常见的各类分支管理体系的标准化方法，为电力企业开展质量、安全与职业健康、环境保护、能源管理等体系建设工作以及与电力企业标准体系相融合提供了一个更为实用的指导性文件。

立足企业实际，设计调整标准体系结构。电力行业是资金、技术密集型产业，具有产供销瞬间完成的特点，建立一套科学、完整、权威的技术标准体系作为电力生产技术准则，是电力安全可靠运行的基本保障。新版国家系列标准提出的"需求导向"和"创新设计"等理念，鼓励企业可以根据实际需要，以实现企业发展战略为目标，自我创新设计标准体系。因此，DL/T 485—2012《电力企业标准体系表编制导则》的修订，继续保留了技术标准体系、管理标准体系和岗位标准体系的基本框架。企业技术标准体系是电力生产技术过程控制的需要；管理标准体系由"产品实现管理标准""基础保障管理标准"两个模块构成，表述企业管理的全过程和对技术标准体系实施的管理支撑作用；将原工作标准体系改为岗位标准体系，并对内容进行了简化；依照国家标准企业不再建立基础标准体系，企业适用的基础标准，列入"指导标准"中。新标准颁布实施后，已经按照 DL/T 485—2012 建立并运行企业标准体系的电力企业，应按新标准要求进行调整，使标准体系更加切合企业生产、经营、管理等实际需要。

优化标准体系，保障电力安全可靠运行。国家系列标准的新理念方法，为企业标准的编制，简化、优化企业标准体系具有重要指导作用，有利于企业标准实施和监督实施。依据新版《企业标准体系》系列国家标准基本理念和对"指导标准"内容范围划分界定，"企业标准体系"中的标准只包括企业直接执行的标准，对企业标准体系有指导作用的标准应列入"指导标准"中。按照新版《企业标准体系》系列国家标准要求，企业应系统辨识本企业适用的法律法规、上级标准、规章制度和相关方要求，逐项列出企业需遵从的具体条款，将其要求进行细化，转化到企业标准中。通过这一转化过程，简化优化企业标准体系，达到内容全面、结构最优、数量最简，确保企业标准所规定的内容满足适用的法律法规、上级要求和相关方需求。新版标准还给出了标准编制和转化过程的具体示例。

融合各管理体系，发挥标准化整体管理功能。新版《企业标准体系》系列国家标准提出了企业标准体系应与企业经营管理系统充分融合、相互协调，发挥系统效应的"系统管理"理念，并明确企业各类管理体系文件是企业标准体系的一部分。DL/T 1004《电力企业管理体系整合导则》等标准的修订，给出了对电力企业常用的各类管理体系标准融合的导则和方法。电力企业应结合新修订的标准要求组织宣贯实施，将质量、环境、职业健康安全等管理体系的通用要求，如方针目标、合规性、评审、评价、改进等，对不同体系中相应标准文件的要求采用整合、兼容和拓展的方式纳入企业标准体系，实施一体化管理。对于各管理体系中的特定要求，如危害识别、风险评价、废弃物排放等，可直接将原管理体系的文件纳入企业标准体系，使企业标准体系成为实现企业战略提供标准化管理的系统方法和管理平台。

持续开展评价确认，提升电力企业综合管理能力。对标准体系的运行情况进行检查、测量和评价是企业标准体系的 PDCA 循环中重要环节。新版《企业标准体系》系列国家标准规定，企业应定期开展企业标准体系评价工作，确保体系持续有效。为了贯彻新版《企业标准体系》系列国家标准要求，体现电力行业的特点，中电联组织专家制定中电联标准 T/CEC 181—2018《电力企业标准化工作 评价与改进》，作为电力企业标准化工作不断改进的依据，也是电力企业开展"标准化良好行为企业"创建和确认的依据。中电联将在国标委和国家能源局的领导下，扎实有序推进电力企业"标准化良好行为企业"的创建和确认工作，在认真总结前一阶段工作基础上，在中电联标准中修订完善了"评分细则"，保持确认评价细则内容适宜性和连续性。已经通过确认的电力企业要以新的国家标准和电力标准发布实施为新的起点，经过优化提升，把自身标准化建设提升到一个新的高度。有意愿和需求参加确认活动的电力企业，按照 GB/T 35778—2018《企业标准化工作 指南》、DL/T 485—2018《电力企业标准体系表编制导则》、DL/T 800—2018《电力企业标准 编写导则》、T/CEC 181—2018《电力企业标准化工作 评价与改进》的要求，在完成标准体系构建、体系运行、自我评价与改进的基础上提出确认申请。

中电联将继续鼓励更多的电力企业通过确认活动推动电力企业综合管理水平持续提升。

新版《企业标准体系》系列国家标准和电力相关标准的修订和实施，为电力企业有效科学开展标准化工作提供了理论依据和指导方法，电力企业全面深入贯彻实施新标准要求，必将更好地发挥标准化工作在企业技术创新、管理提升和企业发展等方面的作用，助推电力企业管理实现新的跨越。

许松林

中国电力企业联合会副秘书长

2019 年 3 月

目　录

以新版国标思想为指导　电力行业标准为依据　深入推动电力企业标准化建设（代序）

第一章　电力行业标准化发展概况

　　标准是经济活动和社会发展的重要技术支撑，是国家治理体系和治理能力现代化的基础性制度。标准化是人类实践活动的产物，是现代管理技术的基础方法，是经济社会发展的基石。近代标准化是在大机器工业基础上发展起来的，而具有现代意义的标准化是由西方工业革命直接推动的。18世纪后半叶发生了工业革命，以水力、风力，尤其是以蒸汽、电力为动力的机械出现并被大量使用，促使社会生产力空前提高，市场经济更加发达。出于增加利润、降低成本、提高劳动生产率的目的，人们开始注意研究和改进组织机械化大生产的方法。标准化的概念形成并得到迅速发展，特别是在生产技术领域，以生产的各个环节为对象，在追求统一性、互换性和简化生产、操作程序及产品、零部件规格方面，制定的大量技术标准有力地推动了生产水平的提高。

　　在认识到标准化的作用意义之后，人们开展标准化活动的自觉性、积极性空前高涨：一方面利用数学成果等为工具进行研究，把标准化从经验的层面提高到理论的高度，使之开始成为管理科学的一部分，其中许多研究成果成为标准化的理论基础；另一方面组织、宣传、普及、推动标准化活动，一时间涌现出许多标准化组织。19世纪后半叶，许多国际性组织（如国际计量大会、国际电工委员会、国际标准化组织）和地区组织（如欧洲标准化委员会等）在世界范围普及和推动标准化活动。很多组织的活动一直延续至今，在标准化工作方面发挥了良好作用。国际计量大会成立于1875年，是巴黎国际米制公约的最高权力机构，由公约国代表组成，其任务是推广与改进国际单位制、计量基准、计量标准，批准计量学方面新的测量结果，做出具有国际意义的关于计量科学的决议。国际电工委员会（International Electro-technical Commission，IEC）1906年成立于伦敦，是非政府性质的国际组织。1947年国际标准化组织（International Organization for Standardization，ISO）成立时，IEC并入其中，作为它的电工部门，IEC总部由伦敦迁至日内瓦。IEC的宗旨是促进电子、电气工程标准化领域的国际合作和相互了解。它所制定的标准被认为是电工技术方面的国际标准。IEC 也是联合国经济社会理事会的甲级咨询机构。ISO 是世界上最重要的科技合作组织，联合国的甲级咨询机构，也是非政府性质的组织，该组织的宗旨是促进国际标准化活动的发展，以利于物流与互助，并扩大世界范围内的知识、科学、技术、经济方面的合作。组织的任务是制定国际标准，协调世界范围内的标准化事务，与其他国际组织合作研究有关标准化方面的问题。

我国现代标准化工作起步于 20 世纪 20 年代，电力工业标准化工作始终走在我国标准化工作的前端。1930 年 9 月 9 日，我国第一部现代意义的标准《电气事业电压周率标准规则》经中华民国行政院（行政院指令第二六六〇号）批准发布，该标准自 1931 年 1 月 1 日起正式实施，标志着我国第一部具有现代意义的标准正式出台。该标准共包括五条和一个附表，确定了我国标准电压和供用电频率为 50Hz，并一直延续至今，为我国电力工业发展奠定了基础。1931 年，我国工商界的先驱注意到了世界标准化的发展状况和它对促进经济发展、科技进步的作用，因而提出开展标准化工作的要求。在这些先驱们的共同努力下，民国政府在 1931 年设置了官办的标准化机构——工业标准化委员会，该委员会 1934 年与度量衡局合并，1947 年在当时的经济部领导下组建中央标准局。工业标准化委员会吸收政府各院部、各省有关厅局及学术团体、工业团体、厂矿等方面的代表及各有关方面专家百余人作为委员，并设立机械、汽车、电气、化工、染织、农药、器材、土建、矿业等专业标准化技术委员会（以下简称标委会）。至 1949 年，工业标准化委员会发布电气、机械、冶金、化工、轻工、建材等各行业共 79 项标准，初步奠定了我国标准化工作基础。

1949 年新中国成立以后，国家进入和平发展，电力工业作为国民经济发展的基础产业，得到了空前的重视和发展。电力标准先后以苏联标准为蓝本，编制了我国发电、电网等标准，用来指导电力工业生产建设。1980 年，仿照国际惯例，电力行业开始组建专业领域的标准化技术委员会——电力行业避雷器标准化技术委员会。初始组建的电力专业标委会多以针对电力设备为主，如变压器、水轮机、汽轮机、电站锅炉等。到 1983 年，电力行业电厂化学标委会的成立，标志着标委会的设立方式发生了变化，随后陆续又出现了高压试验技术、继电保护标委会等针对过程或方法的标准化技术组织。随着电力技术发展和电力标准化应用领域的拓展、电力生产对标准需求的提升，标委会开始向综合性领域发展，20 世纪 90 年代后期以来我国组建了诸如电力规划设计、电力可靠性、节能等标委会，这些标委会的组建进一步规范了电力工业技术发展，为电力工业的高速发展提供了保障。

1994 年，根据电力工业部重组和职能分工，中国电力企业联合会（以下简称中电联）对内部机构进行了调整，设立行业标准化的专门管理机构，统一协调电力行业标准、国家标准的各项工作。1995 年，中电联遵照 GB/T 13016《标准体系表编制原则和要求》编制了《电力标准体系表》，并于 1995 年 10 月 24 日以电力工业部文件（电技〔1995〕645 号）予以发布。《电力标准体系表》是指导电力标准化工作的依据性文件，体系共分通用、专业、门类和个性标准 4 个层次。专业从电力勘测设计、施工安装及验收、生产运行及电网调度、电力设备及技术条件、检修调试、安全、管理 7 个领域涵盖电力生产全过程，每个专业领域下又分综合、水电、火电、电力系统等不同门类。《电力标准体系表》之后又多次修订完善，指导着电力标准化工作的开展。

1998 年 3 月，随着政府机构改革的深入，电力工业部与其他工业部委一并撤销，电力标准化的政府管理部门也随之发生了变化，电力企业标准化工作提上了日程。1999 年 6 月 16 日，当时电力工业行政主管部门国家经济贸易委员会第 10 号令发布《电力行业标准化管理办法》，明确中电联"指导电力企业标准化工作"。由此，中电联承担起指导电力企业标准化工作重担，并着手研究编制了 DL/T 485—1999《电力企业标准体系表编制导则》、DL/T 800—2001《电力企业标准编制规则》等指导电力企业标准化工作开展的电力行业标准，并与新组建的国家电力监管委员会一道，在国家标准化管理委员会的大力支持下，率先在电力行业开展了标准化良好行为企业试点及确认工作，为推动电力企业管理水平的整体提升起到了积极的促进作用。

纵观我国建设国际一流电力工业强国之路，由中电联牵头推动的电力标准化工作，规范了电力工业技术行为，保证了电力安全经济运行，推动了电力技术快速进步，提升了电力企业管理水平，同时在促进国际交流、支撑行业管理等方面更是发挥了不可替代的作用。

在第 39 届 ISO 大会上，国务院总理李克强深刻阐述了标准及做好标准化工作的重要性，强调"要把标准化放在更加突出的位置，以标准全面提升推动产业升级，形成新的竞争优势，促进经济中高速增长、迈向中高端水平"，这为我国今后开展标准化工作指明了方向，也为企业标准化工作提出了更高的要求。企业标准是现代科学技术成果、生产实践经验及战略、生产、经营、管理、市场竞争需求相结合的产物，因此在企业标准的编制中，跟踪电力工业最新技术发展，促进新技术、新成果的标准转化是非常重要，也是非常必要的。各国、各行业、各企业越来越清楚"得标准者得天下"的道理，都把标准之争从技术研发之争、市场开拓之争上升到发展战略之争。

标准是行业之本，电力企业标准化工作是推动我国电力工业高质量发展的关键因素。本书的主要任务是帮助和指导电力企业如何运用 DL/T 485—2018《电力企业标准体系表编制导则》、DL/T 800—2018《电力企业标准编写导则》建立企业标准体系和编制企业标准，充分发挥企业标准体系应有的功能和作用。

第二章　标准系统原理

企业标准体系是一个基于系统原理构建的具有系统效应的体系，是一个由互相联系的一组或一套企业标准构成的有机整体，企业标准体系与组成企业标准体系的各个标准的关系类似整体与局部的关系或总体与个体的关系，企业标准体系如果仅仅是若干项相互孤立的企业标准的简单集合，就无法通过标准实施产生总体效应或系统效应。要建设好和应用好企业标准体系，就要正确理解和掌握标准系统原理。

一、标准系统

标准系统不是从来就有的，不是自然产生的，它是人们根据自己的需要创造出来的系统，可以说标准系统是一个按照某一种需要人为制造的"人造系统"，是属于所处周边大环境系统中具有特定功能的一个系统。因此，标准系统就是一个为了实现某一目标，由若干相互依存、相互制约的标准组成的具有特定功能的有机整体，标准系统的建立和发展、结构和功能、应用与改进，无不受到内外部系统的影响和制约，从属于更大的社会经济发展中的各种系统。就标准系统中的某一个具体的标准而言，在对其规定的内容进行微观考察和系统性分析时，可以说其自身的内容就构成一个系统。当需要对整个标准系统进行宏观控制时，又可将每个具体的标准作为一个标准系统的构成要素看待。标准系统与单个标准之间既有密切联系，又有本质区别。这是因为，当若干个密切联系的标准组成了标准系统时，这个系统就具有新的系统功能，其功能并不等于单个标准功能的简单相加。因此，标准系统中个体标准的效应是基础，各个标准的性质和行为将影响到整个标准系统的效应和作用发挥。

所以，标准系统不是一个孤立的系统，它同社会经济发展中普遍存在的各种系统（如社会生产系统、社会流通系统、社会服务系统等）保持着密切的关系。

二、标准系统的特性

（一）目的性

任何标准系统的建立都有其明确的目的，如保障安全生产、提高效率、维护消费者利益，或兼而有之。一个产品的标准体系是为保证产品质量服务的；一个项目的标准体系是为保证项目目标的实现服务的；一个企业的标准体系是为实现企业战略和发展目标服务的。建立企业标准体系是企业愿望与目标的反映和体现，是根据上层系统（如国家方针政策、法律法规），上层标准（如国家标准、行业标准等）、上级主管部门要求、顾客及相关方需求与期望等等而提出的，目的是使企业实现企业总的生产经营方针和目标。标准系统的目的性决定了标准体系内各项标准应具备的内容和应达到的水平，从而能以较少的投入获得较理想的效应，是运用系统原理和系统分析方法指导企业建立标准和进行各项决策的原则。也就是说，企业任何决策都必须从系统的整体性出发，要考虑预期目标要涉及的整个系统和相关系统诸多因素与条件，考虑这些因素与条件的相互关系与相互作用，要看到每一子系统都具有的独特功能和相关作用，一切事物的未来发展都应该是系统的整体发展，这些关系和相互作用都要通过标准制定协调起来，企业管理者只有掌握和运用好标准系统原理和标准系统的目的性原则，才能实现决策的整体化、综合化。如果不把决策对象作为动态的、系统的发展过程来研究，单从某一部分、某一指标、某一环节出发做出决策，是难以实现科学决策的。

要使标准系统具有管理功能，目标就必须具体化、定量化。如：某电力企业的总的方针目标是通过全面的标准化管理逐年保持10%的效益增长。企业围绕总目标确定标准化工作目标，企业标准化工作办公室细化标准化目标，组织全体员工在企业生产经营管理的每一个过程和过程与过程的接口环节中，围绕能带来效益提升和影响效益低下的管理流程和技术环节进行排查、分析和论证，确定可以改进和优化的环节、缺失标准的环节、接口质量标准不明确和责任不清晰的环节、重复而又没有标准化的环节、可以实施技术改进和公关的环节等，合理地明确、归纳、简化这些过程和接口，制定改进技术措施和管理措施并实施，将实施有效的措施方法纳入企业相应的管理标准和技术标准，补充和优化企业标准，以此解决生产和管理过程中的环节混沌、设备与方法的多样化和复杂化、工艺装备效率低下等问题。如在检修作业中，把对每一种类设备的检修和每一道检修作业程序标准化，避免在连续作业中各个步骤之间脱节、遗漏、混乱，实现标准化作业，不仅能提高效率，实现10%的效益增长，也能保障作业人员的人身安全。

（二）集成性

标准系统以相互关联、相互作用的标准的集成为特征。随着生产实现和服务提供的社会化、规模化程度的不断提高，任何一个单独的标准都难以独立发挥其效能，标准系统的集成性，就是要求把若干相互关联、相互作用的单个标准综合集成为一个标准系统以实现一个共同的目标，把个体水平按目标集成，上升为系统水平，通过标准体系的系统效应实现目标。标准系统有的较为简单，有的却十分复杂，但任何一个标准系统都不应该是杂乱无章的堆积，整个标准系统的结构应该是有秩序，分层次的。

（1）按层次集成标准系统。标准按层次集成反映的是标准体系的层次结构。例如，电力设计按层次集成则包括火力发电设计、水力发电设计、核能发电设计、风力发电设计、光伏发电设计等；火电设计中按层次集成又包括锅炉及辅机系统设计、汽轮机及辅机系统设计、输煤系统设计、除灰渣系统、水处理系统设计、管道系统设计等。每个系统中又由各种设备的标准构成，层次较高的标准较多地反映标准化对象的抽象性和共性，如 GB 50660《大中型火力发电厂设计规范》；层次较低的标准，较多地反映标准对象的具体性和个性，如 GB 50229《火力发电厂与变电站设计防火规范》、企业自定标准《电子式互感器运维导则》及作业指导类技术标准等。标准体系的层次结构通常反映标准对象的隶属或包含关系。

（2）按过程集成标准系统。标准按过程集成反映的是标准体系的过程结构。例如，电力设计过程包括设计的策划、设计输入、设计输出、设计评审、设计验证、设计确认、设计更改等过程。电力施工过程包括施工组织、施工方案和措施制定、设备安装、设备调整试验、工程验收、交付等过程。标准体系的过程结构通常反映标准对象的活动过程和序关系。

标准系统可以按层次集成，也可以按过程集成，也可以按层次集成后在各层次的下一级再按过程集成，也可以先按过程集成后在各过程的下一层级按层次集成。无论是按层次集成还是按过程集成，首先都要按目标集成，没有目标，集成便是盲目的、无根据的，标准的集成程度、集成水平也直接影响目标实现的可能性。DL/T 485—2018《电力企业标准体系表编制导则》给出了不同电力企业典型标准体系结构和层次，用于指导各企业集成本企业标准体系。

（三）发展性

标准系统既不是封闭的，也不是绝对静止的，而是动态发展的，始终处于一种从一个稳态到另一个新的稳态的发展过程和阶段。每个阶段的标准系统所呈现的只是当前阶段的结果，标准系统现存的结构状态是当前系统中各组成要素间的相互作用以及系统受周围环境影响的结果。因为任何标准系统总是要处于某种环境（包括更大的标准系统）之中，总是要同环境之间进行相互作用、交换信息，并且不断地淘汰那些不适用的要素，及时补充新的要素（如新的技术和方法），所以标准系统处于不断进化的过程，这就是标准系统的动态发展性。例如电网企业为满足社会和用户需求制定的智能电网调度类的标准、分布式电源接入电网类标准、电动汽车充换电类的标准、港口岸电系统的标准、电力用户智能交互终端类标准等。因此，标准系统的发展及其功能的发挥，不仅取决于系统内部诸要素间的相互作用，也取决于外部环境的变化，这种特性是标准系统与变化着的外界环境相互作用（包括能量、信息等的交换）的必然趋势。标准系统的发展性，增强了标准系统的活力和对外界的适应性，也是标准系统发展的动力。

三、标准系统的管理

由于标准系统是一个人造的、不断发展的系统，标准系统就需要依靠人为控制（人为的适时进行更新和修订），当标准系统缺乏管理和控制时，常常出现标准与客观环境发展的步伐脱节的现象，使标准滞后于客观实际，这就需要对标准系统进行管理，保持标准与客观实际的同步发展。更由于这个人造系统不能进行自动调节，这就必然要求由人来对它进行管理。对标准系统的管理，就是运用计划、组织、监督、控制、调节等职能和手段，对标准系统内部各要素间的关系以及同外部环境间的关系进行协调，正确处理标准系统发展过程中的各种矛盾，充分发挥其系统功能，促进企业标准体系的健康发展。

第三章 企业标准体系结构特性与功能

第一节 标准体系结构特性

标准体系结构就是一个按标准系统原理搭建而成的标准结构形式，即标准体系的构成。基于标准系统原理构建的标准体系结构，表现为三个主要特性，即：配套性、协调性和比例性。

一、配套性

配套性是反映标准体系完整性的特征。

按标准系统原理，只有将各种标准按照互相依存、互相补充、互为衔接的关系共同构成的一个完整的标准整体才能具有配套性。标准体系结构如果不具备这种配套性，就会使标准的作用受到限制甚至完全不能发挥。按标准对象的内在联系形成的标准整体并非是个体标准的简单相加。对一个孤立的标准，人们往往关注该标准自身提出的具体要求是否合理，当把该标准置于标准体系之中后，人们才能看出，要实现该标准规定的要求，需要其他一系列标准相配合，如果标准体系不完备，该标准所规定的要求最终将难以保证实现。比如电能质量标准，如果没有输煤、燃烧、汽水、发电、输电、变电、配电等标准之间的相互衔接、配合、配套，包括对其设计、施工、运行、检修、检验试验、技术监督等方法标准的相互衔接、配合、配套等一套完整的标准，就不可能持续稳定地达到和满足电能质量标准，产生标准体系应有的效果。

检验标准的缺失，将导致企业所有与检验有关的过程接口出现断点，对于需要依据检验结论进行决策的环节则失去了衔接。在一个标准体系中，当某业务过程缺失标准或某业务接口缺失规定、规定不明确时，该业务过程或接口往往是问题频发之处。如：某火力发电企业标准体系中，未见有关检验方面的管理规定或技术标准。则可能会导致检验方面产生问题。

二、协调性

协调性反映的是标准体系的质的统一性和和谐性。

按照标准系统原理，标准对象的内在联系决定了标准体系内各项标准的相关性。标准体系的协调性是指标准之间在相关的质的规定方面（如相关因素方面、相关领域方面）互相一致、互相衔接、互为条件、协调发展。由于组成标准体系的各个单项标准的特性和功能是相互依赖的，所以任何一个单项标准的特性和功能的变化，都意味着要对其他相关标准进行相应的调整。在标准体系中，每个单项标准的性质和功能都会影响整个体系的性质和功能。这种影响都不是孤立的，要依据于其他若干单项标准的性质和功能，同时每一个单项标准都会被其他标准所影响。体系越复杂，互相影响和作用也越复杂。这就要通过协商或其他途径使相关标准之间不断建立起相互适应的关系，求得稳定的结构状态。

例如在相关因素方面，发电厂烟尘排放标准要与燃煤质量、电力负荷、液氨投入量等标准之间互为条件、协调一致；员工绩效评价方法、绩效评价结果应用等标准之间要互为条件、协调一致。同时，一项标准的制定也要与相邻领域的标准协调，如检修质量标准，要与检修方法、检修工器具、备品备件、人员技能等标准互为条件、协调一致；电气一次系统与二次系统的配合、设备系统接口的配合、设备设施与工器具及实验测试装置之间的配合、管理职责接口的配合等，使所有相关标准协调，相互配合，避免了相互矛盾。制定或修改其中任何一个标准，都必须考虑到对其他各相关标准的影响。

再如某电力企业在按照检修计划和标准开展作业过程中发现，某零部件损坏需要更换，在领取该零部件过程中发现已经没有了所需零部件的库存，经查系在两周前最后一个部件已被领取使用。再查该企业备品备件管理标准中对备品备件定置定额的要求与采购流程的规定不协调，导致没有及时反馈需要采购补充该零部件的信息。后经紧急求助兄弟企业和供应商后才得以完成检修任务，恢复了被检修设备的投运，影响了检修工作按计划完工和正常生产。这就是相邻领域标准没有达到质的统一和协调造成的后果。

三、比例性

标准体系的比例性反映的是标准体系的量的统一性。

标准体系的比例性是指不同种类的标准之间和不同专业的标准之间存在着的一种数量比例关系。它是对一个企业标准体系的内在比例关系和各个方面的标准化状况的量的反映。如：企业标准统计表可以反映这样一种比例关系（具体内容见第十一章），是企业标准体系中不同种类的标准之间和不同专业的标准之间存在着的一种数量比例关系。

配套性、协调性、比例性三者的结合就是标准体系的构成。保持标准体系的合理构成，也就是保持标准体系完整的配套性、高度的协调性和适当的比例性，对于促进企业发展和技术管理水平的提高，对于有效地利用标准化方面的人力、物力、财力和时间，充分发挥标准化的效果，加速标准化事业的发展，都具有重要的意义。

第二节　标准体系结构功能

标准体系结构是指标准系统各要素之间相互关联和相互作用的状态。标准体系结构决定了标准系统的功能。标准结构越科学合理，表明标准系统的有序化程度越高，系统效应和表现的结构功能越好。标准系统的结构不同，功能也就不同，标准体系功能也能推动标准体系结构改变。

企业标准体系的结构是"企业内的标准按其内在联系形成的科学的有机整体"，是按照一定的结构进行的逻辑集成和组合，包括企业实施的国家、行业、地方强制性标准，采纳使用的国家、行业、地方推荐性标准以及企业根据需要依法制定的企业标准，按它们之间的内在联系形成的有机整体，而不是杂乱无序的堆积。

不合理的结构可能导致系统效能的降低，要保持标准体系的结构功能，企业就要不断对标准体系进行分析、研究和管理，分析系统功能与结构的关系，一旦发现标准体系结构状态已经影响了体系功能的发挥和既定目标的实现，就必须采取措施改进结构。如在企业标准体系中发现生产活动不能保证操作工人的安全，环境管理标准不适应企业可持续发展目标的实现，直接危及企业的生存和发展，就必须调整企业标准体系，增加有关环境、安全和职业健康标准方面的数量或内容，不断地调整和处理企业标准体系中不协调要素和不适应外部环境的部分，保持体系内部各组成部分基本合理的配套关系和适宜比例，以提高企业标准体系的组织程度，发挥更好的系统效应。

依据标准系统的目的性、集成性、发展性原理，企业标准体系要求的层次结构、时间序列、数量比例以及单项标准间的相互关系，要根据企业标准体系的确定目标的要求，科学合理地集成、组合、优化，使企业标准体系稳定地发挥系统效应和系统功能。

第四章 企业标准体系表编制要求

第一节 企业标准体系表概述

企业标准体系表是企业标准体系的一种表示形式。即：按照标准系统原理和企业标准体系结构特性，用图或表的形式把企业范围内的标准体系组成的各个单项标准按一定结构形式、规则、顺序排列起来，发挥企业标准体系应有的功能作用。它不仅反映企业范围内所有组成企业标准体系的标准的全貌，各个单项标准之间的联系，而且还反映出整个企业标准体系的层次结构，各类标准的数量构成。企业标准体系表不仅能用来分析企业标准体系当前的结构状态，而且是确定结构优化方案的重要方法。

建立一个科学合理的企业标准体系表，是促进企业内的标准组成达到科学完整有序的基础。企业有了标准体系表，就能一目了然看到一个整体性的企业标准构成以及各组成标准相互之间的内在联系，可以清楚地看出企业生产经营全过程中应执行的标准，以及各标准之间的配套关系，为企业提供一套必须遵循的层次清楚的企业标准目录。例如为电力企业技术监督工作提供技术监督业务应实施的技术标准目录，为计量工作提供计量工作中应实施的技术标准目录，为检修工作提供检修工作中应实施的技术标准目录，为企业实施科学管理提供管理标准目录，提供全企业的岗位设置情况和岗位标准目录等。通过对标准体系表的分析研究和改进，可以使企业标准体系构成更科学合理，使企业标准化系统发挥更大的整体性功能。

企业标准体系表是相对动态的，无论是标准体系表内的一项标准，还是一个子体系，都在随着社会发展的步伐变化，具有在深度和广度上永无止境的动态特征。企业应根据战略需求和内外部环境的变化，与时俱进地调整、补充、完善企业标准体系表，运用最新技术和生产操作经验，不断地优化标准体系结构、层次和相关标准，时时跟踪国家、行业、地方、团体标准和行政主管部门和业务主管部门要求的变化，淘汰标准体系内低功能要素，增加和补充新的、高功能的要素，使标准体系始终处于相互关联、相互协调功能的最佳状态，适应企业电力生产（服务）、经营、管理的需要。并通过日常的监督检查和自我评价促使企业标准体系在实施过程中不断保持标准体系的持续有效性。

第二节　电力企业标准体系表的编制

一、电力企业标准体系表的编制要求

按照标准系统原理，DL/T 485—2018《企业标准体系表编制导则》第 4 章对企业标准体系表编制要求做出了规定：企业应围绕企业发展的方针目标，分析生产、经营、管理需求，识别企业适用的法律法规和指导标准的要求，融合各管理体系，建立以企业标准为主体的企业标准体系，编制企业标准体系表；企业标准体系表应结构合理，层次清晰，标准化文件齐全、协调，满足需求；根据内外部环境变化、企业发展需求调整企业标准体系表；根据产品、过程、服务的特点对标准体系表结构进行调整。

（一）应围绕企业发展的方针目标

建立企业标准体系表的目的是保障企业发展目标的实现，影响企业方针和发展目标实现的标准化对象都要实施标准化管理，如要保障安全生产，要提高电力生产稳定性、可靠性，要提高生产效率，要提高管理效率，要降低资源消耗，要确保职业健康、保护环境等。要识别出影响企业方针目标实现的活动和因素，确定标准化对象并将其用标准进行规定，构成标准管控系统，按标准生产，按标准经营，按标准控制。同时在实施标准的基础上不断开展创新提升、不断修订完善标准，不断提高标准化水平，保障企业方针目标的实现。

企业要向哪个方向发展，标准体系表就要按向哪个方向发展的要求建立，企业要实现什么目标，标准化目标就要配套保障企业目标的实现，标准体系表、标准化工作及标准制修订等就要配套和保障标准化目标的实现，因此企业标准化目标应该是具体的、可测量的。企业标准体系表要始终围绕、配套和支撑企业发展的方针目标进行调整、完善。

（二）应满足生产、经营、管理需求

电力企业标准体系表的建立，应基于对生产（服务）、经营、管理活动以及根据相关方的需求和期望进行的需求分析，明确实现企业目标中对生产、经营、管理的需求，了解和掌握企业标准化现状，将生产（服务）、经营、管理全过程需要的法律法规及依据性文件，运用标准系统原理将相互关联、相互作用的标准化对象加以识别，收集国际、国家、行业、地方、团体标准或制定企业标准，在此基础上设计企业标准体系结构，编制企业标准体系表。通过编制企业标准体系表建立标准体系并进行系统管理，促进企业标准化工作范围内的标准组成科学合理的整体，充分发挥标准化的系统效应，满足生产、经营、管理需求，支撑和助力企业实现战略目标的有效性和效率。

（三）应符合适用的法律法规和指导标准的要求

企业标准体系表的建立，要根据国家有关法律法规的规定，包括国家有关标准化法律法规，国家强制性标准，以及国家和地方出台的有关企业在生产、经营、管理和服务中应遵循的规定；要识别上级主管部门、所属集团公司等规定，识别企业生产经营各个过程中，需要实施哪些国家标准、行业标准、地方标准以及团体标准，企业应判别这些标准是否能满足企业生产经营管理的需要，是否需要依据这些标准自行制定适用于本企业实际的企业标准。同时，当适用的法律法规、指导标准或指导文件有变化和更新时，企业标准体系表或企业标准体系表内的标准也应更新，保持企业标准体系及标准内容对适用的法律法规和指导标准、指导文件的符合性。

（四）应体现对企业各管理体系的融合

企业标准体系表是企业技术、经营、管理工作的技术基础，因此，企业标准体系表应融合其他管理体系所需的标准化文件，并与之相互协调、完整配套。要把生产管理体系、经营管理体系、质量管理体系、服务管理体系、生产安全管理体系、职业健康管理体系、环境管理体系、能源及资源管理体系、两化融合管理体系、社会责任体系、风险管理体系、内部控制体系、测量管理体系、培训管理体系、财务管理体系等各个专业的管理体系融合为一个管理整体，使各管理体系之间能有机配合，相互支持，相互作用，发挥标准化管理的系统性和整体功能。

（五）应以企业标准为主体

电力企业标准体系表内的标准包括技术标准、管理标准和岗位标准。企业标准体系表应以企业标准为主体。其中技术标准可以是采用的国际标准，执行的国家、行业、地方、团体标准，以及上级和本企业制定的标准。在2017年新修订、2018年1月1日开始施行的《中华人民共和国标准化法》，2017年新颁布的企业标准化工作国家系列标准中，国家鼓励企业可以根据需要自行制定企业标准，当有以下情况时，企业均可自行制定产品标准、服务标准和过程控制标准。即：当企业生产的产品、提供的服务，没有国家标准、行业标准和地方标准和团体标准时；当企业为提高产品质量和实施了技术进步，自身水平已经严于国家标准、行业标准或地方标准相关要求时；当企业在对国家标准、行业标准或地方标准按需要选择后需要对其进行补充时等。国家支持在重要行业、战略性新兴产业、关键共性技术等领域利用自主创新技术制定企业标准。因此企业标准体系表中企业自定的企业标准所占比例，显示了企业的技术实力和竞争力。管理标准、岗位标准则必须是本企业自行制定和发布的企业标准。其中"管理标准"是企业针对某一管理事项依据适用的法律法规、上级要求、相关方要求等结合本企业管理目标和实际，对该管理事项，从开始到结束实施全过程管理的规定，是按照本企业管理实际和管理信息的流动（部门之间、岗位之间以及与外部接口的流动）制定的管理程序和方法的依据性文件，因此管理标准的内容就需要明确什么事、从哪儿来、由哪个部门或岗位来做、什么时间做、如何做（当涉及技术环节时还要明确按哪个技术标准做），完成后交给哪个部门或岗位等，管理标准内容的规定不可避免地会与企业内部的部门名称、岗位编制和岗位名称相关联。岗位标准是企业全部技术标准、管理标准中有关本岗位应完成事项和任务的集合，与本企业技术标准、管理标准相配套。因此，编制企业标准体系表应以企业标准为主体。

（六）应结构合理、层次清晰

企业标准体系表宜按照电力生产过程排列，并按照业务或专业类别以分层展开的方法形成层次结构，体系结构尽量合理简化，层次数量的设置宜根据纳入标准的数量确定，只要能清楚表达即可。

企业标准体系的结构联系，包括上下关系和左右关系，上下关系是从上到下的制约关系和从下到上的从属关系。左右关系是标准子体系中相互协调统一相互配套的关系。根据体系之间相互联系、相互制约的关系，可以正确地确定标准子体系或子体系的子体系所处的位置。

纳入标准体系的标准应根据标准的适用范围和内容，恰当地安排在适当的层次和位置上。纳入体系的标准上下左右的关系应理顺，上层标准制约下层标准，下层标准从属上层标准，如汽轮机检修标准从属于检修标准。企业在上层标准更新和变化时，应关注下层标准是否也应进行修订和更新。

纳入企业标准体系的标准应按照所属业务或专业划分清楚，不应按照行政机构设置进行划分，如发电企业，无论燃料、锅炉、汽轮机、电气等运行中需要执行的标准均应划归为运行类标准，无论燃料、锅炉、汽轮机、电气等检修中需要执行的标准均应划归到检修类标准，而不能按发电部门执行的运行标准划归为发电部标准，也不能按其对燃料设备检修中实施的标准划归为燃料部标准。

（七）应标准化文件齐全、协调，满足需求

企业标准体系内的标准化文件齐全、协调才能充分发挥标准体系的系统效应。企业生产经营管理系统是一个完整的系统，对应的企业标准体系也应是一个完整的系统，企业在明确范围内的（生产经营管理全过程）需要管理的标准化对象均应制定标准，纳入企业标准体系表，做到齐全完整、不漏项、不重复，充分体现企业标准体系的系统性和整体性，满足企业生产（服务）、经营、管理全过程的需要。凡是本企业生产（服务）、经营、管理过程所需要执行的国家、行业、地方、团体标准和企业自己制定的企业标准都应纳入企业标准体系。

企业标准体系中的管理标准体系应能保证技术标准体系的实施，还应将企业技术标准的要求与管理标准的要求对接、落实到岗位标准中，通过岗位人员执行岗位标准保障企业技术标准与管理标准的实施。

企业标准体系表给出的信息应满足企业对标准管理和运用的需要，并便于检索和分析，至少应包括标准的基本信息、关联信息和使用信息等。纳入企业标准体系的各业务、专业相关联的标准之间应协调统一，不应出现重复交叉、相互矛盾的情况。

（八）应根据内外部环境变化、企业发展需求以及产品、过程、服务的特点不断调整优化

按照标准系统原理的"发展性"和企业标准化"简化、统一、协调、优化"的原则，企业标准体系表和标准只是企业现有内外部环境、现有科学技术水平和生产经验的反映和总结，社会不断进步，企业运营的内外部环境在不断变化，经济形势、法律法规、相关方需求、上级要求在不断提高，建设一流能源互联网企业等新的目标不断提出，企业应根据内外部环境变化、发展需求以及结合电力电能产品、生产过程、供电服务的特点不断调整优化企业标准体系表，结合创新实践和新技术应用不断完善企业标准，消除不必要的重复劳动、高耗能环节，适时将新的法律法规要求、上级新要求、相关方新的需求纳入企业标准体系表和企业标准，使标准系统处于不断进化的过程，增强企业标准体系表的活力、对外界的适应性和对企业新的目标的支撑保障作用，使企业标准体系实施达到最优化的效果，也是企业标准化工作和标准体系不断优化发展的动力。

二、标准体系表形成过程

标准体系表可以按照"从零散到系统"的方法编制形成，也可以按照"从整体到个体"的方法编制形成。

（一）"从零散到系统"的形成过程

"从零散到系统"的形成过程是建立企业标准体系表、发挥系统效应的一种常见、有效的标准化方法。

就绝大多数企业而言，企业标准体系表的形成，都不会是从零做起的，都是在企业已经根据实际需要制定了一些急需的或必要的标准、制度、细则、规程、办法等基础上建立标准体系表。企业为了保障生产经营管理的正常开展，在长期的管理实践中，会不断根据新的需要不断增加新标准、新制度，或采用不断印发公文的形式规定一些被认为在当前和今后时期紧急的、重要的标准或制度办法，以此不断积累，渐渐沉淀形成一个具有一定数量、越来越庞大繁杂、相互交织的文件集合，再定期进行汇总、编印制和印发等，以及在不断扩展提升安全目标和管理目标的过程中，又会开发出新的管理领域、新的专项管理体系，产生新的标准、制度等，形成局部的小体系。这些实施中的标准和局部的小体系又在实践中接受检验，如在出现问题之后发现标准、制度、文件之间相互矛盾、交叉、重叠，或尚有规定模糊、管理空白时，再根据企业生产经营客观实际的要求，不断地修改、补充、完善。这时企业的标准化现状，只能是大量的、不同种类和不同颗粒事项的制度、办法、标准、规定等的文件集合，如：某发电企业管理标准明细表中有《培训班签到管理制度》，就企业整体管理过程看，是一个极小的管理颗粒，管理标准明细表中也有《设备检修管理规定》，就发电企业整体管理过程看，则是一个巨大的管理颗粒，包含了发电厂所有设备检修的规定。同时还制定有《员工培训管理规定》《给水泵检修管理制度》，分别与《培训班签到管理制度》《设备检修管理规定》既交叉、又重复，这种就事论事、没有层次、不成系统的标准体系，很难发挥整体功能和作用。这个过程实际上是一个由不成体系的少数的制度、标准，到足够数量标准的累积叠加过程，不能称之为标准体系。只能是企业标准体系的雏形和建立企业标准体系的基础，这些标准之间的配套性，相互之间联系的密切性、结合度、协调性、覆盖面等都不够，表现为零散、缺失、标准规定项目的颗粒度差异显著、标准之间交叉重复等，该企业的标准体系只能算作有了一个标准集合，但它还不是一个能够达到按照标准系统原理构成的具有系统效应的企业标准体系集成。

"从零散到系统"的形成过程，就是运用标准系统原理和方法作指导，对现有各种制度、标准、文件等进行归类、梳理、整合、补充，对一个旧的无序的系统进行的改造。一般来说，需要基于现状设计策划标准体系结构，或直接按 DL/T 485—2018《电力企业标准体系表编制导则》给出的标准体系结构图，作为体系第一层结构，再把若干标准按照这个结构综合地、有机地组织起来，进行整合、融合，明确哪些标准需要合并整合到哪个具体标准中，哪个标准需要补充哪些内容，哪些内容或标准需要废止，并使相关的标准相互配合，以此构造、实施一个新的系统，使其达到一种更合理、更科学、更完善的集成，在此基础上编制形成标准体系表，确定标准明细表。如果仅仅对企业现有标准制度进行简单地按类归集、排列并不是真正意义上的标准体系，很难能有效发挥标准系统功能和作用。

"从零散到系统"的形成过程，是一个逐步梳理、整合的过程，逐步向标准系统功能进行靠拢的过程，最终才能形成理想的具有整体效应的系统结构。"从零散到系统"可以实现在标准体系中，一个业务事项只在一个标准中进行规定，只需执行一项标准，使企业标准体系相互配套、相互协调、完整系统，发挥更大的系统效应。随着各项标准逐步实施完善，企业逐渐步入不断优化、简化标准体系，持续发挥标准体系整体功能的轨道。

（二）"从整体到个体"的形成过程

"从整体到个体"是指首先从顶层设计好标准体系结构，按体系结构形成标准体系的建设途径。

其形成过程是：首先依据企业方针目标，确立能够支撑和保障公司目标实现的标准化目标，梳理企业生产经营和管理实际中所需的全部业务过程，按业务层级编制企业业务项目清单，理顺业务流程，按照 DL/T 485—2018《电力企业标准体系表编制导则》和标准系统原理，在业务项目清单适当的业务层级上，按照功能和结构的制约关系，总体规划、设计标准体系结构框架，编制标准体系结构图。明确业务项目清单中的技术事项、管理事项，确定好实现标准化目标所需要的生产经营全过程中全套的企业标准项目和数量，按照业务类别层次直接形成企业标准明细表。根据总体设计，收集相应业务已有的企业标准、制度、规范、细则等，经梳理，组织编制技术标准和管理标准，将技术标准和管理标准内容对接落实到岗位，直接构建成具有一定规模、具备一定功能的标准体系。

不同企业实施的做法各有不同，有的企业不仅建立标准体系的目标明确，而且对标准体系建设的规划客观实际，尤其能踏踏实实地分步骤、分阶段地进行，不仅制定好每一个标准，更重视做好标准之间的协调和优化工作，从而建立起具有较好功能的标准体系。但也有不少企业在建体系的目标尚不明确的情况下，或是在为了完成建体系任务而建体系的动机支配下，认为体系越大越好、越全越好，急于求成，用"大会战"的方式图快、图省事编制标准，所定标准基本上是现有管理制度标准的改头换面，未经梳理、整合、优化便形成标准发布。更有的企业照搬、拷贝同类企业的全套标准体系表和标准内容，直接将其改头换面和稍作修改后就予以发布，日常工作依然按照以往文件、标准、制度的要求或印象、个人经验或惯例进行决策和工作，因此丝毫不见标准体系带来的效率和效益的提升。

第五章　电力企业标准体系表构成

DL/T 485—2018《企业标准体系表编制导则》第 5 章给出了电力企业标准体系表构成，包括：标准体系结构图、标准明细表、标准统计表和编制说明。

一、标准体系结构图

标准体系结构图表达了企业标准体系中标准的功能定位，以及与其他标准的相互关系，以图形的形式存在。

电力企业标准体系结构图包括标准体系结构总图、技术标准体系结构图、管理标准体系结构图、岗位标准体系结构图。其中，管理标准体系结构图由产品实现管理标准和基础保障管理标准组成。

各类结构图内容见本书第六章《电力企业标准体系结构》。

二、标准明细表

企业标准明细表以表格的形式存在。是具体列出标准体系中所包含的各项企业应实施的标准的有关信息的表格，是企业生产经营管理过程中各项工作的依据，是与企业标准体系结构序列相对应将标准进行排列的明细清单，应给出排列序号、体系代码（即每个标准在标准体系中的位置）、标准编号、标准名称、实施时间、被代替标准号、责任部门等信息。

标准明细表具体内容和编制方法见本书第十章《标准明细表》。

三、标准统计表

企业不同层次、类别的标准之间存在着的一种数量比例关系，标准统计表是对一个企业标准体系的内在比例关系和标准化状况的量的反映。

标准统计表具体内容和编制方法见本书第十一章《标准统计表》。

四、标准体系表编制说明

标准体系表编制说明是标准体系结构和标准明细表的说明性文件，通常以文字的形式表述。

标准体系表编制说明的具体内容见本书第十二章《标准体系表编制说明》。

第六章　电力企业标准体系结构

电力行业作为国民经济发展最重要的基础产业，是我国为经济增长和社会进步提供的强力保障和巨大动力。电力企业在改革开放、绿色发展、推进能源生产和消费革命中，更是提出了建立清洁低碳、安全高效的能源体系，建立一流能源互联网企业等目标。随着新的征程和目标的提出，电力企业也将不断重组转型，或向多种产业发展，一个企业不再单纯生产单个产品，随着企业产品的多元化，业务范围的不断调整，企业标准体系就必然围绕企业战略目标，按发展需求进行新的标准体系结构设计和调整。因此，DL/T 485—2018《企业标准体系表编制导则》只给出了五种典型的电力企业标准体系结构模型，一是为不同类型的电力企业编制企业标准体系表，建立适合企业需要、持续有效、协调统一的企业标准体系提供帮助；二是随着电力改革的深入，企业可根据战略发展和经营业务范围的调整、变化，依照DL/T 485—2018《企业标准体系表编制导则》给出的五种典型的电力企业标准体系结构模型，对本企业标准体系结构进行组合设计和调整。

例如目前电力设计企业，大多都有工程总承包业务，所以企业标准体系不仅仅包含设计业务中应实施的标准，还应包含施工业务过程中应实施的标准等；又如一些发电企业既有电能生产又有热能生产及副产品销售等业务。因此各电力企业可根据企业本身的产品、生产过程或服务过程来设计本企业标准体系，在 DL/T 485—2018《企业标准体系表编制导则》给出的结构基础上进行调整，以确保企业标准体系的结构合理，适应企业管理和发展的需要。

一、电力企业标准体系结构总图

电力行业是资金、技术密集型产业，具有产供销瞬间完成的特点，电力企业技术标准是否清晰可见、完整透明对电力生产的安全可靠尤为重要，建立一套科学、完整、权威的技术标准体系作为电力生产技术准则，是电力安全可靠运行的基本保障。DL/T 485—2018《电力企业标准体系表编制导则》

依照企业标准化工作系列国家标准的理念和原则，基于"需求导向"，充分考虑了电力工业生产特点和需要，明确了在电力工业系统的勘测、规划、设计、基建、生产、传输、变电、配电、销售、服务、科研等核心业务链条中无论是哪种类型的电力企业，都要统一按照技术标准体系、管理标准体系和岗位标准体系的模式，构建电力企业标准体系结构，为形成一套科学、完整、权威的电力行业技术标准体系奠定基础和提供支撑。

电力企业标准体系结构图，如图 6-1 所示。

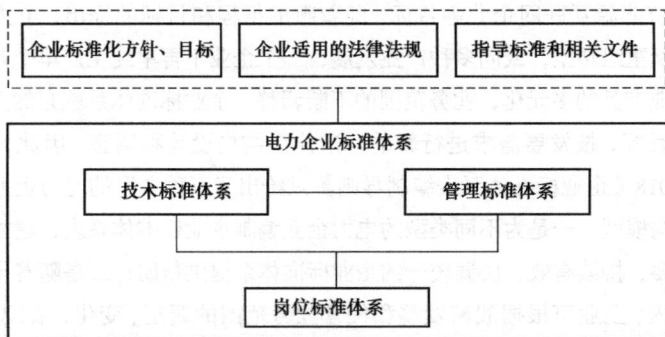

图 6-1　电力企业标准体系结构图

电力企业标准体系结构图显示电力企业标准体系结构分为两层：

虚线框中的上层文件是指导和制约企业标准体系的要素，包括企业标准化方针和目标、企业适用的法律法规、企业适用的指导标准和相关文件。这是要求企业建立标准体系应围绕企业战略、方针目标，建立标准化方针目标，以指导企业标准体系表的设计和编制。企业适用的法律法规是对企业标准体系内标准要求的制约，企业标准体系内的标准要求不能低于法律法规的要求，不能违反法律法规的要求。指导标准为企业标准编制过程中应符合的标准或规范性文件，如企业适用的国家、行业基础标准，已转化为企业标准的国家、行业、地方、团体标准，企业行政管理部门的规范性指导文件，企业业务主管部门的规范性指导文件。

实线框中的下层文件是电力企业标准体系。包括技术标准体系、管理标准体系和岗位标准体系。技术标准体系和管理标准体系之间的连线表示两者相互关联，技术标准体系通过管理标准体系落实，同时管理标准体系保障技术标准体系的落实；技术标准体系和管理标准体系与岗位标准体系连线，表明技术标准体系和管理标准体系要对接到岗位标准体系中落实，同时岗位标准体系保障技术标准体系和管理标准体系的实施。其中管理标准体系包括产品实现管理标准体系和基础保障管理标准体系。

体系内的国际标准，国家、行业、地方、团体标准和上级主管单位的标准化文件，以及转化的企业标准和企业自己制定的企业标准，都应在生产（服务）、经营、管理的相关环节得到有效实施并满足需要。

企业标准体系内的技术标准体系、管理标准体系和岗位标准体系都是由若干单项标准所组成，任何一个标准体系的构成要素（单项标准）之间不仅存在着内在有机联系，而且在空间上层次分明，时间上排列有序。构成标准体系的单项标准仅仅是组成标准体系的必要条件，而不是全部条件，体系在要素的基础上，以某种方式相互联系，形成有机的整体结构，才能具有系统效应，而体系的结构形式是系统具有特定功能、产生系统效应的内在因素。系统效应的大小在很大程度上取决于体系构成要素是否形成了很好的有机结构，因此，企业标准体系的结构优化也是企业开展标准化工作的重要内容。

（一）企业标准化方针目标

企业为了实现本企业的经营目标和达到预期效果，每年必须明确制定企业的经营决策、纲领和企业发展方向计划。标准化的方针目标，是为了保障企业方针目标的实现，采用标准化管理方法，通过建立、完善和优化企业标准体系等措施，确保企业方针目标的实现。因此，就是要通过制定企业标准、优化改进完善企业标准，并组织实施企业标准和严格监督标准实施考核，保障企业目标的实现。标准化目标要密切结合企业目标，层层制定，通过标准的制定、完善和工作的创新，优化提高标准水平，促进和动员企业所有部门及全体职工同心协力，共同做好全年的工作，通过标准化目标的实现，提高企业现代管理水平，增强企业素质，提高经济效益。

因此，企业建立标准化工作的方针和目标，应围绕企业的总方针制定。标准化方针是指标准化的宗旨和方向，标准化目标是指标准化所追求的目的。方针是方向性的，纲领性的。目标是方针的具体化和细化，可量化的。方针和目标应保持一致。如某企业总的方针目标是创国际一流企业等，标准化方针则是为创世界一流企业实施标准战略等。再如某企业目标为顾客满意率提高到98%，则标准化目标就应按照如何组织全员辨识影响顾客满意率的因素，确定影响因素与相关部门岗位的接口关系，确定责任并制定标准，纳入企业标准控制率 100%等。还有的企业的标准化方针为：恪守标准，规范行为，持续改进，追求卓越；标准领先，全面规范，质量赶超；标准化为生产服务，标准为产品服务；依规矩办事，按标准生产等。则目标为：2018 年 12 月前二期扩建工程技术标准、管理标准、岗位标准覆盖率、发布率达到 98%；2018 年 10 月前完成绩效考核系统构建，全面复审、完善并发布绩效考核标准；2018 年 12 月前完成营销系统管理流程接口全面梳理和责任明晰，修订完成营销系统管理标准等。

总之，企业标准化方针目标是要说明，企业为什么要做标准化工作，做什么，什么目的。

（二）企业适用的法律法规

随着社会发展速度的不断加快，企业在发展过程中涉及的对内部员工的管理、生产过程和结果的控制、企业与企业之间的竞争、规章制度的制定，都离不开法律的支持，特别是在当今社会，如果一个企业不具备应有的法律意识，在发展的过程中就会被逐渐淘汰，因此，企业标准化管理，实现企业目标、实现企业标准化目标，都要在遵守和符合法律法规的前提下实现，企业建立标准体系、制定标准和实施标准中的法律意识，对于企业的长远发展有着重要的帮助和指导作用。

电力企业标准体系结构图中的"企业适用的法律法规"为企业标准体系的建立和企业标准的制定提供指导。企业在发展的过程中都不可能离开法律法规的支持，企业要想跟上社会的发展步伐，就要在企业技术标准、管理标准和岗位标准上有所调整，而企业标准的建立也离不开法律意识的支持，企业在建立标准体系和制定标准时，需要从法律法规的层面出发，法律可以为企业的发展提供一定的保障。同时，随着市场需求的不断变化，企业在发展中面临的风险越来越多，所以通过法律法规的指导作用来帮助企业建立更为合理的企业标准，可以规避在市场发展中的风险，通过法律意识来建立企业的标准，也是对内部员工切身利益的一种保障，可以促进企业公平有序的竞争，减少企业纠纷的发生，促进企业更好地履行职责，对企业的发展有着重要的意义。

因此，企业在建立标准体系和制定标准的过程中，企业的每一名员工都要提升法律意识，企业标准的起草者要积极依法编制相应的企业标准，将法律法规赋予的权益、规定、要求等纳入和融入企业标准中，真正在实施企业标准中维护企业利益、从法律的视觉监督自身更好地履行自己法律义务，也运用法律武器保护自己。在这个过程中，企业员工法律意识会不断地提升，清楚如何用法律武器维护自身利益,在法律的范畴中更好地履行自己的义务，这是企业标准化工作不可忽视的作用。因此，在现代企业管理中，通过企业标准体系将法律意识的提升融入到管理的各个程序中去，这是监督企业依法履行义务、维护权利的必要途径。

要做好在标准体系中提升法律意识的工作，就要对"企业适用的法律法规"进行识别、梳理，列出企业适用的法律法规清单，以及在每一项法律法规中，哪些条款和内容与企业有关，哪些需要遵守、哪些需要履行、哪些必须符合等，把这些需要实施、遵守的法律法规条款内容写入企业相应的各个管理流程（管理标准）、技术环节（技术标准）并明确到岗位中。确保企业标准符合法律法规的要求。同时要对法律法规的更新进行跟踪，随时将新的要求纳入企业标准。

（三）指导标准和相关文件

电力企业标准体系结构图中的"指导标准和相关文件"是指对企业标准体系有指导作用的各类标准和规范性文件。

指导标准是企业不直接执行，但普遍使用的基础性标准和相关标准。基础标准是在一定范围内作为其他标准的基础并被普遍使用，具有广泛指导意义的标准，如对概念、数系、通则等做出的统一的规定，因此是制定企业标准必须遵循的依据或准则，是制定企业所有标准的共同基础，虽然有些基础性标准在企业可以直接应用，但也应列入指导标准中。相关标准是一些与企业生产经营相关的专业标准，虽然这些标准对企业标准制定发挥了重要的指导作用，但企业已将其内容转化为企业标准体系中，因此不再列入企业标准体系，而是作为企业的指导标准。企业的指导标准应形成清单进行管理并保持最新版本状态。

相关文件包括上级单位或主管部门制定的标准、制度等其他标准化规范性文件。这些相关文件是企业生产经营中需要全部或部分实施的文件，虽然这些文件的内容已经对企业标准制定起到了重要的约束和指导作用，但企业已将其内容转化到企业标准中，执行企业标准就能达到这些相关文件的要求，因此不再列入企业标准体系，而作为企业标准体系的相关文件，相关文件应形成清单进行管理并保持最新版本状态。

（四）企业标准体系

电力企业标准体系结构图表明，企业标准体系是在企业标准化方针目标引领下，以遵守法律法规为前提，以基础标准和相关文件为指导，建立的覆盖企业生产经营管理全过程的技术标准体系、管理标准体系和岗位标准体系。具体内容见本章第二部分典型电力企业标准体系组成和相关章节。

二、典型电力企业标准体系组成

由于不同电力企业产品的差异，规范产品实现全过程管理的标准化文件构成也有所不同，DL/T 485—2018《电力企业标准体系表编制导则》给出了电力设计、电力施工、发电、供电和电力科研等五种典型电力企业的技术标准体系组成模块和产品实现管理标准体系组成模块。而不同类型企业为保障企业生产、经营、管理有序开展所执行的基础保障管理标准体系大致相同，因此 DL/T 485—2018《电力企业标准体系表编制导则》给出了统一的电力企业基础保障管理标准体系结构图。

（一）技术标准体系结构

以下给出了五种典型电力企业不同的技术标准体系结构图。电力企业可按照本企业生产经营管理业务范围和工作实际，对涉及两个及以上典型企业业务的，可按照 DL/T 485—2018《电力企业标准体系表编制导则》给出的典型结构模块对本企业标准体系进行组合调整，也可根据本企业产品、过程、服务的特点和需求自我创新设计，构建适合本企业实际的标准体系。

（1）电力设计企业技术标准体系结构图，如图 6-2 所示。具体内容见本书第七章第二节。

（2）电力施工企业技术标准体系结构图，如图 6-3 所示，具体内容见本书第七章第三节。

（3）发电、供电企业技术标准体系结构图，如图 6-4 所示，具体内容见

28

本书第七章第四节、第五节。

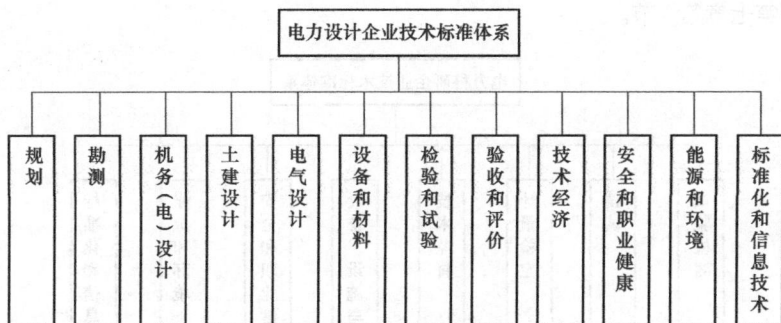

图 6-2　电力设计企业技术标准体系结构图

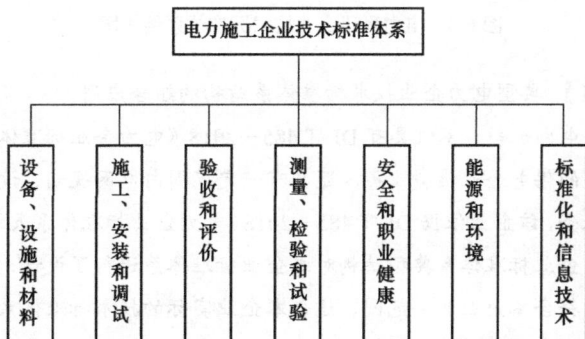

图 6-3　电力施工企业技术标准体系结构图

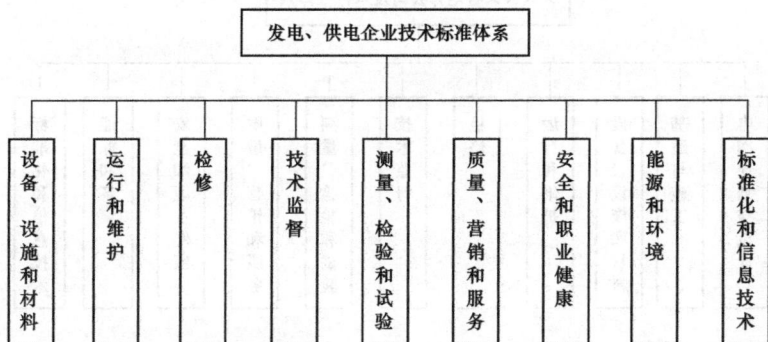

图 6-4　发电、供电企业技术标准体系结构图

（4）电力科研企业技术标准体系结构图，如图 6-5 所示，具体内容见本书第七章第六节。

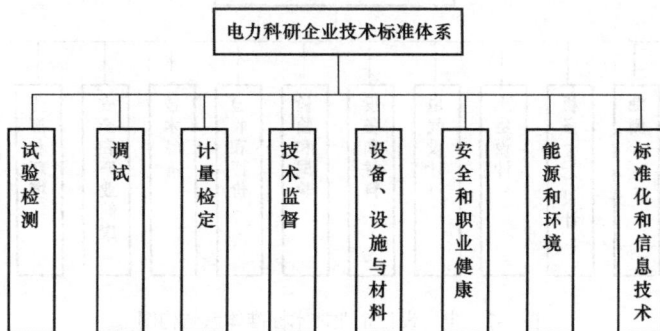

图 6-5　电力科研企业技术标准体系结构图

【例 6-1】　典型电力企业技术标准体系结构的组合应用。

某省级电网公司，不仅具有 DL/T 485—2018《电力企业标准体系表编制导则》给出的供电企业典型业务，还具有一定范围内电网规划、设计、施工等资质和业务，该企业依据 DL/T 485—2018《电力企业标准体系表编制导则》给出的电力企业标准体系典型结构对本企业标准体系进行了设计、组合和调整，构建了符合本企业业务范围、适合本企业实际的技术标准体系结构。

其技术标准体系结构图示例，如图 6-6 所示。

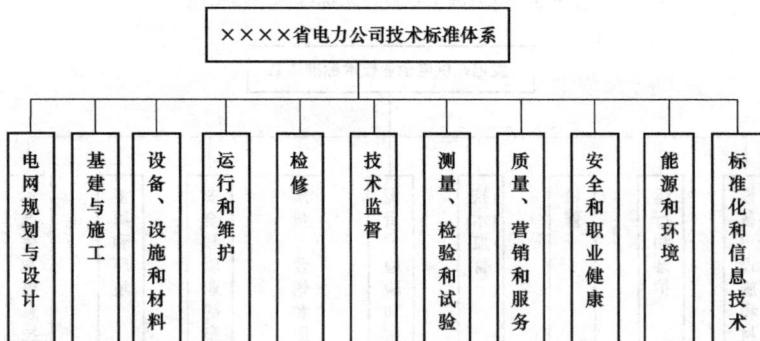

图 6-6　某省电网公司技术标准体系结构图示例

（二）管理标准体系结构

电力企业管理标准体系包括产品实现管理标准和基础保障管理标准，如图 6-7 所示。

DL/T 485—2018《电力企业标准体系表编制导则》给出了五种典型电力企业不同的产品实现管理标准体系结构图和五种典型电力企业具有的统一的基础保障管理标准体系结构图。对涉及两项及以上典型类型中业务的企业，可进行组合调整。

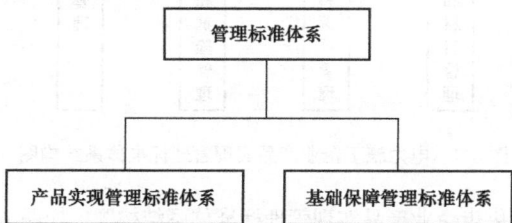

图 6-7　电力企业管理标准体系结构图

（1）五种典型电力企业不同的产品实现管理标准体系结构图。

1）电力设计企业产品实现管理标准体系结构图，如图 6-8 所示，具体内容见本书第八章第二节。

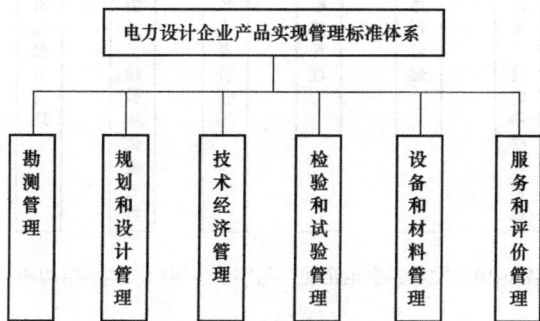

图 6-8　电力设计企业产品实现管理标准体系结构图

2）电力施工企业产品实现管理标准体系结构图，如图 6-9 所示，具体内容见本书第八章第二节。

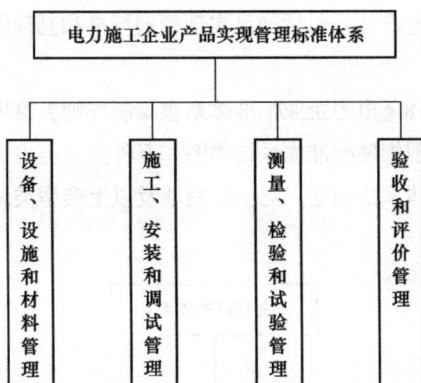

图 6-9　电力施工企业产品实现管理标准体系结构图

3）发电、供电企业产品实现管理标准体系结构图，如图 6-10 所示，具体内容见本书第八章第二节。

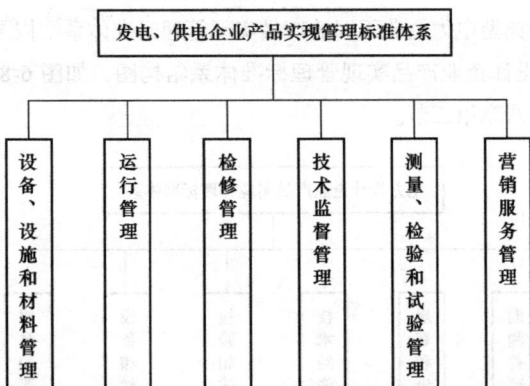

图 6-10　发电、供电企业产品实现管理标准体系结构图

4）电力科研企业产品实现管理标准体系结构图，如图 6-11 所示，具体内容见本书第八章第二节。

（2）五种典型电力企业统一的基础保障管理标准体系结构图，如图 6-12 所示，具体内容见本书第八章第三节。

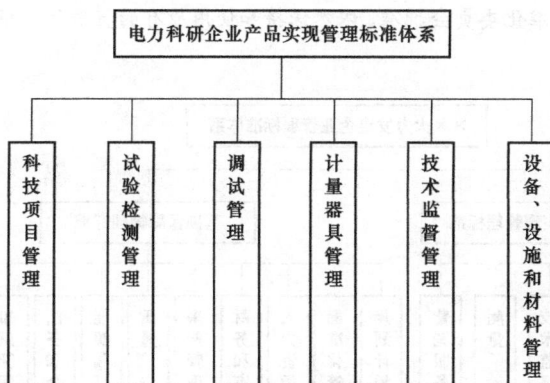

图 6-11　电力科研企业产品实现管理标准体系结构图

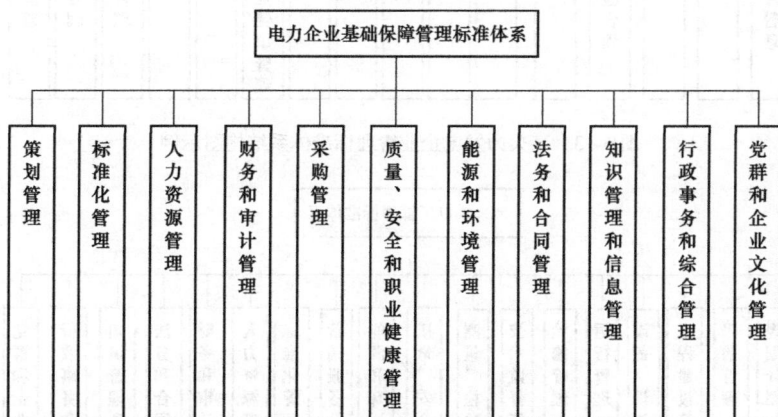

图 6-12　电力企业保障管理标准体系结构图

【**例 6-2**】 某火力发电企业管理标准体系结构如图 6-13 所示。

【**例 6-3**】 某热电厂管理标准体系结构如图 6-14 所示。

该企业多年来持续开展标准化工作，标准体系结构保持运用多年，2017
版企业标准化工作系列国家标准发布后及 DL/T 485—2018《电力企业标准
体系表编制导则》发布后，该企业在认真学习领会的基础上，认为新版国家
系列标准提出的"需求导向"和"创新设计"等理念，鼓励了企业可以根据

实际需要，以实现企业发展战略为目标，自我创新设计本企业适用的标准体系，经企业标准化委员会批准，依然保持和使用原有的标准体系框架结构图，即图 6-14。

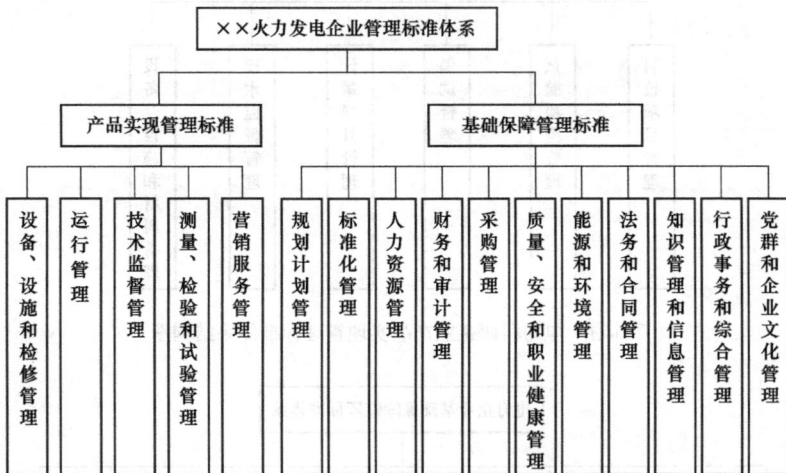

图 6-13 某火力发电企业管理标准体系结构图示例

图 6-14 某热电厂管理标准体系结构图示例

2017 版企业标准化工作系列国家标准及 DL/T 485—2018《电力企业标准体系表编制导则》颁布实施后，已经按照 DL/T 485—2012 版建立并运行企业标准体系的电力企业，可以继续保持原结构模式运行，也可以按新标准调整，还可以按国家标准调整为"产品实现标准体系、基础保障标准体系和岗位标准体系"或采用国家标准给出的其他体系结构。无论采用何种结构模式，标准体系都应满足企业生产、经营、管理等要求并涵盖新标准要求的各体系子要素。

（三）岗位标准体系结构

DL/T 485—2018《电力企业标准体系表编制导则》给出了五种典型电力企业具有的统一的岗位标准体系结构图，包括决策层、管理层、操作层岗位标准。如图 6-15 所示，具体内容见本书第九章。

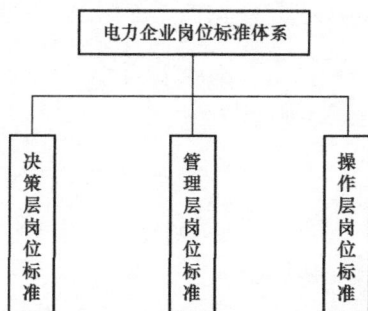

图 6-15 岗位标准体系结构图

【**例 6-4**】 某施工企业岗位标准体系结构图如 6-16 所示。

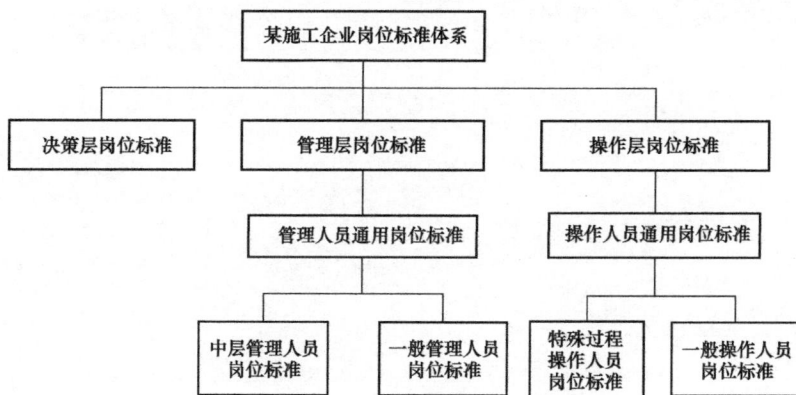

图 6-16 某施工企业岗位标准体系结构图示例

　　该企业分别对管理层岗位标准和操作层岗位标准专门制定了通用的岗位标准；将管理层岗位又划分为中层管理人员和一般管理人员岗位标准；同时考虑到施工过程中的一些特殊过程，对该企业涉及特殊过程的岗位进行了识别和明确，对具有特殊过程的操作人员的岗位标准作为操作层中的一个岗位标准子体系，便于对这些岗位的关注和特殊管理。该岗位标准体系结构同样符合 2017 版企业标准化工作系列国家标准及 DL/T 485—2018《电力企业标准体系表编制导则》的要求。

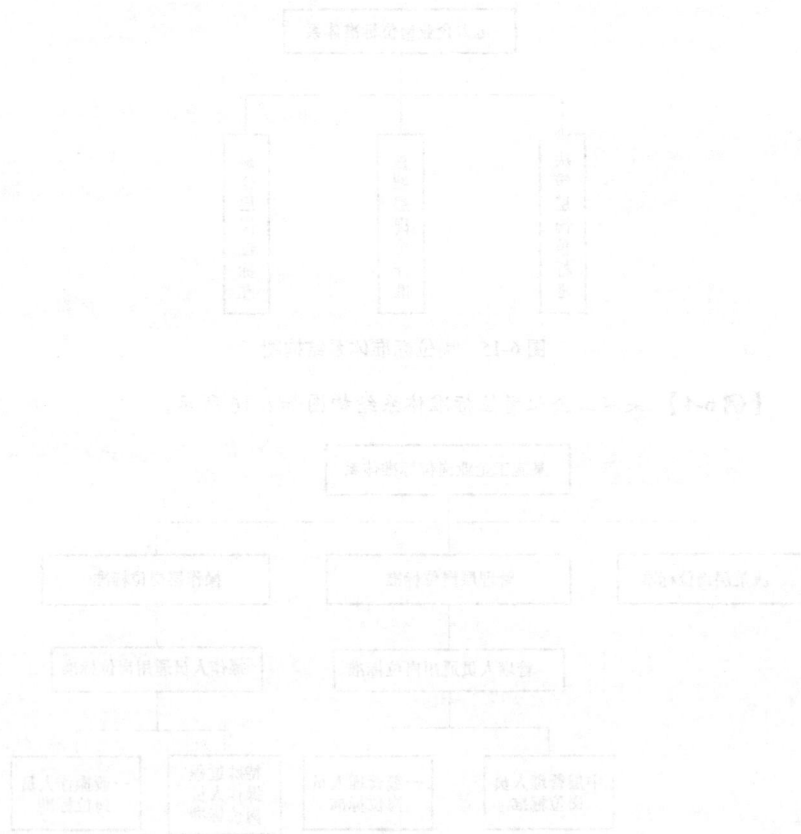

第七章　技术标准体系

第一节　技术标准体系概述

一、技术标准

企业标准体系内的技术标准是对企业标准化领域中需要协调统一的技术事项所制定的标准，是协调组织企业生产技术活动的准则，是企业生产（服务）、经营和管理的技术依据，用以指导产品（服务）生产及控制产品（服务）质量。企业技术标准的形式可以是标准、技术规范、规程、作业指导书、视频或标准样品实物等。

但技术标准已经不是用单个标准解决某项问题或用一组标准解决某类问题的时期，当今的世界，无论从技术、经济或社会的任何一个角度观察，都在以一个引人注目的趋势正在发展，都在为跨入这个新时代而进行科技知识和经济实力的准备，在一些高技术发展的前沿地区、国家、先进企业，更是在为这个新时代的标准化做战略准备。这个时代，标准化工作仅靠制定单个技术标准已经远远不够了，技术标准已经从个体水平发展成整体水平，从静态发展到动态，是一个按照标准系统原理，以系统的最优化为目标，运用数学方法和信息技术，建立与经济技术和企业不断发展进步水平相适应的标准系统，技术标准已经成为企业生产技术科学性、先进性、竞争实力和获得更大成功的战略性标志。

企业技术标准的对象仅限于重复性的技术事项、技术活动，不涉及企业组织机构、岗位、管理模式以及企业开展的策划、组织、监督、指挥、调节、控制等职能，电力企业技术标准仅对企业的产品质量（如发电厂的电能质量、供电企业的供电质量、电力设计企业的设计文件、电力施工企业的工程质量等）及其产品形成过程中的各个技术事项、技术要素进行规定，企业技术标准不应包含企业有关管理职能的内容。一个企业，如果产品不变，技术标准不会由于组织机构和管理模式的变化而发生变化，企业技术标准反映的是企业产品质量及其质量形成过程的控制水平、先进水平、质量水平。

二、电力企业技术标准的重要性

电力企业的产品是一种特殊的产品，与国民经济联系密切，不能大量储存，生产、输送、消费电能各环节所组成的统一整体不可分割，生产、输送、消费工况的改变十分迅速，社会及用户对电能质量的要求颇为严格。由于电能生产、供应、使用几乎是瞬间同时完成的，生产过程参数高、自动化程度高、技术复杂密集。电压频率的质量特性和电能使用总量时刻变化的这一特殊性，决定了从发电、输电、变电、配电到电力用户是一个统一的不可分割的整体。因此，电力企业中发电、输电、变电、配电、用电、服务等过程中的任一设备、部件发生问题，任何一个环节设计不当，或系统保护不完善，操作失误，电气设备出现故障等，都可能影响到整个电力系统的正常运行，对电力这种特殊的产供销系统，要保证电力设备的安全稳定、经济运行，必须建立并具备一套科学、完整、权威、透明的技术标准体系作为电力生产技术准则，建立电力企业技术标准体系也就成为电力行业技术标准体系的重要组成部分。电力企业技术标准体系不仅是电力安全可靠运行的基本保障，更是推进电力企业技术进步、实现科学管理的基础。

电力产、供、销同一时刻完成的特性，决定了电力生产过程中的每个环节都需要高度的可靠性和严密配合，一次系统与二次系统、主设备与辅助设备等各个环节都要协调动作，相互配合，这就要有一整套的、严密、严谨的能使生产全过程统一协调的各种技术标准的实施来保证，才会使生产的每个环节全过程地受控于技术标准，才能切实地保证电力系统的正常运作。如电网企业，为保证供电质量，在生产运行、检修、试验等工作中，都要严格按照技术标准操作，供电生产全过程是否能严格实施技术标准，也是保证电力安全稳定运行、实现优质供电的前提条件。

三、电力企业技术标准编制原则与条件

（一）编制原则

制定企业技术标准的依据是科学技术成果和企业生产实践中所积累的先进经验，将一些技术内容经分析、比较、优化或进行技术性能试验测试等

系列工作，纳入标准要素中，这些技术内容是对企业科技成果和生产实践的吸收和总结性提炼。每项技术标准的制定和修订，都要对企业生产力的发展起到促进作用。因此，制定企业技术标准应遵循以下原则：

（1）贯彻国家及行业标准化方面的法律、法规及相关标准。

（2）必须严格按照标准化原理，即简化、协调、统一、优化的原理，筛选标准要素，整理标准资料。

（3）有利于企业技术进步，能保证提高产品质量、改善生产经营，增加企业效益。

（4）积极采用国际标准和国外先进标准。

（5）应结合电力企业特点，做到标准的技术指标先进、安全可靠、经济合理。

（6）要充分考虑使用要求，保护消费者利益。

（7）有利于合理利用国家资源，推广科学技术成果，降低消耗。

（二）编制条件

1. 对具有新的内涵的技术事项，需要在日常生产工作中保持其秩序和效率，应当编制企业技术标准

电力行业是为全社会服务的基础性行业，电力企业执行的技术标准大多是国家标准和行业标准，电力企业技术标准的制定，一般是指要制定一项新标准，是过去没有而现在需要进行制定或过去的标准已不适用。当企业需要制定企业内部实施的技术标准时，说明企业在生产发展中、新技术应用中以及企业自身当前水平下，需要有一项新的技术标准对具有新的内涵的技术事项进行规定。可以说，一个企业的技术标准反映了企业当前的生产技术水平。企业技术标准制定是一个企业的标准化工作的重要方面，也是这个企业的标准化工作面貌的反映。

因此，编制技术标准和确定技术标准主题内容，需要针对技术事项的特征、编制技术标准后应达到的效果和目的。通过技术标准的制定，对技术活动的结果、形成过程、达到的功能、特性等确定适合于一定时期和一定条件的一致规范，以此保证技术事项在日常工作中必须保持的秩序和效率。如：电力设备预防性试验规程，随着新的设备技术的采用，预防性试验需要建立新的方法、程序和标准。

2. 企业生产技术活动中没有适用的国家、行业、地方、团体标准和上级机构技术要求，应制定企业标准

国家标准是国家四级标准体系中的主体，是指对全国经济技术发展有重大意义，需要在全国范围内统一技术要求所制定的标准。国家标准在全国范围内适用，其他各级标准不得与之相抵触。企业在生产活动中可直接采用和实施国家标准，作为企业组织生产、经营活动的依据。行业标准是指对没有国家标准而又需要在全国某个行业范围内统一的技术要求，所制定的标准。行业标准是对国家标准的补充，是专业性、技术性较强的标准。对没有国家标准和行业标准而又需要在省、自治区、直辖市范围内统一的工业产品的安全、卫生要求可以制定地方标准。团体标准和上级机构技术要求都是在这种情况下制定。

企业在没有国家、行业、地方、团体标准和上级机构技术要求的情况下，应当制定企业标准，作为组织生产的依据，使电力生产和检验有标准可依，消灭无标生产，避免电力企业生产活动的盲目性，克服不按标准生产、不按标准检验所造成的后果。

3. 企业生产技术水平严于国家、行业、地方、团体标准和上级机构技术要求，应制定在行业领先的企业标准

电力企业技术标准的作用相比其他产品企业，在电力生产中有着更加重要的作用，是电力企业生产管理的一项重要的基础工作，也是衡量企业生产技术水平，实现电力生产过程可控、在控、能控水平高低的一个重要尺度。电力企业技术标准与国家、行业、地方、团体标准和上级管理机构技术要求等之间应具有严谨的逻辑层次关系。强制性国家标准是不可逾越的底线，是整个电力企业标准体系中确定技术指标的顶层；地方标准地域针对性强，对发展过程中出现的新情况、新问题能够作出快速反应；行业标准与地方标准是国家标准的又一补充；团体标准是大量企业标准的综合，是大量企业标准意志的上升和融合，具有更明显的先进性、适用性、有效性，能够有效补充现行国家标准、行业标准和地方标准中的缺漏，成为科技成果应用和转化的有效途径。

企业制定技术标准应关注电力市场需求，满足顾客需求，跟踪电力工业最新技术发展，促进新技术、新成果的标准转化。国家鼓励企业建立在行业

领先的先进标准体系。但企业制定的技术标准应比在同一领域已有国家、行业、地方、团体标准和上级机构技术要求的更严。

4. 国家、行业、地方、团体标准和上级机构技术要求中部分内容适用于企业，可部分引用，也可转化为企业标准或对其内容进行细化

当国家、行业、地方、团体标准和上级机构技术要求中有部分内容适用于企业，部分内容又不适用于企业时，企业可以结合实际情况，将适用部分与企业实际情况结合，转化、纳入、引入企业编制的技术标准，对应融入企业实际的技术活动过程，对应到具体的作业节点，转化为适合企业实际、更加具有可操作性、易于员工理解并直接执行的具体的技术活动要求，以此解决员工在一项作业中同时执行多个技术标准中的若干条款的情况，让员工在执行一项作业中只需执行一个技术标准，按技术标准描述的作业顺序和内容逐项完成作业即可保证作业质量，以此更好的保障上级各项、多个标准被实施和满足。

四、电力企业技术标准体系

对企业而言，技术标准可以衡量其技术水平的高低，企业制定的技术标准要看其能否满足生产和使用的需要，能否最大限度地发挥企业的生产力，提高生产效率，能否合理地利用能源、原材料，从而降低消耗，增加企业的经济效益。

电力企业技术标准体系是由国家标准、地方标准、行业标准、团体标准和自定的企业标准构成的。目前，电力技术标准已基本覆盖电力设计、施工、调试、生产运行、检修、试验等主要过程，各电力企业在构建技术标准体系和技术标准制定中，需要结合本企业生产、设备、地域、规模大小、资源等情况，首先在国家标准、地方标准、行业标准、团体标准中识别、确定本企业适用的标准，再结合企业实际确定需要自行制定哪些企业技术标准，并按其生产过程、内在的联系组成有机整体，形成本企业技术标准体系，通过技术标准体系运行发挥技术标准的系统效应，从而有力地保证安全稳定可靠运行。因此，各电力企业应有计划地开展各级各类标准的收集工作，跟踪好国家标准、地方标准、行业标准和团体标准的发布、废止信息，根据自身的发展情况，收集标准化信息，收集企业需要执行的各级标准，经综合整理，制定企业制、修订技术标准的计划，制定技术标准，推进企业标准化工作。

电力企业建立技术标准体系，可结合本企业实际，对 DL/T 485—2018《企业标准体系表编制导则》提供的技术标准体系结构进行删减、增补或组合等，在确保与本企业生产（服务）、经营、管理实际契合的基础上，收集需要执行国际、国家、行业、地方、团体标准、上级主管部门的标准和自行制定的企业标准，纳入技术标准体系，并通过实施，有效地促进企业的技术进步和经济效益的提高。

本章第二节到第六节分别对电力设计企业、电力施工企业、发电企业、供电企业和电力科研企业等五种典型电力企业技术标准体系结构和内容进行解读。

第二节　电力设计企业技术标准体系结构与内容

电力设计企业技术标准体系结构和内容应依据本企业电力设计过程构建和制定。电力设计业务过程的清晰表述是构建电力设计技术标准体系的基础，电力设计企业技术标准体系要确保电力设计过程中的每一技术事项都有技术标准可依。

一、电力设计过程概述

电力规划、电力设计等成品文件是电力工程立项、施工和生产的主要依据。电力设计企业的主要工作是对电力规划、电力设计等成品文件质量形成过程和交付质量的控制。电力设计企业的主要任务有：电网规划、电源规划、电源点接入系统规划、电力勘测、电力设计等。电力设计可划分为发电工程勘测设计和送变电工程勘测设计两大过程。

发电工程勘测设计过程包括：初步可行性研究、可行性研究、初步设计、施工图设计、施工配合（工地服务）、竣工图编制和设计回访总结等过程。

送变电工程勘测设计包括：可行性研究（特高压和重要超高压送变电工程在可行性研究之前应有规划选线报告）、初步设计、施工图设计、施工配合

（工地服务）、竣工图编制和设计回访总结六个过程。小型送变电工程勘测设计包括：初步设计、施工图设计、施工配合（工地服务）、竣工图和设计回访总结五个阶段。

电力设计过程控制一般包括以下 12 个步骤：

1. 项目组织

明确项目经理、组建项目团队。项目经理组织现场踏勘、收资调研。

2. 设计策划

设计策划文件可依据工程项目的具体情况分阶段进行编制。一般应包括以下内容：

（1）设计范围及总要求：工程概况、任务内容、合同要求、人工时的概算、工作进度、主要技术方案、高新技术要求、强制性条文执行计划、信息联系、文档要求等。

（2）项目目标及保证措施：项目质量目标、环境目标、职业健康安全目标、自主知识产权的使用目标、工程组织、质量风险及控制措施、可借鉴的技术质量信息、环境管理信息和职业健康安全管理信息及预防措施等。

（3）设计输入要求：设计依据、依据的法律、法规及技术标准、主要技术原则、勘测设计文件编制要求、采用的自主知识产权等。

3. 勘测过程

（1）勘测策划：组建勘测项目团队，搜集、整理项目相关资料，编制"勘测大纲"，配置适宜的勘测机具和仪器设备。

（2）勘测实施：勘测外业作业，岩、土、水样试验，勘测报告编制，勘测成品交付。

4. 设计输入

设计输入通常包括：功能和性能要求；适宜的法律、法规、规程、规范；合同及合同评审结果、顾客提出的合同以外的要求及评审的文件；前一阶段的设计确认结果；设计要求说明/卷册任务书的要求；原始/基础资料（包括工程地质、地震参数、地形测量、水文气象、交通运输、电力系统、电力负荷、热力负荷、水质、煤质、油质、环境等外部条件资料）；设备资料；内外反馈信息；专业间的交接资料等。

5. 技术接口

设计过程中的技术接口包括内部各专业之间技术上的接口和外部顾客与供方之间的接口。

6. 设计评审

设计评审内容一般包括：方案是否满足合同的要求、方案在实施中可能产生的问题和解决方案、方案对环境可能产生的影响、设计方案的评价和改进要求等。

7. 设计输出

设计输出以文件的形式体现，主要包括：设计图纸、计算书、说明书、报告书（如专题报告、环境评价报告）、设备及主要材料清册、估算书、概算书、预算书、强制性条文检查表/检查手册等。设计输出应满足设计输入和有关设计深度规定要求和质量要求。

8. 设计验证、出版

设计输出文件经设计人自校，校核人、审核人、批准人等校审后，进行质量评定，评定合格的勘测设计成品受控出版并交付。

9. 设计确认、更改

设计确认在设计验证后、产品实施前进行。设计更改是指在设计文件经审批、确认后，由于种种原因需进行的修改。

10. 设计服务

服务包括工程项目设计和工程建设全过程中各阶段的服务，以及合同中规定的必须提供的服务。如：技术咨询服务、现场工地服务、后期跟踪服务等。

11. 工程设计总结

工程竣工后进行工程设计总结，主要包括：工程概况、工程设计主要优缺点、工程设计重要技术改进或突破、主要设计变更原因分析及应采取的预防措施、投资分析、工程设计改进建议、工程服务情况、产品实现过程评价报告、主要技术经济指标等。

12. 工程资料归档

工程资料归档包括工程原始资料归档、工程成品资料归档，其资料归档形式为电子档案和纸质档案。

二、电力设计企业技术标准体系结构图

电力设计企业技术标准体系是开展勘测、设计、技术服务的技术依据。按照勘测设计产品实现过程，技术标准体系按专业划分为规划、勘测、机务（电）设计、土建设计、电气设计、设备和材料、检验和试验、验收和评价、技术经济、安全和职业健康、能源和环境、标准化和信息技术等 12 个子体系。

DL/T 485—2018《企业标准体系表编制导则》给出了电力设计企业技术标准体系结构图，如图 7-1 所示。

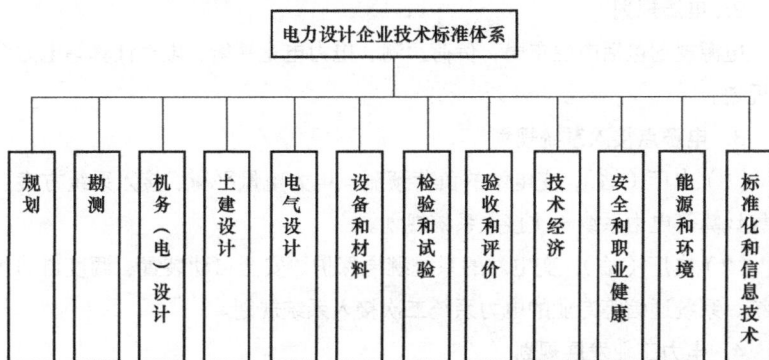

图 7-1 电力设计企业技术标准体系结构图

三、电力设计企业技术标准体系包含的主要标准内容

电力设计企业技术标准体系包含的主要标准内容应覆盖和满足对规划、勘测、设计过程和成品文件交付的质量要求。应按照本企业识别的业务过程，确定、选用或自行制定技术标准。以下按 DL/T 485—2018《企业标准体系表编制导则》列出的技术标准的内容仅供电力设计企业建立技术标准体系时参考，企业应结合实际，完整识别业务过程，确定技术事项和应制定的技术标准，构建技术标准体系。

按照 DL/T 485—2018《企业标准体系表编制导则》给出的技术标准体系结构，电力设计企业典型技术标准体系表包含如下 12 个层次的内容。

（一）规划技术标准子体系

按照规划内容，规划技术标准可划分为：电力系统一次规划和电力系统二次规划的技术标准。包括但不限于电网规划、电源规划、电源点接入系统规划等技术标准。

1. 电网规划

（1）区域电网的电力发展预测，包括负荷预测、电力电量平衡、电气计算等电力系统一次规划。

（2）区域电网的系统继电保护、安全自动装置、调度自动化系统、系统通信等专业的电力系统二次规划。

2. 电源规划

电源规划包括电源布局、负荷预测、电力电量平衡、电气计算等电力系统规划。

3. 电源点接入系统规划

（1）电厂（站）、变电站的负荷预测、电力电量平衡、接入系统方案、电气计算等电力系统一次接入系统规划。

（2）电厂（站）、变电站的系统继电保护、安全自动装置、调度自动化系统、系统通信等专业的电力系统二次接入系统规划。

4. 电力工业发展规划

当电力设计企业受地方政府委托时，会主持或参与当地电力工业发展规划编制。一般包括规划区域的电力工业发展预测，如电力负荷预测、电力电量平衡、电源布局、电气计算等电力系统规划。

（二）勘测技术标准子体系

按照勘测专业划分，勘测技术标准子体系包括但不限于地质、测量、水文气象等技术标准。

1. 地质专业

（1）设计输入要求：设计依据、依据的法律、法规及技术标准、主要技术原则、勘测设计文件编制要求、采用的自主知识产权等。

（2）工程地质、水文地质、土水试验、物探等地质专业综合性技术标准。

（3）发电工程厂（站）址、变电工程站址、大坝的岩土工程、工程地质钻探、工程物探、桩基检测、地基试验及检测、室内试验、原体试验、现场检验等。

（4）电力工程水文地质测绘、水文勘测、水文地质物探、水文地质钻探与成孔、水文地质试验等。

（5）送电工程铁塔基础的工程地质钻探、工程物探、桩基检测、室内试验、原体试验、现场检验等。

（6）电力工程地质专业各阶段勘测内容深度规定。

2. 测量专业

（1）工程测量、数字航空摄影测量、地理信息系统、测绘图等测量专业综合性技术标准。

（2）电力工程厂（站）址、输电线路的地形测量、平面控制测量、高程控制测量、线路测量、地下管线测量、卫星定位系统测量。

（3）勘测测量仪器的计量检定规程和校准规范，检定或校准周期的规定等。

（4）测量仪器所处的环境条件、量程、偏移、稳定性、分辨率、不确定度等要求。

（5）电力工程测量专业各阶段勘测内容深度规定。

3. 水文气象专业

（1）水文、气象等专业综合性技术标准。

（2）电力工程的水文气象查勘、取水水源论证、水文计算、气象分析计算等。

（3）电力工程的气象参数、导线覆冰计算等。

（4）电力工程水文气象专业各阶段勘测内容深度规定。

（三）机务（电）设计技术标准子体系

机务（电）设计主要指发电电源的主要工艺设计，按照目前国内主流发电类型划分为火电工程（如燃煤、燃机工程等）、水电工程、核电工程、风电工程、光伏工程五种工程。

1. 火电工程

（1）火电工程厂址选择规定，锅炉及辅机、汽机及辅机、输煤、除灰渣、水处理、管道等专业各阶段设计内容深度规定，各专业施工图设计守则。

（2）锅炉系统、煤质分析系统、制粉系统、烟风系统、吹灰系统、除尘器燃油系统、启动锅炉等设计。

（3）汽轮机、回热系统、凝结水系统、给水系统、润滑油系统、燃油系统、工业水系统等设计。

（4）脱硫、脱硝系统及设备设计。

（5）卸煤站（沟、翻车机）、燃煤码头、输煤、煤场等设计。

（6）除灰、渣系统、浓缩系统、灰渣管道、灰渣外运、灰场等设计。

（7）化学水处理、凝结水处理、废水处理、化学试验室等设计。

（8）各系统用管道及阀门设计。

2．水电工程

（1）水电工程的站址选择规定，水轮机、发电机、金属结构等专业各阶段设计内容深度规定，各专业施工图设计守则。

（2）水轮机、发电机等水利机械的机组选型和系统、安装设计。

（3）金属结构设计规定。

3．核电工程

目前电力设计企业只进行核电工程常规岛的设计，故 DL/T 485—2018《电力企业标准体系表编制导则》仅列出常规岛的厂址选择，包括核电工程常规岛各阶段设计内容深度规定，各专业施工图设计守则等。核电工程设计中，汽轮机及辅机、发电机及辅机的机组选型和系统、安装设计，水处理系统、管道阀门等各专业设计的技术标准，基本同火电工程。

4．风电工程

（1）风电工程微观选址规定，风电工程各专业各阶段设计内容深度规定，各专业施工图设计守则。

（2）风力资源分析与评价。

（3）风力发电机机组选型和系统、安装设计等。

5．光伏工程

（1）光伏工程站址选择规定，光伏工程各专业各阶段设计内容深度规定，各专业施工图设计守则。

（2）太阳能资源分析与评价。

（3）光伏组件、控制器、逆变器设备选型和系统、安装设计等。

（四）土建设计技术标准子体系

按照土建专业划分，土建设计技术标准子体系包括但不限于建筑、结构、地基处理、总平面及交通运输、水工、采暖空调等技术标准。

1. **建筑专业**

（1）民用建筑、市政工程等建（构）筑物建筑设计。

（2）电力工程主厂房、辅助及附属设施的场地建（构）筑物的建筑、抗震设计。

（3）电力工程建筑专业各阶段设计内容深度规定，施工图设计守则。

2. **结构专业**

（1）工业与民用建筑、市政工程等建（构）物结构设计。

（2）电力工程主厂房、辅助及附属设施的场地建（构）筑物，以及灰场、大坝、线路杆塔等结构设计。

（3）电力工程结构专业各阶段设计内容深度规定，施工图设计守则。

3. **地基处理专业**

（1）工业与民用建筑、市政工程等建（构）筑物地基处理设计。

（2）电力工程主厂房、辅助及附属设施的场地建（构）筑物，以及灰场、大坝、线路杆塔等地基处理、桩基技术设计。

（3）电力工程地基处理专业各阶段设计内容深度规定，施工图设计守则。

4. **总平面及交通运输专业**

（1）发电工程厂区规划及总平面布置、厂区外部规划、主厂房区域布置设计。

（2）发电工程交通运输、道路、港口、铁路设计。

（3）发电工程施工组织设计。

（4）水电工程移民工程设计。

（5）总平面及交通运输专业各阶段设计内容深度规定，施工图设计守则。

5. **水工专业**

（1）工业与民用建筑、市政工程等给排水、消防设计。

（2）火电工程循环水系统，水源、给排水、冷却水系统；以及冷却塔、水工结构等设计。

（3）水电工程主厂房给排水、大坝、挡水、泄水建筑物设计。

（4）风电、光伏、变电工程主厂房、辅助及附属设施的给排水设计。

（5）电力工程所有涉及消防系统设计的技术标准。

（6）电力工程水工专业各阶段设计内容深度规定，施工图设计守则。

6. 采暖空调专业

（1）工业与民用建筑、市政工程等采暖、空调设计。

（2）发电、变电工程主厂房、辅助及附属设施的场地建（构）筑物的采暖、空调等专业设计。

（3）火力发电厂厂内加热站及管网设计。

（4）电力工程采暖空调专业各阶段设计内容深度规定，施工图设计守则。

（五）电气设计技术标准子体系

按照电气专业划分，电气设计技术标准子体系包括但不限于电力系统、电气、继电保护、调度自动化、通信、仪表及控制等技术标准。

1. 电力系统专业

（1）电力工程的系统一次专业设计。

（2）电力系统专业各阶段设计内容深度规定。

2. 电气专业

（1）工业与民用建筑、市政工程等电气专业设计。

（2）发电、变电工程发电机、变压器、高压配电装置、防雷、接地、厂用高（低）压配电装置、照明、电缆等设计。

（3）输电线路及线路相关器具等线路电气设计。

（4）电力工程电气专业各阶段设计内容深度规定，施工图设计守则。

3. 继电保护、调度自动化、通信专业

（1）发电、变电工程的系统继电保护和安全自动装置设计。

（2）发电、变电工程的调度自动化系统设计。

（3）发电、变电工程的系统通信、厂内通信设计。

（4）微波通信工程的通信专业设计。

（5）电力工程继电保护、调度自动化、通信专业各阶段设计内容深度规定，施工图设计守则。

4. 仪表及控制专业

（1）发电工程的主、辅设备控制、监视、报警、数据采集和记录及通信、热工试验室与电厂信息管理系统等设计。

（2）仪表及控制专业各阶段设计内容深度规定，施工图设计守则。

（六）设备和材料技术标准子体系

电力设计企业的设备和材料技术标准为设计企业技术协议签订、编制设备技术规范书、选择设备厂家等提供重要的技术支持。

设备与材料技术标准包括但不限于工程设计的设备、材料的设计选型、技术性能要求、采购的技术要求等技术标准；电力勘测设备、仪器的选型、技术性能要求、采购的技术要求等技术标准。其主要内容为：

（1）电力工程主机与主要辅机设备、主要材料的设备选型主要参数。

（2）电力工程设备与材料订货的技术条件、质量要求、技术性能要求。

（3）电力工程主机与主要辅机设备、主要材料的采购、监造技术标准。

（4）电力勘测设备、仪器订货的技术条件、质量要求、技术性能要求，包括技术性能及工程质量的外包或外购设备、产品、原材料的验收规则、检验试验方法等。

（5）电力勘测设备、仪器维护、保养规定。

（七）检验、试验技术标准子体系

检验、试验技术标准包括但不限于检验、试验方法和设备设施检定、校准等技术标准。其主要内容为：

（1）电力工程主机与主要辅机设备检验、试验方法、程序。

（2）发电工程燃料检验、试验方法、程序。

（3）电力工程设备性能试验及检测方法。

（4）电力工程桩基、结构现场检测要点。

（5）锅炉、化学清洗、检验规则等。

（6）勘测岩、土、水样试验的采集、包装、贮存、运输、试验方法、程序，包括岩、土、水样检验项目的取样地点，抽样方法，包装的标志要求，贮存条件、贮存方式、贮存期限，搬运、装卸方式，运输、码放条件，试验方法，抽查频率，结果判定，复检规则。

（7）勘测土水试验室环境和设备、仪器要求，试验室温度、湿度规定，试验设备、仪器的检定或校准周期、贮存条件、贮存方法、搬运和使用规定。

（八）验收和评价技术标准子体系

验收和评价技术标准包括但不限于电力工程各设计专业交付验收、工程整体试运行等技术标准。其主要内容为：

（1）电力工程各系统施工质量验收与评价标准。

（2）电力工程主要设备安装规范、调试及验收标准。

（3）建筑单体工程质量验收标准。

（4）工程整体试运行验收与评价标准。

（九）技术经济技术标准子体系

技术经济技术标准包括但不限于工业与民用建筑、市政工程以及电力工程的投资估算、概算、预算、决算、投资后评估等技术经济专业的定额、预规等技术标准。其主要内容为：

（1）工业与民用建筑、市政工程、电力工程投资估算、概算、预算编制规则及费用标准。

（2）建筑、安装工程工程量清单计价标准。

（3）电力工程概算、预算定额。

（4）电力工程技术经济专业各阶段设计内容深度规定。

（十）安全和职业健康技术标准子体系

安全和职业健康技术标准包括但不限于通用标准、应急、消防、事故处置、职业卫生、劳动防护等技术标准。其主要内容为：

1. **安全**

（1）工程设计产品和电力设计企业勘测设计生产过程、办公基地所需的安全方面通用标准。

（2）应急预案、应急演练、消防安全标准。

（3）特种设备与特种作业、安全设备设施、安全防护、安全监测标准。

（4）安全设计与评价标准。

（5）安全方面应急救援、处置与控制、安全事故调查标准等。

2. **职业健康标准**

（1）工程设计产品和电力设计企业人员、办公环境所需的职业健康方面通用标准。

（2）职业卫生监测、劳动防护设施和用品标准。

（3）异常气象条件、辐射、噪声和振动、粉尘、危险化学品等有害物质、生物因素、其他因素的防范控制标准。

（4）职业卫生设计与评价标准。

（5）职业健康方面应急救援、事故调查与处置标准。

（十一）能源和环保技术标准子体系

能源和环保技术标准包括但不限于通用标准和能源使用、能源消耗、污染物排放等技术标准。其主要内容为：

1. **能源**

（1）工程设计产品和电力设计企业勘测设计生产过程、办公基地所需的能源方面的通用标准。

（2）能源使用、能源消耗、能效指标、能耗定额、能耗计算、节能降耗、能源评价标准。

（3）节能技术，节能设计及评价标准。

2. **环保**

（1）工程设计产品和电力设计企业勘测设计生产过程、办公基地所需的环境保护方面的通用标准。

（2）废水、废气、废物排放处理及控制、辐射等能源释放及控制标准。

（3）环境质量、环境保护监测、环境影响评价标准。

（4）环境保护设计及评价、水土保持标准。

（5）环境保护方面应急救援、事故调查与处置标准等。

（十二）标准化和信息技术标准子体系

标准化和信息技术标准包括但不限于通用标准和标准化、科技、档案、信息应用等技术标准。其主要内容为：

（1）标准、标准体系的制定、实施以及监督、评价等标准化工作标准。

（2）信息技术设备安全、网络安全、系统安全、应用安全、数据安全、信息安全保护等信息安全技术标准。

（3）信息分类与编码、业务文档格式、元数据等信息资源标准。

（4）信息采集、处理和提供、刊物编辑、科技查新、情报检索、运营监测（控）、信息应用等信息管理与服务标准。

（5）数据销毁、清除与数据恢复的技术要求标准。

（6）信息网络工程、接口、交换传输等网络性能参数与指标标准。

（7）通信网络、通信规约、交换技术、通信系统与终端、接入网等数据通信及网络技术。

（8）发电工程信息系统设计标准。

（9）档案分类、整编、保存等技术规定。

（10）出版文本、图纸的打印、晒图、复印、装订等技术规定。

四、电力设计企业技术标准体系表示例

表 7-1 给出了某设计企业进行火电设计的企业技术标准体系表中标准明细表示例，体系结构仅到第一个层次 12 个类别。企业编制技术标准体系表时，可根据实际工作需要分成多个层次，自行设计体系结构代号。仅供电力设计企业编制技术标准体系表时参考。

表 7-1　某电力设计企业技术标准明细表示例（以火电设计为例）

序号	体系代码	标准编号	标准名称	实施时间	被代替标准号	责任部门
…	…	……	……	…	……	……
…	130001	DL/T 5427—2009	火力发电厂初步设计文件内容深度规定	2009-12-01	DLGJ 9—1992	发电公司
…	130002	GB 50660—2011	大中型火力发电厂设计规范	2012-03-01		发电公司
…	103003	DL/T 335—2010	火电厂烟气脱硝（SCR）系统运行技术规范	2011-05-01		发电公司
…	103004	Q/××××105004J11—2016	汽轮机主要辅机选型计算书技术标准	2016-03-01		发电公司
…	104001	CECS 212—2006	预应力钢结构技术规程	2006-12-01		发电公司
…	104002	DL 5022—2012	火力发电厂土建结构设计技术规定	2012-03-01	DL 5022—1993	发电公司
…	104003	DL/T 5029—2012	火力发电厂建筑装修设计标准	2012-12-01	DL/T 5029—1994	发电公司

续表

序号	体系代码	标准编号	标准名称	实施时间	被代替标准号	责任部门
…	…	……	……	…	……	……
…	105001	GB 50034—2013	建筑照明设计标准	2014-06-01	GB 50034—2004	发电公司
…	105002	DL/T 5153—2014	火力发电厂厂用电设计技术规程	2015-03-01	DL/T 5153—2002	发电公司
…	105003	DL/T 5041—2012	火力发电厂厂内通信设计技术规定	2012-03-01	DL/T 5041—1995	发电公司
…	105004	YD 5003—2014	通信建筑工程设计规范	2014-07-01		发电公司
…	105005	Q/××××105005D020—2016	火力发电厂施工图设计导则－电气篇	2016-07-01		发电公司
…	105006	Q/××××105006D031—2017	电气主接线接线方案比较计算书标准	2017-03-01		发电公司
…	…	……	……	…	……	……
…	106001	DLGJ 127—1996	电力勘测设备保养技术规定	1996-10-01		发电公司
…	106002	DL/T 831—2015	大容量煤粉燃烧锅炉炉膛选型导则	2015-09-01	DL/T 831—2002	发电公司
…	106003	GB/T 17468—2008	电力变压器选用导则	2009-08-01	GB/T 17468—1998	发电公司
…	106004	Q/GDW 576～579—2010	站用交直流一体化电源系统技术规范	2010-05-01		电网公司
…	…	……	……	…	……	……
…	109001	DL/T 5369—2016	电力建设工程工程量清单计算规范 火力发电工程	2017-05-01	DL/T 5369—2011	技经公司
…	109002	DL/T 5464—2013	火力发电工程初步设计概算编制导则	2013-10-01		技经公司
…	…	……	……	…	……	……

第三节　电力施工企业技术标准体系结构与内容

电力施工企业技术标准体系结构和内容应依据本企业电力施工过程构建和制定。电力施工业务过程的清晰表述是构建电力施工技术标准体系的基础，电力施工企业技术标准体系要确保电力施工过程中的每一技术事项都有技术标准可依。

一、电力施工过程概述

随着社会的不断发展与进步，人们生活水平的不断提高，对发供电质量要求越来越高，在一定程度上促进了电力施工工程施工规模的扩大。与一般工程施工相较而言，电力施工工程更加复杂，并且具有流动性与多样性的特点，加大了施工难度。为此，电力工程施工中，施工全过程技术标准的管理与实施尤为重要，应在保证施工顺利完成的同时，使施工质量达标设计标准。

电力施工一般包括发电厂工程施工和送变电工程施工。

发电厂工程施工包括：火力发电施工、核燃料发电施工、水力发电施工、风力发电施工、光伏发电施工等。

送变电工程施工包括：基础施工、杆塔组立、放紧线施工等。

（一）发电厂工程施工特点

发电厂施工周期长，土石方、混凝土、金属结构、电缆、管道等工程量大，交叉作业多，技术复杂、自动化程度高。特别是火电的高温高压技术要求，水电工程中的导流和截流，大坝的稳定、防渗、抗冲、承压，水力机械的耐磨、防腐等，都需要特殊的措施和技术。

施工过程主要包括土建工程施工、安装工程施工、设备分部试运行、整套启动调试和试运行、施工交付及生产准备等。

主要施工内容包括：

（1）土建工程施工：建筑施工测量、爆破工程、地基与基础工程、主体工程、外围工程等。

（2）安装工程施工：发电设备本体安装、附属设备安装、电气设备安装、分部调试和启动调试等。

（二）送变电工程施工特点

送变电工程施工主要包括新建、改建、扩建等工程，电压等级为 110～1000kV，普遍存在着高度流动、高度分散的特点，施工工期不固定。同时露天野外施工，地质条件、气候情况、地理位置等均不断变化。对于同种工种而言，在不同作业时段、不同作业位置所开展的作业内容也是不同的。

主要施工技术包括：

（1）基础施工技术：土方开挖施工对流沙、松散土质等容易塌方的基坑的支护施工，安装、组装模板、预制基础安装等。

（2）杆塔组立技术：杆塔组装、施工基面定位、杆塔整立、外拉线抱杆分解组塔、内拉线抱杆分解组塔、放紧线施工等。

由于电力工程施工具有工序多、繁杂性大、流动性强等特点，导致电力工程施工风险较大，需要施工人员全面掌握施工技术标准、专业技能、熟练操作流程，从而确保工程施工的顺利完成。

二、电力施工企业技术标准体系结构图

电力施工企业的技术标准体系是组织工程施工、安装、调试的技术依据，技术标准体系的划分也应围绕这些核心业务开展，同时应考虑设备设施与材料、安全和职业健康、能源和环境、标准化和信息技术等方面，DL/T 485—2018《企业标准体系表编制导则》给出了电力施工企业技术标准体系结构图，如图 7-2 所示。

三、电力施工企业技术标准体系包含的主要标准内容

电力施工企业技术标准体系包含的主要标准内容应覆盖和满足对电力施工和交付全过程的质量要求。应按照本企业识别的业务过程，确定、选用或自行制定技术标准。以下按 DL/T 485—2018《企业标准体系表编制导则》列出的技术标准的内容仅供电力施工企业建立技术标准体系时参考，企业应结合实际，完整识别业务过程，确定技术事项和应制定的技术标准，构建技术标准体系。

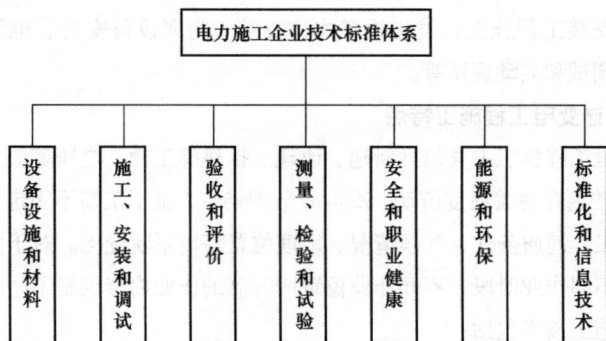

图 7-2　电力施工企业技术标准体系结构图

按照 DL/T 485—2018《企业标准体系表编制导则》给出的技术标准体系结构，电力施工企业典型技术标准体系表包含如下 7 个层次的内容。

（一）设备设施与材料技术标准子体系

设备、设施和材料技术标准子体系包括但不限于：

（1）锅炉、蒸汽轮机、燃气轮机、水轮机、发电机、变压器等主要设备及其附属设备的技术性能要求。

（2）大型机械、工器具、装置和设备的特性、使用条件、维修条件。

（3）继电保护及自动装置技术条件。

（4）电力自动化、监控系统的结构及性能要求。

（5）金属管道、阀门的技术性能要求、技术条件。

（6）焊接材料的技术要求。

（7）仪器和设备的配置要求、工作环境的温度、湿度、清洁度、卫生条件要求。

（二）施工、安装和调试技术标准子体系

施工、安装和调试技术标准子体系包括但不限于：

（1）场地"五通一平"。

（2）施工临时设施。

（3）桩基施工、土方开挖、基础施工等。

（4）基础交安。

（5）设备安装及附属系统安装。

（6）设备二次灌浆。

（7）设备单体调试、系统调试等。

（三）验收和评价技术标准子体系

验收和评价技术标准子体系包括但不限于：

（1）单位工程、分项工程、分部工程施工质量验收及评价标准。

（2）主设备及附属设备、设施、装置安装验收及评价标准。

（3）机组性能验收及评价标准。

（4）工程达标验收评价标准。

（四）测量、检验和试验技术标准子体系

测量、检验和试验技术标准子体系包括但不限于：

（1）桩基试验。

（2）沉降观测。

（3）计量、测量设备设施、方法、检定、计算、溯源技术标准。

（4）金属检测分析、金属探伤、力学性能试验、焊接试验等金属试验。

（5）水、油、煤、气等的化学取样、检测及分析方法以及在线测量方法等。

（6）锅炉、汽轮机及其辅助设备性能试验、机组协调优化控制检测技术等。

（7）带电检测技术和方法。

（8）测量仪表、装置、变换设备等仪器仪表的性能要求、技术条件。

（9）测试用化学试剂的技术要求、试验方法、检验规则和包装及标志。

（10）焊接材料的试验方法、检验、质量说明书等。

（11）电能表、电压表、功率表、万用表、绝缘电阻表、电位差计、电桥、电阻箱等电磁计量器具的检定、校准。

（五）安全和职业健康技术标准子体系

安全和职业健康技术标准子体系包括但不限于：

（1）工程施工各类劳动保护技术措施。

（2）施工过程中所需的安全设施、设备及防护用品。

（3）施工过程安全标志及使用、用电安全、作业安全、生产过程安全卫生要求。

（4）作业场所职业健康监护。

（5）电力应急机制建设、应急预案、应急演练、应急指挥等应急安全技术标准。

（6）应急处置、应急救援、事故调查以及消防等事故处置技术标准。

（六）能源和环保技术标准子体系

能源和环保技术标准子体系包括但不限于：

（1）能效指标、能耗定额、能耗计算、节能降耗、能源评价技术标准。

（2）废水、废油、废渣以及大气污染物等废弃物排放处理及其控制方法技术标准。

（3）环境噪声监测、电磁环境监测、固定污染源烟气排放连续监测等环境监测以及环境影响评价技术标准。

（4）地下水、地表水环境质量、声环境质量、环境空气以及电磁环境等环境质量技术标准。

（七）标准化和信息技术标准子体系

标准化和信息技术标准子体系包括但不限于：

（1）标准、标准体系的制定、实施以及监督、评价等标准化工作。

（2）信息技术设备安全、网络安全、系统安全、应用安全、数据安全、信息安全保护等信息安全技术。

（3）信息分类与编码、业务文档格式、元数据等信息资源。

（4）信息采集、处理和提供、刊物编辑、科技查新、情报检索、信息应用等信息管理与服务。

（5）数据销毁、清除与数据恢复的技术要求。

（6）信息网络工程、接口、交换传输等网络性能参数与指标。

（7）通信网络、通信规约、交换技术、通信系统与终端、接入网等数据通信及网络技术。

四、电力施工企业技术标准体系表示例

表 7-2 给出了某火电施工企业技术标准体系表中标准明细表结构示例，明细表中标准的排列与 DL/T 485—2018《企业标准体系表编制导则》给出的电力施工企业技术标准体系结构相对应。仅供电力施工企业编制技术标

准体系表时参考。

示例体系结构仅到第一个层次七个类别。企业编制技术标准体系表时，可根据实际工作需要分成多个层次，自行设计体系代码。不同电力施工企业机构设置可能不同，因此示例中没有给出具体的责任部门。企业在编制技术标准明细表时可根据实际情况确定责任单位。

表 7-2　　某火电施工企业技术标准体系明细表示例

序号	体系代码	标准编号	标准名称	实施时间	被代替标准号	责任部门
一、设备设施与材料						
...	...	......	......	...	......	......
...	101006	GB/T 10171—2016	混凝土搅拌站（楼）	2016-04-10		......
...	101007	GB/T 3220—2011	集装箱吊具	2012-03-01		......
...	...	......	......	...	......	......
二、施工安装调试						
...	...	......	......	...	......	......
...	102007	CECS 180—2005	建筑工程预应力施工规程	2005-08-01	......	......
...	102008	DG/TJ 08-202—2007	钻孔灌注桩施工规程	2007-11-01	......	......
...	102009	DL 5190.1—2012	电力建设施工技术规范　第1部分：土建结构工程	2012-07-01	......	......
...	...	......	......	......	......	......
三、测量检验试验						
...	...	......	......	...	......	......
...	103010	GB 50026—2007	工程测量规范	2008-05-01	......	......
...	103011	GB/T 50107—2010	混凝土强度检验评定标准	2010-12-01	......	......
...	103012	GB/T 1032—2012	混凝土结构试验方法标准	2012-11-01	......	......
...	...	......	......	......	......	......

序号	体系代码	标准编号	标准名称	实施时间	被代替标准号	责任部门
四、验收评价						
…	…	……	……	…		
…	104045	DL 5277—2012	火电工程达标投产验收规程	2012-07-01	……	……
…	104046	DL/T 5210.2—2009	电力建设施工质量验收及评价规程 第2部分：锅炉机组	2009-12-01	……	……
…	…	……	……	…	……	……
五、安全与职业健康						
…	…	……	……	…	……	……
…	105037	AQ/T 4256—2015	建筑施工企业职业病危害防治技术规范	2015-09-01	……	……
…	105038	DL 5009.1—2014	电力建设安全工作规程 第1部分：火力发电	2015-03-01	……	……
…	105039	DL 5009.2—2013	电力建设安全工作规程 第2部分：电力线路	2014-04-01	……	……
…	105040	DL/T 1123—2009	火力发电企业生产安全设施配置	2009-12-01	……	……
…	…	……	……	…	……	……
六、能源与环保						
…	…	……	……	…	……	……
…	106006	DL/T 1281—2013	燃煤电厂固体废物贮存处置场污染控制技术规范	2014-04-01	……	……
…	…	……	……	…	……	……
…	106012	JGJ 146—2013	建筑施工现场环境与卫生标准	2014-04-01	……	……
…	…	……	……	…	……	……
七、标准化与信息技术						
…	…	……	……	…	……	……
…	107009	GB/T 15496—2017	企业标准体系 要求	2018-07-01	……	……

续表

序号	体系代码	标准编号	标准名称	实施时间	被代替标准号	责任部门
…	…	……	……	…	……	……
…	107033	GA/T 682—2007	信息安全技术 路由器安全技术要求	2007-05-01	……	……
…	107034	GA/T 683—2007	信息安全技术 防火墙安全技术要求	2007-05-01	……	……
…	…	……	……	…	……	……
…	107043	DA/T 22—2015	归档文件整理规则	2016-06-01	……	……
…	…	……	……	…	……	……

第四节 发电企业技术标准体系结构与内容

发电企业技术标准体系结构和内容应依据本企业发电类型、设备和装机等具体情况，对实现发电全过程中的技术事项制定标准，构建技术标准体系。对本企业全部生产经营管理过程的清晰表述是构建技术标准体系的基础，发电企业技术标准体系要确保发电生产经营管理过程中的每一技术事项都有技术标准可依。

一、发电过程概述

发电企业主要有火力发电、水力发电、核发电、太阳能发电、风力发电、其他新能源发电等各类型发电企业，其中火力发电又包括燃煤、燃气、燃油等不同类型发电企业。

近年来核电、风电等发电企业虽然发展较快，但火力发电厂仍然是发电行业的主力军，下面以燃煤火力发电过程为例，简述其发电过程。

燃煤火力发电厂基本生产过程是：燃煤通过燃煤输送系统到达给煤机、磨煤机之后，喷射到锅炉中燃烧，将其热量释放出来，传给锅炉中的水，从而产生高温高压蒸汽，将燃料的化学能转变成热能；蒸汽通过汽轮机又将热能转化为旋转动力，热能转换成机械能，然后汽轮机带动发电机旋转，将机械能转变成电能，输送到电网。发电运行过程如图 7-3 所示。

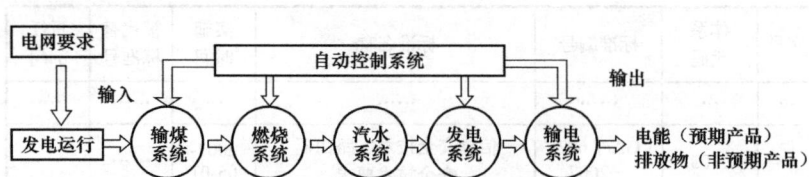

图 7-3　发电运行过程示意图

由图 7-3 可知，燃煤火力发电厂主要由输煤系统、燃烧系统、汽水系统、发电系统、输电系统、自动控制系统等主系统及其辅助系统构成。在上述系统中，最主要的设备是锅炉、汽轮机和发电机，其他辅助设备如给水系统、水处理设备、除尘设备、燃料储运设备、脱硫脱硝设备等。

（一）输煤系统

输煤系统一般由输煤皮带、转运塔等基本设备设施构成，如果是港口船运煤，还应有卸船机、码头、港口等设施，输煤系统主要作用是把煤从煤场送到煤仓间的煤斗内。

（二）燃烧系统

燃烧系统是由锅炉、给煤机、磨煤机、粗细分离器、排粉、给粉、除尘、空气预热器、脱硫、脱销等组成。输煤系统输送到给煤机的煤，进入磨煤机进行磨粉，磨好的煤粉通过空气预热器来的热风，将煤粉打至粗细分离器，粗细分离器将合格的煤粉(不合格的煤粉送回磨煤机)，经过排粉机送至粉仓，给粉机将煤粉打入喷燃器送到锅炉进行燃烧。而烟气经过脱硫、脱硝后排入天空。

（三）汽水系统

火力发电厂的汽水系统是由锅炉、汽轮机、凝汽器、过热器、再热器、高低压加热器、除氧器、凝结水泵和给水泵等组成，它包括汽水循环、化学水处理和冷却系统等。水在锅炉中被加热成蒸汽，经过加热器进一步加热后变成过热的蒸汽，再通过主蒸汽管道进入汽轮机。由于蒸汽不断膨胀，高速流动的蒸汽推动汽轮机的叶片转动从而带动发电机。为了进一步提高其热效率，一般都从汽轮机的某些中间级后抽出做过功的部分蒸汽，用以加热给水。

（四）发电系统和输电系统

发电系统和输电系统是由发电机、副励磁机、励磁盘、主励磁机（备用励磁机）、变压器、高压断路器、升压站、配电装置等组成。发电是由副励磁机（永磁机）发出高频电流，副励磁机发出的电流经过励磁盘整流，再送到主励磁机，主励磁机发出电后经过调压器以及灭磁开关经过碳刷送到发电机转子。发电机转子通过旋转其定子线圈感应出电流，强大的电流通过发电机出线分两路，一路送至厂用电变压器，另一路则送到 SF_6 高压断路器，由 SF_6 高压断路器送至电网。

（五）自动控制系统

火电厂中锅炉、汽轮机、发电机之间的关系极为密切。任何一个环节出现事故都会影响电厂的安全经济运行。因此，为了保证火电厂的安全经济运行，自动控制系统必不可少。自动控制系统一般指电气和热工保护控制装置和系统。

（六）环保设施

环保设施应包括除尘、脱硫、脱硝设备，烟囱，灰场防飞灰、防渗设施，废水污水处理、回收系统，消声器，绿化设施，环境监测系统及环境监测站。这些设施必须与主体工程同时设计、同时施工、同时投产。

总体来说，发电的过程其实就是能量转换的过程。例如水力发电是水落差势能通过推动水轮机经发动机转化为电能，火力发电是通过燃料燃烧产生高压蒸汽推动汽轮机及发动机转化为电能，核电厂是通过核裂变产生热能产生高压蒸汽推动汽轮机及发电机产生电能，风力发电是流动空气作用于风轮（风力机）旋转将机械能转化为电能，太阳能发电是通过太阳能光伏电池板将太阳能转化为电能，潮汐发电是昼夜潮汐变化通过水轮机将机械能转化为电能。

各类型发电企业在能量转换、生产电能的过程中涉及的设备、技术不同，需要的专业技术也各有不同，由此各类型发电企业技术标准体系的构成也就有不同之处。

二、发电企业技术标准体系结构图

发电企业的技术标准是发电生产的技术依据。按照电能产品的实现过程，将技术标准体系划分为设备、设施和材料技术标准，运行和维护技术标准，检修技术标准，技术监督技术标准，测量、检验和试验技术标准，质量、服务标准技术标准，安全和职业健康技术标准，能源和环境技术标准，标准化和信息技术标准等 9 个子体系。

DL/T 485—2018《企业标准体系表编制导则》标准给出了发电企业技术标准体系结构图，如图 7-4 所示。

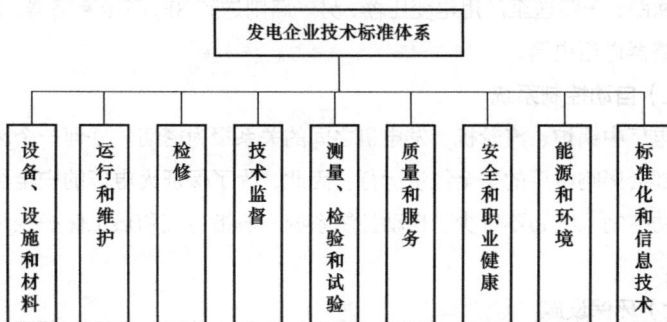

图 7-4 发电企业技术标准体系结构图

三、发电企业技术标准体系包含的主要标准内容

发电企业技术标准体系包含的主要标准内容应覆盖和满足发电生产经营全过程的质量要求。应按照本企业识别的业务过程，确定、选用或自行制定技术标准。以下按 DL/T 485—2018《企业标准体系表编制导则》列出的技术标准的内容仅供发电企业建立技术标准体系时参考，企业应结合实际，完整识别业务过程，确定技术事项和应制定的技术标准，构建技术标准体系。

按照 DL/T 485—2018《企业标准体系表编制导则》给出的技术标准体系结构，发电企业典型技术标准体系表包含如下 9 个层次的内容。

（一）设备、设施和材料技术标准

设备、设施和材料技术标准是指发电生产过程中，设备、设施选型的技术要求，备品备件及材料的采购技术要求，生产过程中所用的设备、设施、装置、系统、软件等质量特性、技术性能、范围等技术要求。

　　发电企业的采购技术标准一般应包括设备设施与材料、燃料的选型采购技术要求，验收准则，搬运，储存，标志标识等几个方面。

　　发电企业生产过程中的设备、设施和材料的采购在生产中占有重要位置，采购的设备、设施及材料、燃料的产品质量和先进技术水平不仅对发电生产的安全、可靠和经济运行影响重大，而且也是发电生产的主要成本。对设备、设施、材料、燃料、备品备件等的采购范围和质量要求标准化，可确保发电生产过程的安全、稳定和经济运行。

（二）运行和维护技术标准

　　发电设备、设施及系统的运行与维护技术标准，是指发电企业生产过程中在锅炉（核岛等）、汽机、电气、化学、网控、燃料等设备与系统运行及监控等方面的技术标准。

　　运行和维护技术标准是生产运行、设备维护人员进行运行操作与设备维护的重要技术依据，应包括通常所说的《运行规程》《点检技术标准》《设备维护技术标准》等。

　　发电企业的运行和维护技术标准一般应明确规定设备运行的技术参数、巡点检技术要求、运行操作、调整、维护等技术要求的操作程序和方法。一般应规定操作前的准备、操作的一般步骤、操作中注意事项、应急事故处理程序等技术要求，以及使用的设备工具的安全规定等内容。

（三）检修技术标准

　　检修技术标准包括但不限于设备及系统的检修技术标准、工艺标准及作业指导书等，应为可作为检修规程、以标准形式存在的作业指导书及检修保养后应达到的质量要求等检修作业依据的技术标准。

　　发电企业应要求供方提供成套完整的设备型号、性能标准资料。设备经安装调试投运后，这些标准、设备说明书等文件是企业制定检修技术标准的重要依据。

　　检修规程是指检修各种电力设备、设施、装置时，应遵循的各项技术要求，检修规程一般可以按设备的品种类别分别制定，同类、同型号、同厂家等的设备可以制定典型检修规程，但个性的、专用的设备和装置应单独制定。检修规程一般应对设备技术参数规范、基本检修项目与质量要求、检修工序、验收、投运质量要求及试验等作出规定。

（四）技术监督技术标准

技术监督技术标准包括但不限于电能质量监督、绝缘监督、电测监督、保护与控制系统监督、自动化监督、信息通信监督、节能监督、环保监督、化学监督、热工监督、金属监督、水工监督、汽（水）轮机监督等技术标准，包括国家、行业、团体和企业技术标准等。

（五）测量、检验和试验技术标准

测量、检验和试验技术标准包括但不限于对发电全过程进行的测量、检验、试验方法，测量设备设施、计量装置检定、校准等所需的技术标准。包括感官检验、理化检验和对生产过程控制指标进行分析检验及验收而制定的方法标准，是从事生产、试验、检验、验收人员共同遵守的方法准则。

（1）测量是取得量值的一组活动。在测量时应遵循的方法准则即为测量标准，应包括：测量设备的性能标准，如测量设备、量程、偏移、稳定性、分辨率、测量不确定度以及所处环境条件等质量要求；测量设备使用技术规范，如使用方法和范围。计量器具检定规程及测量设备校准规范，应规定检定、校准的时间间隔、方式方法、安装和使用方式，包括对其进行的搬运和储存的要求及测量设备维修和必要的调整后必须进行再校准的要求。

（2）检验标准是指为评定采购物资质量、考核和评定电能质量和发电生产过程质量是否合乎标准而规定的方法和手段。如对燃料质量、采购物资、化学制水合格率、电能产品的电压、频率、谐波、可靠性等的检验，包括检验项目、取样地点、取样方法、检验频率、检验方法、检验结果的判定方式方法、标准等。

（3）试验方法标准的内容一般包括，试样的采取与制备（如绝缘油、气体等），试剂或标样，试验用仪器以及试验条件、程序、结果的计算和评定处置等。试验方法标准一般由国家标准、行业标准规定，发电企业主要是收集、实施，在无适用标准的情况下，企业也可自行制定或转换制定试验方法标准。

（六）质量和服务技术标准

质量和服务技术标准包括但不限于电能产品的电压、频率、谐波、可靠性，热能产品的压力、温度、流量等性能技术参数，服务规范等技术标准，是发电企业发电生产、售电营销的主要技术依据。

各发电企业电能产品的电压、频率、谐波等参数基本一致，一般可直接执行国家、行业、团体标准，可靠性因设备性能及管理水平的不同或有差异，热能产品的压力、温度、流量等性能技术参数，根据客户需求，参数应有不同，企业可自行制定相应技术标准，用于指导生产。

（七）安全和职业健康技术标准

安全和职业健康技术标准是指以保护人的职业健康和物的财产安全为目的制定的安全标识、类别、应急安全、事故处置，职业健康等技术标准。

（1）安全标识、类别标准包括但不限于安全标志和报警信号标准、危险和有害因素分类分级标准；电力安全技术标准的主要内容有电力设备安全标准、不同电压等级带电设备安全距离标准、压力容器安全标准，包括结合企业实际制定的有关安全操作规程；特种设备安全标准，如电梯、起重机械等；工程安全标准；生产过程安全标准，如安全操作规程、特殊工作环境安全标准；安全工器具使用保管标准；劳动防护用品技术标准；应急安全和事故处置标准等。企业制定安全技术标准应将国家、行业有关的安全法规文件要求纳入。

（2）职业健康技术标准指为消除、限制或预防职业活动中的健康和安全危险及有害因素而制定的标准。主要包括：尘埃浓度限量标准、有害物质浓度限量标准；噪声、震动、高温限量标准；辐射防护标准；生物危险防护标准等。企业制定职业健康技术标准应考虑：相关法律法规强制性标准及其他要求；生产过程中涉及职业健康安全危险源的有害因素；对生产场所和作业现场的安全卫生要求；对有害性的生产材料、试剂等的使用和处理要求；安全卫生要求的检测方法和评价方法。

（八）能源和环保技术标准

（1）企业能源标准包括但不限于：能源使用、能源消耗、能源计量配备等技术标准。如：发电过程中的节能规范及标准，能源综合利用标准；能源质量检测标准；电力设备及其系统的经济运行标准；耗能设备选型、维修、维护和经济运行；高耗能设备淘汰标准；能源转换设备的运行、维护、检修与调度等规程和标准；生产用电设备、照明办公、优选并监控其工艺技术参数的规定等。发电企业应根据实际情况充分采用国家、行业和地方节能标准，纳入本企业节能标准中。

（2）环保技术标准主要指为保护环境和生态平衡，对大气、水、土壤、振动等环境质量、污染源、检测方法及其他事项制定的技术标准。主要包括环境质量标准、废弃物排放标准和环境保护监测方法标准。如对废油、废水、废液、废料、废品、噪声、高温、辐射、生物危险源、废弃设备设施、废旧物资等的分类、排放标准和监测方法标准。排放监测包括试验、检查、分析、采样、计算、操作、测定等各种方法的规定。

国家和地方环境保护技术标准是强制性标准，发电企业必须依法严格执行。企业制定环境技术标准时，应考虑对大气、水体、土地排放控制的技术要求。废弃物排放检测标准应按国家标准要求进行检测，排放检测标准的内容，包括检测方法及检测数据传递流程、检测点位置的布设标准、检测人员、检测项目、检测方法、检测时间标准、明确检测执行的国家标准、行业标准与企业标准；样品的采集方法、样品数量与样品保存；测定技术、检测仪器、实验方法及实验室控制标准；自动检测系统运行与监视标准等。

（九）标准化与信息技术标准

标准化与信息技术标准包括但不限于标准化、科技、档案、信息应用、通信等技术标准。

标准化与信息类技术标准主要有企业标准化与信息领域普遍使用的通用标准，如：企业标准的编写规范和编号规则，企业需要统一的定义、符号、代号和缩略语等标准；企业在新技术、新材料、新工艺、新方法、新产品方面的科技标准；有关明确档案分类方法、分类标识和编号方法的档案分类、归档、保管、利用等档案技术标准；有关信息的分类、标识、描述、格式（如语言、软件版本、图样）、媒介（如纸质、电子）、检索、使用、存储、防护、控制的要求，统一编码、信息交换与接口规范等信息类技术标准；信息网络技术要求；信息系统的技术配置、技术实现、测试验收、操作、运行、维护和升级、通信技术要求等技术要求。

四、发电企业技术标准体系表示例

【例 7-1】 某发电企业技术标准体系明细表（部分）见表 7-3。

本例中设备、设施和材料技术标准子体系、检修技术标准子体系的标准，均为企业可执行的技术标准，贴近企业生产实际，企业在建立技术标准体系时，可纳入直接执行的国标、行标，但当企业自编的技术标准能够满足企业需要，满足了相应国标、行标要求时，不再把相应国标、行标纳入企业技术标准体系。

为专业人员建立体系，使用、执行标准方便，可对技术标准子体系再进行专业细分，例如设备、设施和材料技术标准子体系可细分为选型采购要求、验收准则、搬运、储存、标志标识等几类标准，本例中，只简单罗列了选型采购要求，验收准则两类标准。检修标准子体系可细分为通用、锅炉、汽轮机、电气、热控、化学、燃料、脱硫脱硝、调度通信、土建等发电企业检修专业类别，本例中，仅给出了通用、锅炉、汽机的几类标准，其中标准编号为 Q/××× 1017—2017 的标准，为该发电企业 2017 年发布的企业标准《锅炉设备检修规程》，其体系代码 103.02.002 含义为：1 代表技术标准体系，03 代表为检修技术标准子体系，02 为检修技术标准子体系的第二个专业细分"锅炉"，002 代表该标准为锅炉检修技术标准中的第二个排序标准，其责任部门为机械分部，实施时间为 2017 年 9 月 15 日，代替标准为 Q/××× 1017—2015。

表 7-3 　　　　　　　　某发电企业标准明细表示例（部分）

序号	体系代码	标准编号	标准名称	实施时间	被代替标准号	责任部门
101	设备、设施和材料技术标准					
01	选型采购要求					
1	101.01.001	GB/T 17468—2008	电力变压器选用导则	2009-08-01	GB/T 17468—1998	电气分部
2	101.01.002	DL/T 402—2007	高压交流断路器订货技术条件	2007-12-01	DL/T 402—1999	电气分部
3	101.01.003	DL/T 459—2000	电力系统直流电源柜订货技术条件	2001-01-01	DL/T 459—1992	电气分部
	...					
02	验收准则					
4	101.02.001	GB/T 2102—2006	钢管的验收、包装、标志和质量证明书	2007-02-01	GB/T 2102—1988	生技分部
	......					

续表

序号	体系代码	标准编号	标准名称	实施时间	被代替标准号	责任部门
103	检修技术标准					
01	通用					
5	103.01.001	DL/T 838—2017	发电企业设备检修导则	2003-06-01	SD 230—1987	……
6	103.01.002	DL/T 870—2004	火力发电企业设备点检定修管理导则	2004-06-01	—	……
02	锅炉					
7	103.02.001	DL/T 748.2—2001	火力发电厂锅炉机组检验导则 第2部分：锅炉本体检修	2001-07-01	—	……
8	103.02.002	Q/×××1017—2017	锅炉设备检修规程	2017-09-15	Q/×××1017—2015	机械分部
03	汽轮机					
9	103.03.001	Q/×××1019—2017	汽轮机设备检修规程	2017-09-15	Q/×××1019—2015	
…	…	…	…	…	……	

第五节　供电企业技术标准体系结构与内容

供电企业技术标准体系结构和内容应依据本企业所处地域、电力用户特性、规模、设备等具体情况，对供电全过程中的技术事项制定标准，构建技术标准体系。对本企业全部生产经营管理过程的清晰表述是构建技术标准体系的基础，供电企业技术标准体系要确保供电生产经营管理过程中的每一技术事项都有技术标准可依。

一、供电过程概述

供电的主要过程是将发电厂发出的电能，通过输电、变电、配电设备和装置，安全、可靠、连续、合格地销售给广大电力客户，满足广大客户经济建设和生活用电的需要。供电企业生产全过程需要的技术标准也是长期以来人们对供电生产过程和经验的总结，是更经济、更规范、更合乎事物规律的不断优化的技术核心，也是供电企业的灵魂。

供电过程主要包括：

（1）电网规划：包括电网规划及电源接入系统、用户接入系统等。

（2）物资采购：包括电网设备、设施和材料的选型、物资仓储、物资运输等。

（3）工程建设：包括电网项目可研、投资估算、项目前期、项目后评价、输变电工程项目、配电工程项目管理、工程验收等。

（4）电力调度：包括调度计划、电力调度、系统运行、设备监控、继电保护、调度自动化、电网调度综合技术。

（5）电网设备运行：包括生产准备、变电运维、输电（直流输电）运维、配电运维。

（6）电网设备检修：包括检修计划，变电、输电（直流输电）、配电设备（含电缆）检修，状态检修，带电检修，输变电设备防污闪，反事故措施，生产技术改造，生产设备大修，设备全寿命周期，配网自动化。

（7）市场营销：包括客户服务、新装增容、故障抢修、用电信息采集。

供电在以上各过程中，还存在：

（1）各过程中的技术监督，如电能质量、绝缘、电测、保护与控制系统、自动化、信息通信、节能、环保、化学、金属等方面的技术监督。

（2）各过程中的测量、检验和试验过程。

（3）各过程中的应急安全、事故处置，职业健康、能源使用、能源消耗、污染物排放，标准化、科技、档案、信息应用、通信等技术过程。

二、供电企业技术标准体系结构图

技术标准体系内的标准按其内在联系分类排列，就形成了技术标准体系结构形式。供电企业技术标准体系结构形式一般在输电、变电、配电等生产过程的基础上，按技术业务的层次结构表达。

（一）典型供电企业技术标准体系结构

DL/T 485—2018《电力企业标准体系表编制导则》中给出了供电企业典型技术标准体系结构形式，该结构仅给出了典型供电过程的技术标准体系结构，如图 7-5 所示。

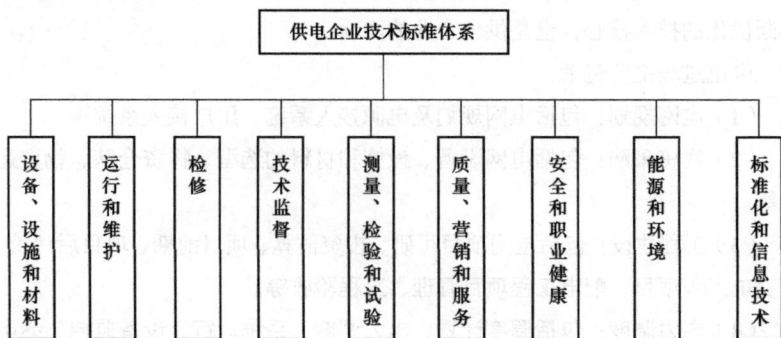

图 7-5 供电企业典型技术标准体系结构形式

（二）一般供电企业技术标准体系结构

相对 DL/T 485—2018《企业标准体系表编制导则》给出的供电企业典型供电过程技术标准体系结构，一般的省级、地市级供电企业等，还具有电网规划和对电网部分电压等级的设计等经营过程，而有些供电企业虽不具有送变电施工营业资质和营业范围，但具有对供电系统施工过程进行监理、对施工交付进行验收等过程，这就需要企业结合自身业务特点和实际需要，按照 DL/T 485—2018《企业标准体系表编制导则》给出的供电企业典型技术标准体系结构并参照电力设计、电力施工等企业典型技术标准体系结构中适用模块进行组合，构建覆盖本企业全业务、适合适用于本企业经营活动的完整、明确、协调的技术标准体系。

【例 7-2】 某地市供电公司的企业技术标准体系结构形式如图 7-6 所示。

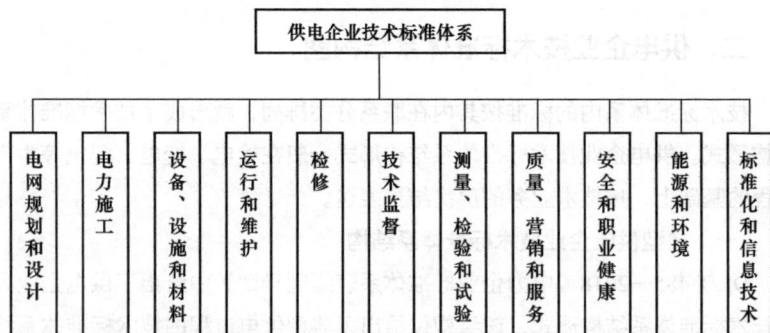

图 7-6 具有设计、施工等过程的某供电企业技术标准体系结构形式

三、供电企业技术标准体系表包含的技术标准内容

供电企业技术标准体系包含的主要标准内容应覆盖和满足供电生产经营全过程的质量要求。应按照本企业识别的业务过程，确定、选用或自行制定技术标准。以下按 DL/T 485—2018《企业标准体系表编制导则》列出的技术标准的内容仅供供电企业建立技术标准体系时参考，企业应结合实际，完整识别业务过程，确定技术事项和应制定的技术标准，构建技术标准体系。

按照 DL/T 485—2018《企业标准体系表编制导则》给出的技术标准体系结构，供电企业典型技术标准体系表包含如下 9 个层次的内容。

（一）设备、设施和材料技术标准

设备、设施和材料技术标准是指根据供电企业生产经营全过程中，所使用的设备、装置、设施、备品备件、材料、工器具、软件、服务等在采购技术要求方面制定的标准。

供电企业生产过程的主要工作内容是对电力设备、设施、装置、系统等的监控与维护过程，设备、设施和材料的采购技术要求在供电企业生产中占有重要位置，其费用占到生产成本的绝大部分，而且采购的设备、装置、材料等的产品质量和先进水平对供电生产的安全、可靠和稳定运行影响重大。为确保供电生产过程的安全、稳定和可靠，降低生产和运行维护中的成本，就要对供电生产和服务中所用的设备、设施、装置、系统、软件等的范围和质量要求进行规定，并加以标准化，使供电企业在一定的生产周期内保持先进性、稳定性和可靠性。

供电企业针对采购技术要求制定的标准一般包括采购技术要求（如采购文件编制规范方面的要求、购买条件等）、验收准则、试验方法、搬运、储存、标志、保管注意事项等几个方面。

应该注意的是，企业应在采购技术标准中对采购技术文件的内容进行规定，如准确规定采购物资适用的质量标准（如质量特性、品种、规格、等级），采购技术文件中规定的质量标准可以用国家标准、行业标准、地方标准、团体标准，也可以直接规定具体技术要求。但在采购技术文件中所明确的采购物资的产品制造标准可列在企业标准体系的"参考标准"中，不应列

在企业实施的"企业技术标准体系"表中。列在企业技术标准中的采购技术标准，是指企业在采购行为和活动中为确保采购过程的质量所实施的技术规定（如采购文件编制规范方面的要求、购买条件等），而不应是所采购物资生产厂家制造出厂的产品质量标准（如 GB 17048—2009 架空绞线用硬铝线；GB/T 17937—2009 电工用铝包钢线等）。当专业管理人员认为有必要对这些标准了解、掌握，作为提高专业技能和处理解决各类专业问题能力的必备知识时，企业可以把采购物资所涉及的产品制造和出厂质量标准汇编成《采购物资质量标准汇编》供采购部门参考，也可以作为参考类标准列入"指导标准"中。"指导标准"在企业标准体系结构中的位置见图6-1右上角"指导标准和相关文件"

采购的设备、设施、装置、系统软件等到货后，要进行检查验收，检验其是否满足标准要求及其他购买条件。但由于供电企业检测条件和人力的限制以及所采购物资对材料、外购件的要求，供电企业不可能也没有必要对其材料、外购件按原出厂标准规定的所有质量检测项目进行检验。一般情况下，供电企业会根据运行、检修的需要，选择所采购物资的电网运行需要和使用特性，规定到货验收项目、试验方法及验收准则，如高压开关分合闸特性等。

为保证采购的设备、设施、装置等使用前保持质量特性，供电企业还要规定采购物资保管技术要求和保管注意事项，以及对不合格采购物资隔离存放的要求。如果采购物资对保管无特殊技术要求，可在企业采购与仓储类管理标准中进行统一管理规定。

（二）运行和维护技术标准

运行和维护技术标准是指供电企业生产过程中在电力调度、继电保护、调度自动化及变电、输电、配电设备设施与系统的运行与监控等方面的技术标准。

运行和维护技术标准是生产运行人员进行操作的重要依据，如巡视规程、倒闸操作规程、调度规程、调试规程以及设备周期轮换、作业指导书、服务规范等。包括运行和维护中所需的标志、标识等的规定。

一般情况下，供电企业运行与维护技术标准除执行行业标准外，大多是根据供电企业实际情况针对具体变电站、输配电线路设备设施、装置等现场实际，由企业内部制定。

运行规程、操作规程、维修规程和作业指导书应明确规定圆满完成巡视、操作、调整、维护等技术要求的操作程序和方法。一般应规定操作前的准备、操作的一般步骤、操作中注意事项、对操作环境（如风力、湿度、温度、清洁度等）及设备的清理应达到的质量要求、使用的设备工具的安全规定等内容。应规定各工作阶段的接口，不应留有空白和空隙。

（三）检修技术标准

检修技术标准是指根据变电、输电、配电设备设施及其装置的标准要求，在安全要求、技术要求、准确度、稳定性、功能性等方面进行检修保养的标准，包括检修作业指导书、检修规程及检修保养后应达到的质量要求。

检修技术标准一般可以按设备的品种类别分别制定，同类、同型号、同厂家等的设备可以制定典型检修规程，但个性的、专用的设备和装置应单独制定。检修规程是指对电网各种电力设备、设施、装置检修中遵循的各项技术要求，目的是使设备保持良好的运行状态，这些规程应转化成企业检修技术标准。

供电企业在变电、输电、配电设备、设施及其装置采购之前，应认真收集或编制设备设施和装置等的技术标准，应要求供方提供成套完整的设备标准资料。设备经安装调试投运后，这些标准资料是企业制定检修技术标准的重要依据。设施是指对供电生产过程和供电质量起重要作用的基础设施，如对工作场所、工作环境的硬件和软件等的技术要求。

（四）技术监督技术标准

供电企业技术监督技术标准是指在电网建设和生产的全过程中（如从输变电工程规划可研阶段、工程设计阶段、招标阶段、安装阶段、验收阶段、运行维护阶段等），利用先进的技术和管理手段，对电网设备及其构成系统在电能质量、绝缘、电测、保护与控制系统、自动化、信息通信、节能、环保、化学、金属等方面进行监测、检查、验证及评价所依据的标准。包括国家、行业和企业技术标准、规程规定、反事故技术措施要求等。

（五）测量、检验和试验技术标准

测量、检验和试验技术标准是指对供电生产经营全过程进行的测量、检验、试验方法，测量设备设施检定、校准等所需的技术标准。包括感官检验、理化检验和对生产过程控制指标进行分析检验及验收而制定的方法标准，是从事生产、试验、检验、验收人员共同遵守的方法准则。

测量、检验和试验技术标准测量是取得量值的一组活动。

（1）测量设备技术标准是指对测量、检验和试验设备质量要求和使用方法规定的技术标准。包括：测量设备的性能标准，如测量设备、量程、偏移、稳定性、分辨率、测量不确定度以及所处环境条件等质量要求。测量设备使用技术规范，如使用方法和范围。计量器具检定规程及测量设备校准规范，如规定校准的时间间隔或校准状态以及调整、修理后再校准、标志、封缄、安装和使用规程，包括对其进行的搬运和储存。

供电企业所有的测量设备应进行计量确认。应规定各种测量设备的测量准确度和校准时间间隔并按规定的时间间隔校准或检定，使其量值能溯源到国家或国际计量基准。应规定测量设备维修和必要的调整后必须进行再校准。

（2）检验标准是指为评定采购物资质量、考核和评定供电质量和供电生产过程质量是否合乎标准而规定的方法和手段。如对采购电力设备、运行工作质量、检修质量、电压合格率、供电可靠率、客户满意度等的检验，包括检验项目、取样地点、取样方法、检验频率、检验方法、检验结果的判定等。

（3）试验方法标准的内容一般包括，试样的采取与制备（如绝缘油、气体等），试剂或标样，试验用仪器以及试验条件、程序、结果的计算和评定处置等。试验方法标准一般由国家标准、行业标准规定，供电企业主要收集、实施。随着科技进步，在无适用标准的情况下，也可自行制定企业试验方法标准。

（六）质量、营销和服务技术标准

质量、营销和服务技术标准是指供电电压、频率、谐波、可靠性，供电营销、服务规范等技术标准。

电能质量、营销和服务标准是供电企业生产经营活动的主要依据。对电力客户来说则是表示供电质量的水平和尺度，供电质量标准执行国家和行业标准，供电企业为提高服务质量和水平，按照企业方针目标要求，制定具体的供电服务规范，如在业扩报装、供电营业、用电咨询、供电抢修、投诉处理、营销信息化等过程中应达到的在时间上、功能上、经济性、安全性和文明等方面对水平和要求的规定，形成企业标准，这些标准应编入企业技术标准体系表中。

（七）安全和职业健康技术标准

安全和职业健康技术标准是指以保护人的职业健康和物的财产安全为目的制定的通用标准、应急安全、事故处置，职业健康等技术标准。

（1）安全通用标准包括安全标志和报警信号标准、危险和有害因素分类分级标准；电力安全技术标准的主要内容有电力设备安全标准、不同电压等级带电设备安全距离标准、压力容器安全标准，包括结合企业实际制定的有关安全操作规程；特种设备安全标准，如电梯、起重机械等；工程安全标准；生产过程安全标准，如安全操作规程、特殊工作环境安全标准；安全工器具使用保管标准；劳动防护用品技术标准；消防、应急安全和事故处置标准等。企业制定安全技术标准应将国家、行业有关的安全法规文件要求纳入。

（2）职业健康技术标准指为消除、限制或预防职业活动中的健康和安全危险及有害因素而制定的标准。主要包括：尘埃浓度限量标准、有害物质浓度限量标准；噪声、震动、高温限量标准；辐射防护标准；生物危险防护标准等。企业制定职业健康技术标准应考虑：相关法律法规强制性标准及其他要求；生产过程中涉及职业健康安全危险源的有害因素；对生产场所和作业现场的安全卫生要求；对有害性的生产材料、试剂等的使用和处理要求；安全卫生要求的检测方法和评价方法。

（八）能源和环保技术标准

（1）企业能源标准主要指企业以利用能源、节约能源、降低消耗、提高效益为目的的形成的能源技术标准。如：输电、变电、配电节能减损规范及标准，能源综合利用标准；输入能源质量检测标准；电力设备及其系统的经济运行标准；耗能设备选择、维修、维护和经济运行；能量传导材料技术标准、高耗能设备淘汰标准；能源转换设备运行、维护、检修与调度等规程和标准；生产用电设备、照明办公、优选并监控其工艺技术参数的规定等。供电企业节能活动应贯穿企业生产、经营、服务等全过程，企业制定节能标准时，应根据实际情况充分采用国家、行业和地方节能标准，并应将其纳入本企业节能标准中。

（2）环保技术标准主要指为保护环境和生态平衡，对大气、水、土壤、振动等环境质量、污染源、检测方法及其他事项制定的技术标准，主要包括环境质量标准、废弃物排放标准和环境保护监测方法标准。如：对废油、废水、废液、废料、废品、噪声、高温、辐射、生物危险源、废弃设备设施、废旧物资等的分类、排放标准和监测方法标准。排放监测包括试验、检查、分析、采样、计算、操作、测定等各种方法的规定，如：在六氟化硫设备检修作业标准中，对防止向大气排放、泄露等作业标准等。国家和地方环境保护技术标准是强制性标准，供电企业必须依法严格执行。企业制定环境技术标准时，应考虑对大气、水体、土地排放控制的技术要求。废弃物排放检测标准应按国家标准要求进行检测，排放检测标准的内容，包括检测方法及检测数据传递流程、检测点位置的布设标准、检测人员、检测项目、检测方法、检测时间标准、明确检测执行的国家标准、行业标准与企业标准；样品的采集方法、样品数量与样品保存；测定技术、检测仪器、实验方法及实验室控制标准；自动检测系统运行与监视标准等。

（九）标准化和信息技术标准

标准化与信息技术标准包括但不限于：通用标准、标准化、科技、档案、信息应用、通信等技术标准。

标准化和信息类技术标准主要有企业标准化与信息领域普遍使用的通用标准，如：企业标准的编写和编号规则，企业需要统一的定义、符号、代号和缩略语等标准；以企业各类信息进行采集、甄别、分析、应用和监管等事项形成的标准，包括信息的分类、标识、描述、格式（如语言、软件版本、图样）、媒介（如纸质、电子）等标准；信息的检索、使用、存储、防护、控制的要求，统一编码、信息交换与接口规范；网络要求；通信要求；信息系统的技术配置、技术实现、测试验收、操作、运行、维护和升级等技术要求；企业在新技术、新材料、新工艺、新方法、新产品方面的标准；以企业生产、经营和管理活动中形成的具有保存价值的信息在归档、保管、利用等方面形成的技术标准，如明确档案分类方法、分类标识和编号方法的档案分类标准，保管技术条件等标准。

四、供电企业技术标准体系表示例

【例 7-3】 某供电企业技术标准体系表示例见表 7-4。

表 7-4　　　　某供电企业技术标准体系表示例（节选）

序号	体系代码	标准编号	标准名称	责任部门
101 设备设施和材料				
…	101×××	……	……	
…	101×××	……	……	
…	…	……	……	
102 运行和维护				
…	102×××	……	……	
…	…	……	……	
103 检修				
…	103×××	……	……	
…	…	……	……	
78	103012	Q/××× 137—2016	110（66）kV～500kV 油浸式变压器（电抗器）检修规范	
79	103013	Q/××× 170—2008	油浸式变压器（电抗器）状态检修导则	
…	…	……	……	
…	…	……	……	
114	103046	Q/××× 172—2008	SF$_6$高压断路器状态检修导则	
115	103047	Q/××× 440—2010	110（66）kV～500kV 架空输电线路检修规范	
116	103048	Q/××× 174—2008	架空输电线路状态检修导则	
…	…	……	……	
…	…	……	……	
153	103A033	Q/××× Z03387—2015	110、220kV SF$_6$断路器（配弹簧机构）A类更换作业指导书	

续表

序号	体系代码	标准编号	标准名称	责任部门
154	103A034	Q/×××Z03388—2015	110、220kV SF_6 断路器（配液压机构）A 类更换作业指导书	
155	103A035	Q/×××Z03402—2015	35kV SF_6 断路器 A 类更换作业指导书	
...	...	......	......	
...	...	......	......	
161	103A099	Q/×××Z03610—2016	××变电站 220kV ××电流互感器更换作业指导书	
162	103A100	Q/×××Z03611—2016	××变电站 220kV ××电压互感器更换作业指导书	
163	103A101	Q/×××Z03612—2016	××变电站 220kV ××线×× SF_6（弹簧机构）断路器更换作业指导书	
164	103A102	Q/×××Z03613—2016	××变电站 220kV ××线×× SF_6（液压机构）断路器更换作业指导书	
...	...	......	......	
...	...	......	......	
104	...	......	......	

注 该供电企业表中体系代码说明如下：

如体系代码"103012"：第 1 位数字"1"代表技术标准，第 2、3 位数字"03"代表体系中第 03 类（检修类）技术标准，后三位数字"012"为该标准在体系中的顺序号。

如体系代码"103A099"：第 1 位数字"1"代表技术标准，第 2、3 位数字"03"代表体系中第 03 类（检修类）技术标准，第 4 位字母"A"表示检修作业指导书中的 A 小类，后三位数字"099"为该标准是检修作业指导书中 A 小类中的顺序号。

企业可依据标准类别、作业指导书类别数量的多少自行确定体系代码的编码规则。

第六节　电力科研企业技术标准体系

电力科研企业技术标准体系结构和内容应依据本企业科研工作、技术支撑等业务构建和制定。对本企业电力科研、技术支撑等业务过程的清晰表述是构建电力科研企业技术标准体系的基础，电力科研企业技术标准体系要确保电力科研、技术支撑等业务过程中的每一技术事项都有技术标准可依。

一、电力科研企业主要业务概述

电力科研企业为电力系统的施工、发电、供电等单位提供技术支持，主要包括技术开发、技术咨询、技术监督、技术信息以及工程调试等技术服务。

电力科研企业主要业务包括：电力新产品、新技术开发；电力设备性能、电力自动装置、仪器仪表、金属材料、水、煤、油、气等的试验、检验、检测；火力发电、水电及新能源发电、分布式能源工程调试；发电、供电系统优化控制；电力技术监督及设备状态检测评估；电力调度控制运行及运营监测；远程诊断监控；标准量值传递和实验室检测校准；实验室营运；信息系统建设和运行维护；信息安全；安全环保、网源协调、节能、带电作业技术及新技术咨询、推广应用等。如对火电厂的调试包括：汽轮机、锅炉、电气、热控、化学、环保专业分系统调试和整套启动调试。计量检定校准还包括：电力测量装置、电能表、电压表、功率表、万用表、绝缘电阻表、电位差计、电桥、电阻箱等电磁计量器具的检定、校准以及压力、温度、流量、液位、振动等热工计量器具的检定、校准等，经法制计量部门授权开展。

二、电力科研企业技术标准体系结构图

电力科研企业技术标准体系表是编制科研企业技术标准制、修订规划和计划的依据之一。是企业开展技术监督、技术开发、技术服务、技术信息以及工程调试的技术依据，应基于业务体系建立，在梳理业务的基础上，辨识每项业务需要执行的技术标准，实现技术标准对全部技术业务事项的覆盖，其类目划分也应围绕这些核心业务职能展开，相应可设置试验检测、调试、计量器具检定与校准、技术监督、设备设施与材料、安全和职业健康、能源和环境、标准化和信息技术八个子体系，DL/T 485—2018《企业标准体系表编制导则》给出了电力科研企业技术标准体系结构图，如图 7-7 所示。企业可根据需要，在此基础上向下扩展划分到二级或三级类目。

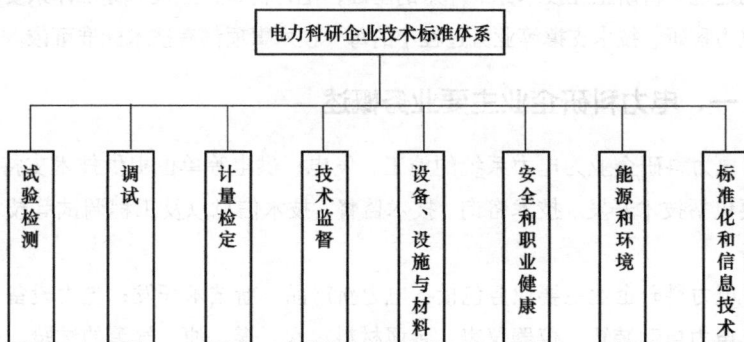

图 7-7 电力科研企业技术标准体系结构图

DL/T 485—2018《企业标准体系表编制导则》给出电力科研企业典型的技术标准体系结构图，科研企业应结合自身业务特点和生产实际需要，以实现技术标准体系对全部技术业务事项的全覆盖为目标，以完整性（力求形成齐全、系统、成套）、协调性（体系运行各环节之间协调配合）、明确性（标准类别划分明确，避免标准的重复制定）和可扩展性（企业可依据业务范围和发展趋势，结合本企业业务范围选择、调整、减裁与补充模块和内容）为原则，建立满足企业需要的技术标准体系。

三、电力科研企业技术标准体系包含的主要标准内容

电力科研企业技术标准体系包含的主要标准内容应覆盖和满足电力科研、技术支撑等业务全过程的质量要求。应按照本企业识别的业务过程，确定、选用或自行制定技术标准。以下按 DL/T 485—2018《企业标准体系表编制导则》列出的技术标准的内容仅供电力科研企业建立技术标准体系时参考，企业应结合实际，完整识别业务过程，确定技术事项和应制定的技术标准，构建技术标准体系。

按照 DL/T 485—2018《企业标准体系表编制导则》给出的技术标准体系结构，电力科研企业典型技术标准体系表包含如下 8 个层次的内容。

（一）试验检测标准子体系

试验检测标准子体系的技术标准可包括但不限于：

（1）电力设备预防性试验、交接试验、发供电设备性能试验、可靠性试验、现场测试、干扰测试以及检测方法、设备涉网性能检测等。

（2）输电线路检测技术、线路绝缘子性能、污秽试验、电力电缆线路试验、电力金具试验等。

（3）继电保护及自动装置检验技术、基本试验方法、性能测试、功能测试等。

（4）金属检测分析、金属探伤、力学性能试验、焊接试验等金属试验。

（5）水、油、煤、气等的化学取样、检测及分析方法以及在线测量方法等。

（6）锅炉、汽轮机及其辅助设备性能试验、机组协调优化控制检测技术等。

（7）电站黑启动试验、水轮机电液调节系统及装置调整试验、大坝混凝土声波检测、常规水力性能试验、水工设备安全检测技术等水电试验。

（8）风电机组电网适应性测试、低电压穿越试验、防孤岛效应试验等。

（9）光伏发电站低电压穿越检测技术、电能质量检测技术、功率控制能力检测技术、防孤岛效应检测技术、逆变器电压与频率响应检测技术、太阳能资源实时监测技术等。

（10）入网、入厂物资的质量检测技术和方法。

（11）带电检测技术和方法。

（12）网源协调、在线监测、故障诊断、分析、判断评价技术和方法。

（13）仪器和设备的操作规范、操作规程、操作导则、操作细则等。

（二）调试标准子体系

调试标准子体系的技术标准包括但不限于：

（1）火力发电厂的锅炉启动调试、汽轮机启动调试、除灰除渣系统调试、化学调试、火电工程启动调试、火力发电建设工程机组调试，以及质量验收及评价等。

（2）水电、风电、光伏电站、核电等新能源发电的设备调试、施工验收、质量评定等。

（3）输电线路、变电站、自动化系统等输变电工程调试、施工验收、质量评定等。

（三）计量检定标准子体系

计量检定标准子体系的技术标准包括但不限于：

（1）电力装置的校验、校准。

（2）测量压力、温度、流量、液位、振动等热工计量器具的检定、校准。

（3）电能表、电压表、功率表、万用表、绝缘电阻表、电位差计、电桥、电阻箱等电磁计量器具的检定、校准。

（4）热网关口表检定。

（四）技术监督标准子体系

技术监督标准子体系的技术标准包括但不限于：

（1）公用电网谐波、暂时过电压和瞬态过电压、供电电压偏差、电压波动和闪变、三相电压不平衡、电力系统频率偏差的监测、评估技术等电能质量技术监督。

（2）高压开关、互感器、电抗器、无功补偿装置、电容器等电气一次设备绝缘性能、防污闪、过电压保护及接地的绝缘监督。

（3）各类电测量仪表、装置、变换设备及回路计量性能，量值传递和溯源，电能计量装置计量性能，电测量计量标准，上述设备电磁兼容性能，用能单位能源计量器具配备和管理等电测技术监督。

（4）有关压力、温度、转速、液位、流量、振动、位移指示仪表、数字仪表、变送器、SF_6 密度测量装置、一次测温元件、计算机监控系统模拟输出量和模拟输入量及二次回路等相关内容的热工计量监督。

（5）电力系统继电保护和安全自动装置及其投入率、动作正确率，自动化装置，直流系统，上述设备电磁兼容性能，发电机组励磁系统、辅助控制系统、调速系统的控制范围、特性、功能等保护与控制系统监督。

（6）自动化、信息与电力通信系统的性能、运行指标等技术监督，包括厂站自动化监控系统、远动装置、电力调度自动化系统、实时动态监测系统、电能量计费系统、电力市场营销系统、配电管理系统、电厂辅助控制系统信息网络、信息安全、远程集控及通信系统等。

（7）发电设备及辅助系统的效率、能耗、线路及变电设备电能量损耗的节能技术监督。

（8）废水、废气、固体废弃物等污染物排放，环境噪声，输变电系统环境工频电磁场、电磁干扰、环保设施、水土保持及生态环境保护等环保技术监督。

（9）水、汽、油、气、煤的质量，热力设备腐蚀、结垢及积盐状况，热力设备停（备）用期间防腐蚀保护，热力设备化学清洗质量，化学仪器仪表及电气设备的化学腐蚀、绝缘油、汽轮机油、液压油、齿轮油等油品及六氟化硫气体品质，绝缘油色谱在线监测装置等化学监督。

（10）分散控制系统、电厂辅助控制系统、热工自动调节系统（含自动发电控制系统）及一次调频）及性能、热工保护装置等热工监督。

（11）高温金属部件、承压容器和管道及部件、旋转部件金属母材和焊缝、水工金属结构等金属技术监督。

（12）水电站水库、大坝、引（泄）水建筑物及其基础、两岸边坡、闸门，火电厂灰坝、引（排）水设施等水工监督。

（13）轴系振动特性、机组稳定性、叶片与汽蚀特性、调节保安系统特性等汽（水）轮机监督。

（14）风电机、光伏发电控制系统、风光储联合发电系统以及新能源发电入网等技术监督。

（15）交流高压开关、电流互感器、消弧线圈装置、干式电抗器技术监督导则、直流电源系统、交流金属氧化物避雷器、架空输电线路、电线电缆、无功装置、换流站设备等专项设备技术监督。

（五）设备设施与材料标准子体系

设备设施与材料标准子体系的技术标准包括但不限于：

（1）科研、检测、试验等设备、设施及其附属设备、装置的技术性能要求。

（2）试验、调试等设备、装置、工器具的技术条件。

（3）测量仪表、装置、变换设备等仪器仪表的技术条件。

（4）测试用化学试剂的技术要求、试验方法、检验规则和包装及标志。

（5）实验室能力的通用要求，仪器和设备的配置要求，工作环境的温度、湿度、清洁度、卫生条件要求等技术标准。

（六）安全和职业健康标准子体系

安全和职业健康标准子体系的技术标准包括但不限于：

（1）职业健康安全管理体系、安全生产标准化规范、安全性评价等通用标准。

（2）安全设施的配备标准及设置、使用的规范性要求（例如安全标志及其使用、安全防护）、用电安全、作业安全、生产过程安全卫生要求。

（3）作业场所职业安全卫生防护措施规范，职业健康监护、防护设施和防护用品等技术要求。

（4）应急照明和疏散指示、应急导向系统设置以及电力应急机制建设、应急预案、应急演练、应急指挥等应急安全技术标准。

（5）应急处置、应急救援、事故调查以及消防等事故处置技术标准。

（七）能源和环境标准子体系

能源和环境标准子体系的技术标准包括但不限于：

（1）能源管理体系、环境管理体系、工作环境等通用标准。

（2）能效指标、能耗定额、能耗计算、节能降耗、能源评价技术标准。

（3）废水、废油、废渣以及大气污染物等排放处理及其控制方法技术标准。

（4）环境噪声监测、电磁环境监测、固定污染源烟气排放连续监测等环境监测以及环境影响评价技术标准。

（5）地下水、地表水环境质量、声环境质量、环境空气以及电磁环境等环境质量技术标准。

（八）标准化与信息技术标准子体系

标准化与信息标准子体系的技术标准包括但不限于：

（1）标准、标准体系的制定、实施、监督、评价等标准化工作通用标准，以及质量管理体系标准等。

（2）信息技术设备安全、网络安全、系统安全、应用安全、数据安全、信息安全保护等信息安全技术。

（3）信息分类与编码、业务文档格式、元数据等信息资源。

（4）信息采集、处理和提供、刊物编辑、科技查新、情报检索、运营监测（控）、信息应用等信息管理与服务。

（5）数据销毁、清除与数据恢复的技术要求。

（6）信息网络工程、接口、交换传输等网络性能参数与指标。

（7）通信网络、通信规约、交换技术、通信系统与终端、接入网等数据通信及网络技术。

四、电力科研企业技术标准体系示例

【**例 7-4**】某省电力科学研究院技术标准体系表中标准明细表示例见表 7-5，对应 DL/T 485－2018《企业标准体系表编制导则》给出的电力科研企业技术标准体系结构，仅供电力科研企业编制技术标准体系表时参考。

表 7-5　　某省电力科学研究院技术标准体系表示例

序号	体系代码	标准编号	标准名称	实施日期	被代替标准号	责任部门
一、试验检测						
...	...	......	......	...	......	......
1	10101	GB/T 10184 －2015	电站锅炉性能试验规程	2016-07-01	GB/T 10184 －1988	
2	10102	GB/T 11023 －1989	高压开关设备六氟化硫气体密封试验导则	1990-01-01		
...	...	......	......	...	......	......
二、调试						
...	...	......	......	...	......	......
24	10205	DL/T 5437 －2009	火力发电建设工程启动试运及验收规程	2009-12-01		
25	10206	DL/T 863 －2016	汽轮机启动调试导则	2016-12-01	DL/T 863 －2004	
...	...	......	......	...	......	......
三、计量检定						
...	...	......	......	...	......	......
30	10305	JJF 1284 －2011	交直流电表校验仪校准规范	2011-09-14		
31	10306	JJG 105 －2000	转速表检定规程	2000-10-01	JJG 105－1983; JJG 327－1983; JJG 328－1983; JJG 329－1983	
...	...	......	......	...	......	......

序号	体系代码	标准编号	标准名称	实施日期	被代替标准号	责任部门
四、技术监督						
…	…	……	……	…	……	……
35	10401	DL/T 1050—2016	电力环境保护技术监督导则	2016-06-01	DL/T 1050—2007	
39	10405	DL/T 1055—2007	发电厂汽轮机、水轮机技术监督导则	2007-12-01		
40	10406	DL/T 1056—2007	发电厂热工仪表及控制系统技术监督导则	2007-12-01		
…	…	……	……	…	……	……
五、设备、设施与材料						
…	…	……	……	…	……	……
63	10604	GB 26861—2011	电力安全工作规程高压试验室部分	2012-06-01	DL 560—1995	
…	…	……	……	…	……	……
六、安全和职业健康						
…	…	……	……	…	……	……
七、能源和环境						
…	…	……	……	…	……	……
八、标准化和信息技术						
…	…	……	……	…	……	……

第八章　管理标准体系

第一节　管理标准体系概述

一、管理标准体系概述

19 世纪后期，由于生产规模扩大，技术不断发展，传统的管理方法已不能适应生产的发展需要，1911 年美国工程师泰勒提出了以标准化为基础的科学管理方法，为企业各项管理实现标准化管理奠定了理论基础。后来美国人福特组织汽车流水生产线，实现了生产工艺和生产组织的标准化；日本三菱电机公司，早在 1924 年就已规定了"采购标准"，这时期出现了企业管理标准化雏形。第二次世界大战后，生产社会化程度更加提高，分工协作、市场竞争对标准化提出了更高要求，欧美、德国、日本一些企业把生产经营有关的事项都纳入了企业管理标准化的轨道。

我国学习国外的先进经验，真正开展企业管理标准化工作，始于 20 世纪 70 年代末 80 的年代初。在此时期，一些企业开始制定管理标准，取得了较好效果。1986 年国发 71 号文件《国务院关于加强工业企业管理若干问题的决定》中指出："企业要逐步建立起以技术标准为主体，包括工作标准和管理标准在内的企业标准化系统"，把管理标准化提到了新高度，在全国出现了崭新的发展局面。原国家技术监督局 1990 年 8 月 24 日颁布的《企业标准化管理办法》使得企业开展标准化工作有了统一的依据。1995 年发布的"企业标准体系"系列国家标准，2003 年发布"企业标准体系"系列国家标准修订版。2017 年底，"企业标准体系"系列国家标准经国家质量监督检验检疫总局和国家标准化管理委员会联合发布，2018 年 7 月 1 日起正式实施。我国企业发展历史证明了"管理出质量、管理出效益"已是不争的事实。

企业管理标准的首要任务是保障企业技术标准的实施，不仅要用管理标准规定技术标准体系的构建，技术标准的制定、实施、监督、检查、修订完善，还要有管理标准对企业技术标准体系中每一项技术标准规定在哪里实施、什么时候实施、谁负责实施、谁监督、谁检查，如何修订完善技术标准等，还要有一系列管理标准对企业采购、生产、经营、质量、安全、设备及基础设施、测量检验试验、开发和创新、能源、标准化等管理活动进行规定，因此，企业管理标准与企业技术标准既有相对性又有区别，企业管理标准为企业技术标准实施和持续完善提供管理支撑和保障。

二、管理标准的性质及几个对应关系

管理标准是对企业标准化领域中需要协调统一的管理事项所制定的标准。管理标准体系是企业标准体系中的管理标准按其内在联系形成的科学的有机整体。

（一）管理标准的属性

管理标准有两重性，即自然属性和社会属性。

（1）管理标准的自然属性表现在标准中所做的规定应符合社会化大生产的客观规律的要求；符合人——机体系运转规律的要求；符合生产力合理布局、生产力诸要素合理组合以及建立生产过程正常秩序的要求等。总之，它反映的是生产过程中的客观的技术规律和经济规律。如生产管理标准、运行维护管理标准等都具有这样的明显特征。

（2）管理标准的社会属性表现在标准中所做的规定应符合国家的法律法规、基本制度、政策；有利于正确处理劳动者间的关系；有利于保障劳动者的健康和安全；有利于调动广大员工的劳动积极性等。如环境保护管理标准、职业健康安全管理标准、节能管理标准等。

（二）管理标准与管理职能

管理标准是管理机构为行使管理职能而制定的具体特定管理功能的标准。

管理职能一般包括对管理对象和过程行使策划、组织、监督、指挥、调节、控制等职能。如果把管理对象视为一个系统，那么对系统进行管理的实质，可以说就是按照一定的目的建立系统的秩序，使系统能充分发挥其功能的活动。

秩序是一切系统存在和发展的基础，管理标准是规定和衡量管理对象或过程的有序性的标准。人们为了强化对象的有序性或组织程度，需要进行各种管理活动。管理标准就是对这些管理活动的内容、程序、方式、方法和应该达到的要求所做的统一规定。

（三）管理标准的种类及其特点

由于大量的管理标准是由各种不同类型的企业分别制定，管理标准所涉及领域比技术标准还要广泛，这就为管理标准的严格划分带来一定困难。依据标准化对象的领域（即企业管理的子系统）来划分，有经营管理标准、开发和创新管理标准，采购管理标准、测量检验试验管理标准、生产管理标准、质量管理标准、安全管理标准、设备及基础设施管理标准、能源管理标准、标准化管理标准等；按其在管理系统中地位和作用，可分为技术管理标准、生产管理标准、经营管理标准、行政管理标准等。

三、管理标准体系结构

管理标准体系构成形式，应与相应技术标准协调一致。不同类型电力企业要根据本企业生产经营特点和需要建立管理标准体系。DL/T 485—2018《企业标准体系表编制导则》给出了管理标准体系结构形式表，涵盖了不同类型电力企业主要的管理活动，各类型电力企业可根据企业经营内容，按照设计、施工、发电、供电、科研等典型企业管理标准体系结构，进行组合、删减和增补构建。DL/T 485—2018《企业标准体系表编制导则》提供了为电力企业建立管理标准体系的标准化结构参考模型，为企业建立本企业具体的标准体系结构图提供借鉴和参考。

DL/T 485—2018《企业标准体系表编制导则》给出的电力企业管理标准体系由产品实现管理标准体系和基础保障管理标准体系组成，结构图如图8-1所示。

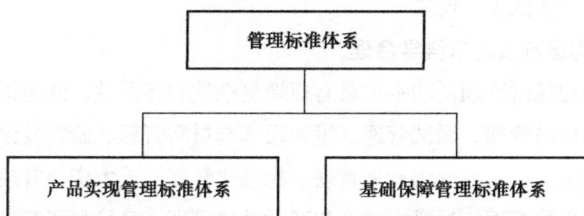

图8-1　电力企业管理标准体系结构图

四、管理标准体系表编制原则

（一）涵盖企业经营管理中的重复性管理活动

现代企业管理理论通常将企业的全部经营管理活动区分为程序化活动与非程序化活动两种类型，其中前者是指那些例行与重复发生的、基本同质的活动，后者则是指例外与随机性的、非同质的活动。例如企业内部人力资源管理、财务管理、设备管理、项目管理等，均属于前者，它们都是企业标准化工作的对象；而人际关系处理、不定期的主题活动、偶然性临时性工作等，则属于后者，它们往往需要根据具体情况进行有针对性的处理，因而通常不纳入标准化工作的范围。企业管理标准体系作为"企业内的管理标准按其内在联系形成的科学的有机整体"，应当能够全面涵盖企业经营管理中的各种重复性管理活动。

（二）成为整合各种管理体系的基础平台

目前，电力企业除企业标准体系之外，还有质量管理体系、环境管理体系、职业健康安全管理体系、能源管理体系以及社会责任管理体系。企业应根据实际需要制定和实施有关企业战略规划与管理、财务和会计管理、人力资源管理、基础设施管理、法律法规服务、公共关系和行政服务等方面的管理标准体系。为避免企业管理工作中的政出多门、相互牵扯现象，提高管理效率，需要对上述各种管理体系进行协调整合。由于企业标准体系所覆盖的范围是企业内的全部标准，所以可以以企业标准体系为基础平台，按照"各有侧重、相互支持、协调一致、资源共享、整体优化"的原则，把这些体系与企业管理标准体系有机融合，深度协调，将各种管理体系兼收并蓄，使它们能够顺利衔接、协调一致，避免企业管理出现多套文件、相互交叉、矛盾现象，克服"多张皮"现象。

（三）构建方法力求科学合理

电力企业经营管理活动本身具有极端复杂性和多面性，既包括工程施工管理、试验检测管理、调试管理、设备设施与材料管理、验收及评价管理等产品实现管理，也包括规划计划管理、标准化管理，人力资源管理，财务和审计管理，采购管理，质量、安全和职业健康管理，环境和能源管理，法务和合同管理，知识管理和信息管理，行政事务和综合管理，党群和企业文化管理等基础保障管理，各种管理活动相互交融、相互支撑，管理体系文件既有本企业或上级企业制定的管理标准，又有本企业或上级企业制定的管理制度，标准制度之间难免有内容交叉重复或者不一致，因此必须选择和应用科学合理的方法来构建企业管理标准体系，才能使之真正融入到各项经营管理活动之中，真正成为各项经营管理活动的基本指南，而不是游离于企业实际的经营管理活动之外、被企业束之高阁而仅仅成为应景的"摆设"。企业管理标准体系的构建应按照标准化"简化、统一、协调、优化"的原理和方法，结合企业实际，认真做好管理标准和制度的清理工作，要对现有的管理标准和制度进行梳理和优化，使同一管理事项只有管理标准或管理制度进行规定，消除不一致或不协调的内容与条款，将制度全面、有机、系统的纳入企业管理标准体系之中，有效解决标准和制度在执行中发生的冲突，进一步提高企业标准体系的全面性、系统性，提高管理标准体系的可操作性和实用性。

（四）体系文件力求实用有效

需要注意的是，对同一管理事项，既有上级企业的管理标准或管理制度，又有本企业的管理制度，甚至还制定了本企业管理标准，标准、制度之间难免有内容交叉重复或者不一致，因此应按照标准化"简化、统一、协调、优化"的原理和方法，结合企业实际，认真做好管理标准和管理制度的清理工作，要对现有的管理标准和制度进行梳理和优化，使同一管理事项只有一个文件对其进行规定，不能既有管理标准又有管理制度，消除不一致或不协调的内容与条款。

一些企业往往直接将上级的管理制度或管理标准纳入本企业管理标准体系直接实施。但一般情况下，上级企业的管理标准或管理制度只要求和规定基层应做什么，缺乏如何做、哪个部门做等管理流程和方法的规定，企业可将上级的管理标准或管理制度转化为本企业管理标准，在本企业管理标准中对上级提出的要求如何落地实施进行规定，如什么事、哪个部门或岗位来做、在哪儿做、什么时间做、如何做等，将本企业依据上级规定结合本企业管理实际制定的管理标准纳入企业管理标准体系，对应的上级的管理标准或管理制度不再纳入企业管理标准体系，收集到"指导文件"库中（见本书第五章电力企业标准体系结构图中"指导标准与指导文件"），这样能有效解决标准和制度在执行中发生的冲突，进一步提高企业标准体系的全面性、系统性，提高管理标准体系的可操作性和实用性。

当上级企业的管理标准或管理制度已经进行了详细规定，切合企业5W1H管理需求，可以直接在本企业操作和执行时，可将上级企业的管理标准或管理制度直接纳入企业管理标准体系中实施。

五、编制方法

（一）依据管理业务链条确定管理标准体系

从标准系统原理得知，企业不仅仅是有了市场就能盈利，企业盈利是靠所有环节叠在一起的业务链条构成的系统在盈利，这个业务链条构成一个经营系统，用企业标准来管理这个系统，就是我们要建立管理标准体系的目的。建立管理标准体系和有效实施管理标准就是维护这个业务链条。产品实现管理标准体系属于价值创造过程链条，基础保障管理标准体系是为了良好地运转价值创造过程链需要构建的一个系列支持过程。因此，要建立并运行好企业管理标准体系就要清晰地梳理和展现企业的业务链条，编制业务名录，依据业务名录建立管理标准体系。

企业可以结合 DL/T 485—2018《企业标准体系表编制导则》管理标准体系结构图中的类别名称，参考作为企业一级管理业务名录，如发供电企业产品实现一级业务包括设备、设施和材料管理标准，运行管理标准，检修管理标准，技术监督管理标准，测量检验和试验管理标准和营销服务管理标准；基础保障一级业务包括策划管理，标准化管理，人力资源管理，财务和审计、采购管理，安全和职业健康、环境和能源管理，法务和合同管理，知识和信息管理，事务和综合管理，党群和企业文化管理等。再根据企业实际管理需求，可对一级业务名录进行组合、删减、增补、调整，确定一级业务名录后，再在每一项一级管理业务名录下，按照过程的方法，再进行过程分解，建立二级业务，在二级业务名录下，再分解建立三级业务名录，一般可把二级业务名录作为企业要编制的管理标准项目，据此可列出管理标准明细表。

每一项业务都由一条相应的管理链条（管理流程），每一链条（管理流程）的有机链接构成业务体系（流程网络）、管理体系。

例如供电企业管理一级全业务名录包括：设备、设施和材料管理，运行管理检修管理，技术监督管理，测量、检验和试验管理，营销服务管理，规划计划管理，标准化管理，人力资源管理，财务和审计管理，采购管理，质量、安全和职业健康管理，环境和能源管理，法务和合同管理，知识管理和信息管理，行政事务和综合管理，党群和企业文化管理等。管理标准体系表的建立，先按25个一级全业务名录，按照过程的方法，再进行过程划分，在一级业务名录下，建立二级业务管理名录，二级业务名录则可作为企业要编制的管理标准项目。

【例 8-1】 某企业人力资源管理类管理标准明细表建立见表 8-1。

在一级管理业务下的"人力资源管理"，按照管理实际可以划分为，劳动组织管理、劳动关系管理、绩效管理、薪酬福利管理、培训管理和人才开发管理等二级业务管理过程。

表8-1　某企业人力资源业务事项梳理与管理标准明细的关系示例

一级业务事项	二级业务事项	建立的管理标准名称
	……	……
人力资源管理	劳动组织管理	劳动组织管理标准
	劳动关系管理	劳动关系管理标准
	绩效管理	绩效管理标准
	薪酬福利管理	薪酬福利管理标准
	培训管理	培训管理标准
	人才开发管理	人才开发管理标准
	……	……
……		

一项二级业务过程继续细分为下一级的过程，若将二级业务名录作为企业要编制的管理标准项目，则三级业务项目即是标准中需要描述的管理节点。管理就是要通过对过程的控制，把一个大过程的管理分成对若干个小过程的管理，把对一个小过程的管理再分成对若干个细小过程的管理。管理的过程对大过程、中间过程、小过程和更细节的过程的管理，组成一个过程网络。

如果按照企业管理实际，下一级只提出要求而不规定任何具体方法员工都能不言而喻达到要求，那么就不必对下一级过程规定具体方法，只需提出要求。只要建立过程的概念，明确企业需要和能够控制到什么程度，需要在哪个环节控制，就要把哪个环节分层地一一纳入管理标准（岗位标准）中进行规定。用"过程"控制结果，通过对每一个过程的管理，达到所期望的结果（管理目标）。

需要注意的是，一项二级业务过程继续细分为下一级的过程，即是标准中需要描述的管理节点，而不能直接将三级、四级业务过程中的某一个过程直接列到管理标准明细表中。如果需要单独对三级、四级业务建立独立的管理标准进行规定，可以采用分部分编写的方式，以保持管理标准体系的系统性，使之层次合理，能够清晰表达企业管理过程，见表8-2。

表8-2　　　　某企业人力资源类培训管理标准分部分制定示例

一级业务管理	二级业务管理	建立管理标准	在三级业务建立管理标准
	……	……	
人力资源管理	劳动组织管理	劳动组织管理标准	
	劳动关系管理	劳动关系管理标准	
	绩效管理	绩效管理标准	
	薪酬福利管理	薪酬福利管理标准	
	培训管理	培训管理标准	培训管理　第1部分：入职培训
			培训管理　第2部分：干部培训
			培训管理　第3部分：技能培训
			培训管理　第4部分：轮岗培训
			培训管理　第5部分：特殊过程岗位人员培训
	人才开发管理	人才开发管理标准	
	……	……	
……	……	……	

【例8-2】　某供电企业运行管理类管理标准明细表建立见表8-3。

表 8-3   按照运行管理过程梳理的业务层级示例（部分）

一级业务管理	二级业务管理	三级业务管理（建立管理标准）	四级业务管理（管理标准包含的章节内容）
……	……	……	……
运行管理	运行调控管理	方式计划管理	电网静态稳定安全分析、运行方式管理； 电网事故限电序位表管理； 新设备投产启动管理； 电网安全控制
		继电保护管理	继电保护项目管理； 继电保护设备管理； 继电保护大修技改管理； 继电保护反事故技术措施管理； 继电保护动作管理； 继电保护定值管理； 继电保护定期检验管理； 继电保护缺陷管理； 继电保护状态检修管理； ……
		调度自动化管理	自动化项目管理； 自动化大修技改管理； 自动化缺陷管理； 自动化巡视管理； 自动化反事故技术措施管理； 自动化二次安全防护管理； 自动化备品备件管理； ……
		调度监控管理	变电站监控信息接入、变更及验收管理； 变电站集中监控许可管理； 设备状态在线监测与分析管理； 设备监控越限告警管理； 设备监控缺陷管理； 调控监控管理； 地调调度管辖范围内设备的操作及事故处理； 地调调度范围内电网事故及应急预案管理； 配网调度管辖范围内设备的操作及事故处理执行； 配网事故及应急预案管理； 抢修类工单管理； 生产类停送电信息管理； ……
……	……	……	……

（二）多层级管理事项可按分部分确定管理标准项目

按照梳理的管理业务层级，当管理层级较多时，可以参照按 GB/T 1.1—

2009 分部分编写标准的形式，确定管理标准项目。分部分编写的管理标准，应在管理标准明细表中逐项列出各部分的管理标准名称和编号，如表 8-4 中，某供电企业"运行调控管理"业务分为四个部分编写：《运行调控管理　第 1 部分：方式计划管理》《运行调控管理　第 1 部分：继电保护管理》《运行调控管理　第 1 部分：调度自动化管理》《运行调控管理　第 1 部分：调度监控管理》等，这样既保持了运行调控管理的完整性，也方便标准信息查询、管理和工作中使用。

【例 8-3】 分部分制定的管理标准在明细表中排列示例见表 8-4。

表 8-4　　　　　分部分制定的管理标准在明细表中排列示例

序号	体系代码	标准编号	标准名称	实施时间	被代替标准号	责任部门
...	......		变电现场运行管理	...	......	......
...	......			......		
...		Q/××× 032 —2016	输电现场运行管理	...		
...				......		
...		Q/××× 035 —2016	配电现场运行管理	...		
...				......		
...		Q/××× 057 —2016	运行调控管理　第 1 部分：方式计划管理	...		
		Q/××× 058 —2016	运行调控管理　第 1 部分：继电保护管理	...		
...		Q/××× 059 —2016	运行调控管理　第 1 部分：调度自动化管理	...		
		Q/××× 071 —2016	运行调控管理　第 1 部分：调度监控管理	...		
...		......		...	......	......
...		Q/××× 121 —2016	设备检修管理			
...		Q/××× 122 —2016	设备消缺管理	...	......	......
...		......	......	...	......	......

第二节 电力企业产品实现管理标准
体系结构与内容

一、电力设计企业

电力设计企业传统的主要业务是勘测设计咨询，按照 DL/T 485—2018《企业标准体系表编制导则》给出的模型，企业标准体系按照传统业务构建，即以勘测设计咨询业务的开展为企业发展目标。在构建产品实现管理标准体系时，以企业开展传统业务为主要目标，只列了有关勘测、规划设计的管理标准。

产品实现管理标准体系中，规划设计子体系按照产品类型划分，可分为规划管理标准、发电设计管理标准、送电设计管理标准、变电设计管理标准等。当设计企业涉及总承包、监理、投资等其他类型的产品、服务时，可根据自身产品、过程、服务的特点，对管理标准体系表结构进行相应组合调整。

增加总承包业务的企业，产品实现管理标准体系应增加工程建设管理子体系，按层次原则，可细分为项目施工管理、项目开车管理等。施工管理标准可参照电力施工企业相关标准，如施工、安装、调试管理。

增加监理业务的企业，产品实现管理标准体系应增加监理项目管理子体系，监理项目管理可参照电力施工企业相关标准，如验收与评价管理。

电力设计企业产品实现管理标准体系结构图，如图8-2所示。

（一）电力设计企业产品实现管理标准体系包含的主要标准内容

1. 勘测管理标准

勘测管理标准包括但不限于勘测的策划、输入、输出、评审、验证、确认、更改等有关的管理标准。

（1）项目策划。包括勘测项目接收、评审，项目组织成立、明确项目负责人，勘测范围、项目目标及保障措施、输入资料的确定和要求，原始资料和调研资料的搜集、整理、评审，勘测大纲编制与评审，勘测机具和仪器设备的配置与领用等管理。

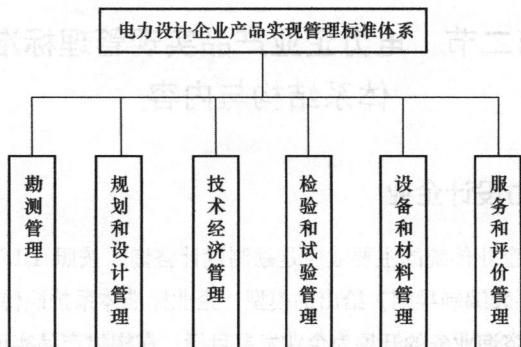

图 8-2　电力设计企业产品实现管理标准体系结构图

（2）勘测实施。包括勘测现场人员的岗位培训，勘测外业作业、原始记录提取，岩、土、水样的采集、包装、储存、运输、试验和成果交付，内业资料整理、勘测报告编制、评审、勘测产品输出，成品资料的出版、交付等管理。

（3）勘测确认、更改。包括勘测报告各级校审、勘测报告出版、勘测报告经设计和审核部门确认、根据确认结果的更改、勘测报告归档等管理。

2. 规划和设计管理标准

此处的规划管理是对设计企业业务涉及的规划的管理，如电网规划管理。规划和设计管理标准包括但不限于规划和设计的策划、输入、输出、评审、验证、确认、更改等有关的管理标准。

（1）规划和设计策划。包括规划和设计项目接收、评审，项目组织成立、明确项目经理，规划和设计范围、项目目标及保障措施、规划和设计输入的确定和要求，项目资料的收集与评审，编制项目策划文件等管理。

（2）规划和设计实施。包括规划和设计收资、规划和设计输入的控制、制定设计方案、专业间互提资料、规划报告和设计图纸及文件编制、规划和设计评审、规划和设计输出等管理。

（3）规划和设计确认、更改。包括规划报告、设计图纸及文件的各级校审、规划和设计成品出版、规划和设计产品经审核部门确认、根据确认结果的更改、规划和设计成品归档等管理。

3. 技术经济管理标准

技术经济管理标准包括但不限于概算、预算、决算、投资后评估等有关的管理标准。

（1）工程投资估算、概算、预算。按照设计的策划、输入、输出、评审、验证、确认、更改管理编制。

（2）工程造价控制。包括控制目标的制定、资料的收集、控制措施的实施等管理。

（3）工程决算、投资后评估。包括工程决算职责确定、决算流程、决算资料的审核、确认、决算报告编制与评审，投资后评估工作流程、报告编制等管理。

（4）定额收集、更新等管理。

4. 设备和材料管理标准

设备和材料管理标准包括但不限于设计过程中对设备材料选型的管理以及企业自用设备、设施、材料的使用、维护、报废等有关的管理标准。

（1）电力工程主机设备、主要辅机、新材料签订技术协议，设备技术规范书编制与评审管理。

（2）电力设计企业设备、设施的使用与保管、维护与维修、事故处置、报废、租赁等管理。

（3）电力设计企业设备、设施的购置计划制定、设备台账、档案等管理。

5. 检验和试验管理标准

检验和试验管理标准包括但不限于试验检验、仪器设备和实验室等有关的管理标准。

（1）实验室和仪器设备、设施管理。包括试验仪器设备的校准或检定周期设定，岩、土、水样试验人员上岗资格确定，岩、土、水样试验验收准则，实验室温度、湿度环境要求等管理。

（2）试验检测仪器设备、试剂的保管和使用。包括试验检测仪器设备、试剂的搬运、贮存条件，标志、标识规定等管理。

（3）检验和试验方法的确定、工作流程，试验报告的编制与评审等管理。

6. 服务和评价管理标准

服务和评价管理标准包括但不限于：设计交底、设计服务、技术支持、验收评价等有关的管理标准。

（1）设计服务。向顾客介绍电源点、建厂建站条件，协助顾客取得有关协议或意向书，协助顾客编制项目建议书等管理。

（2）技术支持。编制设备技术规范书、施工招标书、调试招标书、新技术、新工艺、新设备的研究、试验等管理。

（3）工地服务。组建工地服务小组、服务承诺、设计交底、工地现场服务等管理。

（4）交付后服务。设计回访、用户回访、顾客满意度调查等管理。

（5）验收评价。参加工程试运行、为工程分部验收和整体验收提供技术支持，工程总结等管理。

（二）电力设计企业产品实现管理标准体系表示例

【例 8-4】 某电力设计企业管理标准明细表示例见表 8-5。

示例体系结构仅分到第一层次，企业在编制管理标准体系表时，也可分成多个层次，可根据体系结构自行设计体系结构代号

表 8-5　　　某电力设计企业管理标准明细表示例（节选）

序号	体系代码	标准编号	标准名称	实施时间	被代替标准号	责任部门
1		Q/×××20101—2017	勘测大纲编制管理标准	2017-03-01	Q/×××20101—2017	勘测公司
4		Q/×××20202—2015	设计过程控制程序	2015-05-01	Q/×××20202—2012	技质部
6		Q/×××20302—2017	工程造价控制管理标准	2017-05-01	Q/×××20302—2015	技经公司
7		Q/×××20401—2016	勘测岩、土、水样管理标准	2016-03-01	Q/×××20401—2012	勘测公司
10		Q/×××20502—2015	勘测仪器设备管理标准	2015-03-01		勘测公司

二、电力施工企业

电力施工企业产品实现管理标准体系应明确企业如何组织对工程施工过程中的设备、材料、建筑、安装、调试、测量、检验、试验、验收、评价等活动的管理，DL/T 485—2018《企业标准体系表编制导则》给出了电力施工企业产品实现管理标准体系结构。施工企业的产品实现管理标准体系结构如图 8-3 所示。

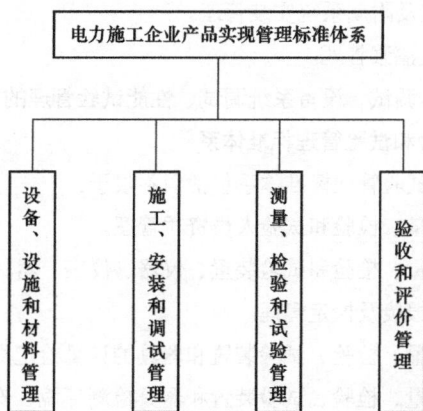

图 8-3 施工企业的产品实现管理标准体系结构图

（一）电力施工企业产品实现管理标准体系包含的主要标准内容

1. 设备、设施和材料管理标准体系

设备、设施和材料管理标准体系包括但不限于：

（1）施工安装的主要设备、附属设施、大型机械等的应用及维护管理。

（2）工程施工所需材料的采购、验收、存储、保管及使用的管理。

（3）施工安装的中小型工器具的维护管理。

2. 施工、安装和调试管理标准体系

施工、安装和调试管理标准体系包括但不限于：

（1）施工组织管理。

（2）施工进度、质量、安全、造价的控制管理。

（3）单位工程施工方案报审管理。

（4）设计变更及二次变更管理。

（5）施工工艺、作业指导书管理。

（6）施工图纸会审管理。

（7）前期准备管理。

（8）桩基施工管理。

（9）土方开挖管理。

（10）基础交安管理。

（11）设备安装及附属系统安装管理。

（12）设备二次灌浆管理。

（13）设备单体调试、设备系统调试、性能试验管理的相关内容等。

3. 测量、检验和试验管理标准体系

测量、检验和试验管理标准体系包括但不限于：

（1）测量、计量、检验和试验人员资质管理。

（2）测量、计量、检验和试验装置、仪器、仪表、器具的配置、安装、保管、运行维护、报废及检定管理。

（3）测量、计量、检验、试验装置和器具的计量检定周期管理。

（4）测量、计量、检验、试验装置和器具检测环境、安全、质量管理。

（5）测量、计量、检验、试验结果形成的记录、报告管理。

4. 验收和评价管理标准体系

验收和评价管理标准体系包括但不限于：

（1）施工过程质量验收管理。

（2）单位工程、分项分部验收管理。

（3）竣工达标创优管理。

（二）电力施工企业产品实现管理标准体系明细表示例

【例 8-5】 某电力施工企业产品实现管理标准明细表见表 8-6。表 8-6 给出的体系结构仅分到第一个层次，企业在编制管理标准体系表时，也可分成多个层次，可根据体系结构自行设计体系结构代号。不同电力施工企业组织机构设置有差异，因此给出的责任部门只供参考。每个类别只给出部分标准，企业在编制管理标准明细表时应根据管理范围的实际情况列出标准明细。

表8-6　某电力施工企业产品实现管理标准明细表示例（以火电施工为例）

序号	体系结构	体系代码	标准编号	标准名称	责任单位
……		…	……	……	……
	设备设施与材料	…	Q/204—2017	专业设施及工器具管理	物资部
	设备设施与材料	…	……	……	……
	……	…	……	……	……
	施工安装调试	…	Q/201—2017	施工组织设计编制规定	工程部
	施工安装调试	…	……	……	……
	……	…	……	……	……
	测量检验试验	…	Q/219—2017	施工机械检验管理	工程部
	测量检验试验	…	……	……	……
	……	…	……	……	……
	验收与评价	…	Q/208—2017	施工质量评定验收管理	工程部
	验收与评价	…	……	……	……
	……	…	……	……	……

三、发电企业

发电企业产品实现过程主要包括：电厂设备、设施和材料管理、电厂运行管理、检修管理、发电过程技术监督管理，发电过程测量、检验和试验管理、营销与服务管理。

发电企业的产品实现管理标准规范了发电企业的发电生产过程相关的管理活动，为技术标准的实施提供管理保障。产品实现管理标准体系应明确企业如何组织发电生产，规范电厂设备、设施和材料管理、电厂运行管理、检修管理、发电过程技术监督管理，发电过程测量、检验和试验管理、营销与服务管理。

发电企业产品实现管理标准体系结构图，如图8-4所示。

（一）发电企业产品实现管理标准体系包含的主要标准内容

发电企业产品实现管理标准体系包含的主要标准内容，按照 DL/T 485—2018《企业标准体系表编制导则》标准规定，具体内容为：

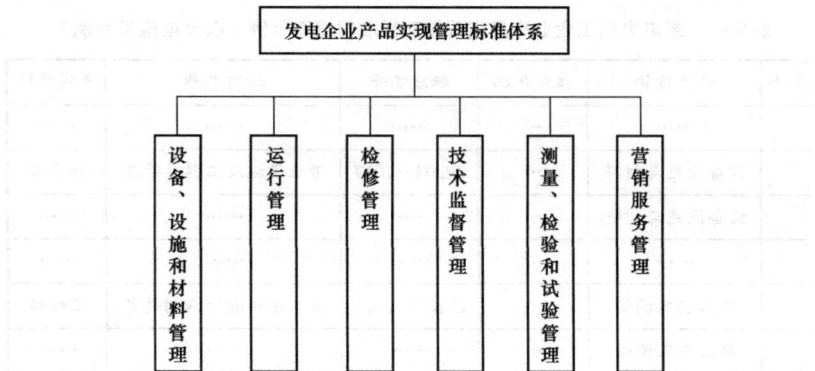

图 8-4 发电企业产品实现管理标准体系结构图

1. **设备、设施和材料管理标准**

设备、设施和材料管理标准包括但不限于：设备设施的定置、标识、台账、可靠性、维护、点检、异动、缺陷、改造、报废、特种设备及工器具、材料等有关的管理标准。其中包含了设备设施和材料管理除选型和采购外的全生命周期管理。

2. **运行管理标准**

运行管理标准包括但不限于：生产调度、运行值班、工作票、操作票、巡回检查、设备定期试验及轮换、运行分析与报告、优化运行等有关的管理标准，这包含了发电企业所有与运行管理相关的管理内容。

3. **检修管理标准**

检修管理标准包括但不限于：检修策划、检修准备、检修实施（如质量、安全、进度）、验收评价、检修技术资料等有关的管理标准，其中包含了发电企业所有与检修管理相关的管理标准。

4. **技术监督管理标准**

技术监督管理标准包括但不限于：技术监督的内容、方法、结果等有关的管理标准。发电企业技术监督一般指十二项技术监督，标准明确规定产品实现的技术监督标准应包含技术监督的内容、方法、结果等有关的内容，因各项技术监督的内容、方法、结果不同，所以除了技术监督的总体要求外，各项监督的具体管理要求可能不同。

5. **测量、检验和试验管理标准**

测量、检验和试验管理标准包括但不限于：电力设备、继电保护、电力电子、仪器仪表等监视和测量管理，计量管理、检验、试验和化学检测等有关的管理标准。其中包含了发电企业的测量、检验和试验管理的所有应规定管理标准。

6. **营销服务管理标准**

营销服务管理标准包括但不限于：销售市场调研、拓展、交易、客户服务及满意度调查、售后服务等有关的管理标准。目前电力市场营销、售电管理刚刚兴起，营销服务管理标准是企业规范电力市场营销、售电管理相关的管理标准。

（二）发电企业产品实现管理标准体系包含的主要标准的具体内容

1. **设备、设施和材料管理标准**

DL/T 485—2018《企业标准体系表编制导则》给出的设备、设施和材料管理标准包括但不限于：设备设施的定置、标识、台账、可靠性、维护、点检、异动、缺陷、改造、报废，以及特种设备和工器具、材料等有关的管理标准。

设备、设施和材料管理是对发电企业设备设施，包括特种设备和工器具以及发电生产全过程中所需材料的保管、使用等进行的管理，包括对它们进行的定置、标识、名称、编号、台账等的管理要求，以及可靠性、维护、点检、异动、缺陷、改造等方面的数据信息的管理。发电企业现场管理的主要对象是电力设备和设施，如输煤设备、锅炉、汽轮机、发电机、自动控制设备等主系统设备及其辅助设备如给水设备、水处理设备、除尘设备、燃料储运设备、脱硫脱销设备及发电生产全过程中所需材料等。

2. **运行管理标准**

DL/T 485—2018《企业标准体系表编制导则》给出的运行管理标准包括但不限于生产调度、运行值班、工作票、操作票、巡回检查、设备定期试验及轮换、运行分析与报告、优化运行等有关的管理标准，这包含了发电企业所有与运行管理相关的管理标准。

（1）生产调度管理标准：包括按照电网调度指令，本单位生产调度指令和计划调整设备、组织抢修、事故处理等，如检修计划安排、设备临修、机组试验等生产调度内容，在管理标准中严格界定电网调度、本企业生产调度、分管领导、车间主任、值长、运行班长、值班人员等通知、协调、传递的流程和职责，在标准中严格区分不同职位人员调度范围、操作范围，调度原则和事故处理原则等。

（2）工作票、操作票使用和管理标准："两票"本身是针对人员和设备安全的技术保障，而"两票"的管理制度是发挥"两票"功能的管理手段。"两票"管理工作从最早的依赖人的技术水平和责任心由人工填写，到信息化、标准化手段的普及应用，通过两票管理信息软件，实现了"两票"的信息化管理和标准化管理，减轻了人员的工作量，但对人的技术水平和责任心的要求并没有降低。

（3）运行值班和交接班管理标准：电能不能大量储存的特性要求发电运行工作必须24h不间断开展，运行人员的值班工作尤为重要。特别是在交接班前后，不但容易出现事故，而且一旦发生事故，由于不易做到指挥统一、协调一致，还可能扩大事故。所以必须依靠严格的运行值班和交接班制度来保证整个运行工作，且不因人员的交接而受到影响。发电系统的安全、运行人员的人身工作安全、运行设备的安全是运行值班和交接班管理标准的实质内容，如运行方式及变更情况、重要缺陷及恶化情况、运行操作及检修情况、调度命令及领导指示、保护投退及设备异动、煤质变化与预计工作、异常事件与处理经过、潮流分布与负荷预计、定期试验及轮换情况和其他主要交代事项等的情况都需要在当值进行处理并在交接班是进行交接，这些都要在管理标准中进行规定。

（4）运行巡回检查管理标准：运行巡回检查管理标准是保证运行人员顺利交接班、保证当班时段机组安全稳定运行的基本管理保障，是及时发现设备缺陷、设备异常运行的有效手段，也是保证设备安全正常运行的有效制度。设备的正常服役是一个动态的、较长时段的运行周期。即使在控制指令和外界因素不改变的情况下，设备本身的因素也会导致运行工况的变化。尤其对于单机容量大、调峰作用明显的机组，对现场所有设备进行认真全面巡回检查就更显得尤为重要。运行巡回检查主要包括：接班前检查、班中巡回检查、特殊情况下巡回检查。对使用巡检系统的企业可不使用巡回检查表，但在智能巡检系统中应参照巡回检查表中的有关要求，明确检查项目的标准和参数，明确参数的预警值和报警值。设备巡回检查制度的严格执行能够及时掌握设备运行状况及变化规律，及时发现设备缺陷、故障或隐患，对确保安全生产起着重要作用。发电企业的设备巡回检查制度要对巡回检查的人员、方法、路线、项目、次数等有明确、详细的规定，以保证检查工作的协调统一、规范。

（5）设备定期试验及轮换管理标准：定期试验是指运行设备或备用设备进行动态或静态启动、传动，以检测运行或备用设备的健康水平，定期轮换是指运行设备与备用设备之间轮换运行。在运行设备和备用设备之间进行定期切换是设备定期倒换工作的内容。另外，对一些只有在特殊运行方式或工况下才需要运行（活动）的设备和一些重要的备用设备，由于较长时间处于停运或静止状态，为了保证他们能够在需要时正常启动（动作）正常工作，必须进行定期试验。设备定期轮换和试验管理标准的主要内容是锅炉、汽机、电气、化学、除灰、输煤、脱硫脱硝等可按照每值、每日、每周、每轮值、每月、每季、每年的周期进行，同时兼顾不同季节、不同负荷和运行方式开展。

（6）运行分析管理：包括电压合格率、电容器投入率、站用电量、母线电量不平衡、线损率、事故、障碍、异常、缺陷、差错等分析和报告的管理等。

3. **检修管理标准**

DL/T 485—2018《企业标准体系表编制导则》给出的检修管理标准包括但不限于检修策划、检修准备、检修实施（如质量、安全、进度）、验收评价、检修技术资料等有关的管理标准，其中包含了发电企业所有与检修管理相关的管理标准。

（1）检修策划管理标准：检修策划是对设备检修的性质、范围、项目、质量、时间工期上的计划和安排。应针对不同设备采用不同检修策略，最大限度减少因检修对正常发电生产的影响。检修工作宜对系统、设备分类管理，不同的设备采用不同的检修策略，编制相应的检修计划。如周期性预防试验检修、机组大修、故障缺陷消除等计划编制的管理。制定设备维护、改进、升级改造规划，包括技术方案、施工方案、检修技术质量标准、检修费用等；设备检修计划编制包括年、季、月检修计划，以及对检修计划调整和变更的管理，检修计划应明确项目、方案、进度和质量标准等。

（2）检修准备：检修前应对检修的设备情况进行全面掌握，检修准备一般包括运行缺陷统计、检修缺陷统计、检修项目明确、设备需更换备件的检查、需其他专业配合的项目、外委单位事项确定、检修工具准备、检修环境、安全防护与标志、安全技术协议、安全技术交底、检修作业文件等。

（3）检修实施管理标准：对检修计划实施执行情况进行管理。如开工前准备、检修进度、质量、安全及检修中发现缺陷和问题的处理，是否按适用的技术标准如规程、规范、技术导则、作业指导书、作业指导卡实施检修，是否符合技术标准的要求等等进行的控制和监督，并确定检修技术记录。

（4）验收评价管理：对设备验收和评价的流程进行规定，检修后应按计划和标准对检修质量进行验收，编制检修报告和验收报告，包括对检修质量的评价和考核，如是否符合检修标准、部件完整、外观清洁、装置完好、缺陷已消除、二次定值接线正确、预试结果合格等，还包括检修质量追溯、问题跟踪分析、年度检修项目分析评估等。

（5）检修技术资料管理：检修技术资料包括检修规划、年度检修计划、设备检修目标、检修执行的技术标准（包括作业指导书）、检修记录、检修中发现的缺陷与问题处理情况、检修试验报告、设备检修质量统计分析报告、检修总结、检修后评价。

4. 技术监督管理标准

DL/T 485—2018《企业标准体系表编制导则》给出的检修管理标准内容包括但不限于技术监督的内容、方法、结果等有关的管理标准。发电企业技术监督一般指十二项技术监督，标准明确规定产品实现的技术监督标准应包含技术监督的内容、方法、结果等有关的内容，因各项技术监督的内容、方法、结果不同，所以除了技术监督的总体要求外，各项监督的具体管理要求可能不同。同时，技术监督项目和内容也是一个动态变化、不断延伸的过程，这也是实施技术监督管理的意义所在。技术监督管理标准主要内容包括但不限于：

（1）技术监督全过程闭环管理：即在发电生产全过程中所有环节都应开展技术监督管理。同时，在设备调试、检修、技术改造等重点阶段以及在高峰负荷、故障后等对汽（水）轮机、发电机、变压器等重点设备，有针对性地开展专项技术监督工作，以便及时发现重点阶段、重点设备存在的问题。

（2）技术监督预警管理：在全过程、全方位开展技术监督管理的基础上，结合对设备的运行指标分析、评估、评价，针对专业监督工作过程中发现的具有趋势性、苗头性、突发性的问题及时发布技术监督预警报告。

（3）技术监督告警和整改跟踪管理：技术监督执行部门在技术监督过程中发现设备存在的严重缺陷、隐患，应立即向设备运行维护单位发布设备告警报告，使运行维护单位及时了解设备健康状况和存在的缺陷，及时采取有效措施加以消除，预防设备事故的发生。警报告发布后，技术监督执行部门应全程跟踪设备消缺、检修、改造等整改过程，对整改全过程实施有效的监督，保证设备缺陷的及时消除和设备健康水平的恢复。

（4）技术监督评估管理：可以分阶段、分专业、分设备有重点地对技术监督工作的内容、标准和实施情况进行检查、分析、评估，及时发现技术监督工作存在的问题和不足，及时采取修改、完善、补充的提高措施。

（5）技术监督报告管理：每一项具体技术监督工作都应形成由工作负责人和执行单位签字、盖章的技术监督报告。对严重影响发电运行安全的问题，应发布报警报告。

（6）技术监督档案管理：应建立和健全发电生产全过程技术档案，技术资料应完整和连续，并与实际相符。

（7）技术监督定期检查管理：应针对具体专业和设备技术监督定期进行技术监督工作检查。

（8）技术监督工作考核：要定期对技术监督工作开展情况、执行情况、主要技术监督指标、问题整改情况、档案资料等方面进行考核。

5. 测量、检验和试验管理标准

DL/T 485—2018《企业标准体系表编制导则》给出的检修管理标准内容包括但不限于电力设备、继电保护、电力电子、仪器仪表等监视和测量管理、计量管理、检验、试验和化学检测等有关的管理标准。

（1）测量管理标准：测量是按照某种规律，用数据来描述观察到的现象，即对事物作出量化描述。测量是对非量化实物的量化过程，如电流值、电压值、电阻值等，得出的是一个或一组带有计量单位的数据，或是经统计后表现的数据特征，如负荷曲线、电压曲线等。

测量管理标准的目的是确保测量设备和测量过程能够满足预期用途。测量管理标准是对测量设备和测量过程的管理，管理由于不正确测量结果给企业带来的风险，把可能产生的不正确的测量结果降低到最小，把不准确测量造成的发电生产和服务的质量风险降低到最小，以便使测量管理工作在企业生产经营中发挥保证作用。

（2）检验和试验管理标准：检验是指通过观察和判断，适当结合测量、试验所进行的符合性评价。检验的目的是判断检验对象是否合格。针对不同的检验对象，检验标准分为采购物资检验标准、生产过程（如对作业程序、作业步骤的检验）检验标准、发电与服务质量检验标准、设备安装交付验收标准、工程竣工验收标准等。

试验是指按照程序确定试验对象如发电设备、装置等的一个或多个特性。试验的目的是在规定的条件下，按规定的程序和方法，准确地确定电力设备、装置等特性及各项性能参数。试验标准是指与试验方法有关的标准，有时附有与测试有关的其他条款，例如抽样、统计方法的应用，试验步骤等。

检验和试验管理标准通常分为两类：检验和试验方法管理标准与检验、试验、监视和测量设备管理标准。检验和试验方法管理标准，包括对抽样方法、试样采制、试剂和标准样品、检验和试验使用的仪器以及试验条件、检验和试验的程序、检验和试验的结果、统计和数值计算方法、合格判定的准则、质量水平评价的方法等的管理；检验、试验、监视和测量设备管理标准，包括所测设备、仪器、装置的性能、量程、偏移、精密度、稳定性、使用的环境条件等质量要求，设备操作规程和安装及使用程序，计量仪器的检定、校准、校准状态、标识、调整、修理，以及搬运和储存等方面的管理要求。

发电企业生产全过程应确保可控、在控、能控，其中对发电生产全过程进行监视、测量、检验、试验等直接影响发电生产过程的安全可靠。这就包括使用的测量、检验、试验设备应受控，对电能质量、发电可靠性以及对生产全过程实施监视和测量，使这些过程和结果的特性控制在规定或允许的范围内。如：电压、电流、频率、负荷的测量及测量装置的管理，电力设备包括安全工器具的验证试验、交接试验、预防性试验以及这些试验对试验环境、试验设备、试验人员、试验方法方面的管理。

（3）发电企业测量、检验和试验的管理包括：

1）对发电质量测量、检验的管理：

发电质量监测的管理，包括对监视和测量设备、装置、工具的要求，人员资格，验收准则等的规定；

监视和测量数据的管理，包括测量数据（包括电子数据）和记录，检验和试验报告，批准投运手续，相关证书等。

2）对生产过程的测量、检验和试验的管理：

发电生产运作全过程的每个过程都应规定输入、输出、相关的活动和资源，而且要求过程的输出能满足预定的目标。这些过程需要监视和测量，包括：准确性、及时性、可靠性，对特定的内部和外部要求的反应时间，员工的有效性和效率，技术的应用和费用的降低等。

3）对测量、检验和试验装置的管理：

a）对测量、检验、试验装置和设备进行管理：应明确本企业所需的测量、检验、试验装置和设备，并对这些装置和设备的管理以及使用方法建立相应的管理标准。

b）对测量、检验、试验的过程进行管理：明确规定并管理发电生产过程中需要测量的环节，并规定测量过程中所涉及的监视和测量设备，将其纳入计量确认范围进行管理；监视和测量设备应具有与测量要求相一致的测量能力并保持这种能力，包括对化验室等的管理、电能、热能等计量装置的安装、维护、检修、校验、轮换等建立相应的管理标准。

c）对校准和调整进行管理：对能测源到国际或国家计量基准的装置，应按规定的时间间隔或在使用前进行校准和调整，并保证在有效期内使用。还应对可能会使校准失效的调整进行管理，如采取标识、封缄等措施，由有资格的操作人员进行调整，提供明确的调整作业指导书等。在校准的有效期内使用时，如果发现偏离校准状态，应对该监视和测量设备此前的测量过程的有效性进行评价，并采取必要的纠正措施，包括重新测量已经测量过的设备等措施。还要对搬运、储存时防止损坏等事项制定管理标准进行管理。

d）对记录校准结果进行管理：校准结果的记录表明测量能力符合相应规定要求，并注意记录溯源性的情况，也可以由有资格的单位出具检定证书。

6. 营销服务管理标准

DL/T 485—2018《企业标准体系表编制导则》给出的检修管理标准内容包括但不限于销售市场调研、拓展、交易、客户服务及满意度调查、售后服务等有关的管理标准。目前电力市场营销、售电管理刚刚兴起,营销服务管理标准是企业规范电力市场营销、售电管理相关的管理标准。

营销服务管理管理一般包括:市场营销战略、销售市场调研、营销规划、经营目标管理、电力交易、客户关系与客户服务管理,满意度调查等,具有热能产品销售的电厂还可包括热力客户服务平台管理,如:为客户提供报修、信息查询、咨询、信息公告、投诉举报等服务,对重要客户进行回访,服务重要客户,在线评价客户服务质量,搭建公共关系网络等。

(三)发电企业产品实现管理标准体系明细表示例

【例 8-6】 某发电企业管理标准体系标准明细表见表 8-7。

表 8-7　　某发电企业管理标准体系标准明细表示例(节选)

序号	体系代码	标准编号	标准名称	实施时间	被代替标准号	责任部门
1		Q/×××213 —2016	巡点检管理标准		Q/×××213 —2015	设备部
2		Q/×××214 —2016	设备异动管理标准		Q/×××214 —2015	生技部
3		Q/×××216 —2017	可靠性管理标准		Q/×××216 —2015	设备部
4		Q/×××209 —2016	发电运行管理标准		Q/×××209 —2015	运行部
5		Q/×××252 —2016	操作票管理标准		Q/×××252 —2015	安监部
6		Q/×××212 —2017	设备检修管理标准		Q/×××212 —2016	设备部
7		Q/×××227 —2017	技术监督管理标准		Q/×××227 —2016	生技部

四、供电企业

DL/T 485—2018《企业标准体系表编制导则》给出了供电企业产品实现

管理标准体系内容，包括：设备、设施和材料管理标准、运行管理标准、检修管理标准、技术监督管理标准、测量检验和试验管理标准和营销服务管理标准。供电企业产品实现管理标准体系结构如图 8-5 所示。

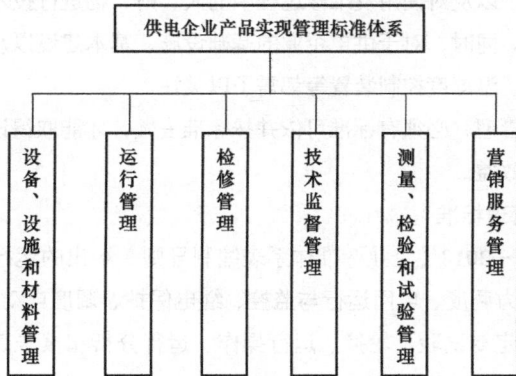

图 8-5　供电企业产品实现管理标准体系结构图

（一）供电企业产品实现管理标准体系包含的主要标准的内容

1. 设备、设施和材料管理标准

DL/T 485—2018《企业标准体系表编制导则》给出的设备、设施和材料管理标准包括但不限于设备设施的定置、标识、台账、可靠性、维护、点检、异动、缺陷、改造、报废，以及特种设备和工器具、材料等有关的管理标准。

设备、设施和材料管理是对电力设备设施、包括特种设备和工器具以及供电生产全过程中所需材料的保管、使用等进行的管理，包括对它们进行的定置、标识、名称、编号、台账、可靠性等的管理要求，以及维护、点检、异动、缺陷、改造等方面的数据信息的管理。电力企业现场管理的主要对象是电力设备和设施，包括一次设备，二次设备，直接或间接用于输电、变电、配电等高低压设备，特种设备及工器具等，如输电线路、变压器、高压开关、保护装置、低周解列及减载装置等电力设备，带电作业车、配网抢修车、试验设备、安全工器具、智能巡检机器人、巡检直升机、设备基础架构、设备装置所在房屋等设施。包括供电生产全过程中所需材料，如绝缘材料、防腐材料、零部件等。

由于电力设备、设施是有形的生产要素，因而对它的管理既要有物质要素的管理，又要有职能管理，既要关注各条输电线路、各个变电站的各类设备，还要关注对这些电力设备进行大修、维修、维护、试验等所需的装置和工器具的管理，以及对使用及维修过程中的人、财、物进行技术、经济和组织方面的管理。同时，对于供电企业的基础设施、基本建设以及支持性设备设施，如排风、温湿度控制装置等都需予以关注。

以上这些管理，必须有标准可依并按标准去做，才能取得设备管理与设施管理的最佳效益。

2. 运行管理标准

DL/T 485—2018《企业标准体系表编制导则》给出的运行管理标准包括但不限于电力调度、电网运行与监控、继电保护、调度自动化、操作票、工作票、设备定期试验及轮换、运行操作、运行分析和报告等有关的管理标准。

由于供电和用电是一个不可分割的整体，电网运行必须实行统一调度、分级管理，企业各部门应协作配合，保证电力系统安全、优质、经济运行。

其主要内容包括：

（1）确定电力系统正常运行方式，并根据地方电力系统的结构、负荷潮流变化情况，对运行方式进行修正，包括低周解列及减载装置运行方式、特殊运行方式，如雷雨、台风季节、电力系统临时变化、新设备启动时电力系统运行方式、事故处理细则、事故预案及事故限电顺序、远动监控系统的正常运行等管理；保障整个系统在安全经济方式下运行。

（2）组织、指挥、协调所辖电力网的运行、操作和事故处理，使系统内各供电设备的能力能最大限度地满足系统负荷的需要，各处供电质量（频率、电压和波形）符合规定标准，使整个系统安全稳定运行和连续供电。

（3）对继电保护和电网安全自动装置管理、继电保护整定计算管理、继电保护故障信息处理管理等。

（4）对输电线路巡视检查，变电、配电设备巡视监视、倒闸操作管理，操作票、工作票管理、设备定期试验轮换、设备诊断技术应用（如紫外诊断、红外诊断）等。

（5）对运行分析管理，包括电压合格率、电容器投入率、站用电量、母线电量不平衡、线损率、事故、障碍、异常、缺陷、差错等分析和报告的管理等。

3. **检修管理标准**

DL/T 485—2018《企业标准体系表编制导则》给出的检修管理标准包括但不限于检修策划、检修环境、质量控制和监督、检修设备及标准化作业管理、验收评价、检修技术资料等有关的管理标准。

检修就是对电力设备定期或不定期进行预防性的或恢复性的检查与修理工作，是一种为保持或恢复电力设备的期望功能所进行的作业行为，通常包括检查、维护、修理、更新，其中检查是为了确定和评估设备的实际状态，维护是为了保持设备的期望状态，修理是为了恢复设备的期望状态，更新是为了更换无法达到期望状态的设备（或部件）。

检修工作是供电企业生产管理的重要组成部分，对电网安全性、经济性有着重大影响。定期地、有计划地对设备进行预防性的和恢复性的检修，以便及时地检查、发现和消除设备存在的缺陷，消灭潜在的事故因素，提高设备健康水平，延长设备使用奉命，确保电网运行的安全性与经济性。如设备状态检修、除冰除雪作业等。对设备检修管理的目的是提高检修质量，加快检修进度，缩短检修工期、延长检修周期，降低检修成本及人力物力消耗。

其主要内容包括：

（1）检修策划：检修策划是对设备检修的性质、范围、项目、质量、时间工期上的计划和安排，应针对不同设备采用不同检修策略，最大限度减少因检修对电力客户造成的影响，以及对供电企业带来的电量损失。供电企业检修应以计划检修为主，积极开展状态检修，对系统、设备分类管理，采用不同的检修策略，编制相应的检修计划。如周期性预防试验检修，按设备制造厂家规定进行的维护、状态检修，故障缺陷消除等计划编制的管理。制定设备维护、改进、升级改造规划，包括技术方案、施工方案、检修技术质量标准、检修费用等，设备检修计划编制包括年、季、月检修计划，以及对检修计划调整和变更的管理，检修计划应明确项目、方案、进度和质量标准等。

（2）检修环境：由于供电企业电气设备所处地域分散且自然环境差异较大，同时由于电力设备特殊性能的要求，设备检修应明确不同检修作业对环境条件的要求的管理，如温度、湿度、风力、灰尘、雷雨、振动等，户外严酷条件下的电气设备与设施检修、污秽地区设备检修、六氟化硫设备检修、爆炸性气体环境用电气装置的检查和维护要求、停电检修、带电检修、高空杆塔作业对风力的要求等检修环境和对相应的检修技术措施的管理，对这些检修环境的管理的责任要明确到部门、专业或岗位，包括对它们的识别、标准的制定以及监督检查。

（3）质量控制和监督：对检修计划执行情况进行监督、协调和检查。如开工前准备、检修进度、质量、安全及检修中发现缺陷和问题的处理，是否按适用的技术标准如规程、规范、技术导则、作业指导书、作业指导卡实施检修，是否符合技术标准的要求等等进行的控制和监督，并确定检修技术记录。

（4）检修设备及标准化作业管理：检修设备及标准化作业是为了更有效地生产，把物料、设备、人等生产要素进行合理组合的一种集约化作业方式。在标准化作业条件下，现场浪费少，机、物料技术条件有机结合。需要说明的是标准化作业和作业标准完全不同。作业标准是为了进行标准化作业而规定的各种技术标准，例如，《接户线故障抢修作业指导书》《避雷器试验标准化作业指导书》等，这就是作业标准也是企业的技术标准。为了有效控制检修作业过程中的质量和确保检修设备符合要求，就需要编制对作业过程的要求，真正实现检修设备的标准化作业。而现实工作中，大多供电企业也往往采用作业指导卡、作业表单的形式控制检修设备的作业过程。但标准化作业与表单化、卡片化作业完全不同。标准化作业的目的是检修作业工序的合理、有序、可控、有效，是将各种浪费降低至最小。表单化作业是一些推动精益不很彻底的企业，只应用了标准化作业的表单格式，而没有按真正的标准化作业去做，比如测量时间不准确、工序步骤没有精准量化和数据化、浪费没有解决、改善推动慢、表单内容更新不及时等，势必造成其不能有效指导检修作业，存在潜在安全风险。因此，供电企业检修设备及标准化作业管理是保障电力系统安全可靠的重要环节。同时标准化作业也是改善检修设备过程的基础。今天和昨天的效率、品质、疲劳情况就不同，这样就找不到改善的基础，没有标准化作业就没有改善，改善就无从谈起。所以，检修设备及标准化作业是现场管理的基础。

常规开展的作业标准化管理包括：

1）作业过程标准化管理：作业的程序、采用的方法、作业的手段、使用的工器具等标准化管理。

2）人的行为标准化管理：操作动作、指挥动作、交流手势（即体态语言）、语言和口令等以及劳动防护用品穿戴、自身穿戴要求等标准的管理。

3）作业环境标准化管理：材料堆放、工器具放置、安全标志布设、防护装置布设等标准的管理。

4）作业设备标准化管理：设备检查标准、设备维护标准、定期修理标准等。

同时企业对检修设备及标准化作业管理还应包括标准化作业管理标准的制定、检修作业标准化工作的组织、检修信息传递等标准化管理。

（5）验收评价管理：对设备验收和评价的流程进行规定，检修后应按计划和标准对检修质量进行验收，编制检修报告和验收报告，包括对检修质量的评价和考核，如是否符合检修标准、部件完整、外观清洁、装置完好、缺陷已消除、二次定值接线正确、预试结果合格等，包括检修质量追溯、问题跟踪分析、年度检修项目分析评估等。

（6）检修技术资料管理：检修技术资料包括检修规划、年度检修计划、设备检修目标、检修执行的技术标准（包括作业指导书）、检修记录、检修中发现的缺陷与问题处理情况、检修试验报告、设备检修质量统计分析报告、检修总结、检修后评价等标准的管理。

4. 技术监督管理标准

DL/T 485—2018《企业标准体系表编制导则》给出的检修管理标准内容包括但不限于技术监督的内容、方法、结果等有关的管理标准。

供电企业技术监督管理是指在电网运行、检修、技术改造等生产全过程中，依据国家和行业有关法规、规程、标准及反事故技术措施等文件要求，通过对电网及所含设备在电能质量、电气设备性能、电测、金属、化学、节能与环境保护、保护与控制以及自动化、信息与电力通信等方面的有关参数和指标进行监督、检查、调整及评价，指导、监督或组织相关专业活动的开展，确保电网和设备安全、稳定、经济运行。同时技术监督项目和内容也是一个动态变化、不断延伸的过程，这也是实施技术监督管理的意义所在。

供电企业技术监督管理一般以专业技术监督管理为基础，以开展单一设备技术监督管理为手段，两者需相互结合。对专业技术监督的管理：如电能质量、电气设备性能、电测、金属、化学、节能与环保、保护与控制以及自动化、信息与电力通信等专业的技术监督管理。专业技术监督管理就是要把握专业发展方向，依靠科技进步，提高、完善测试技术、方法、手段，提高设备诊断能力和水平。对单一设备的技术监督管理：如电网输变电主要一、二次设备，自动化、信息、电力通信系统和设备等各个方面的技术监督管理，通过开展单一设备技术监督工作管理，将专业技术监督的手段、方法应用到具体设备监督工作上，对具体设备实施全过程、全方位和全面覆盖各环节的技术监督管理。技术监督管理标准主要管理内容有：

（1）技术监督全过程闭环管理。即在电网设备的设计审查、招标采购、工厂监造、安装调试、运行维护、检修、技术改造等所有环节都应开展技术监督管理。同时，在设备调试、检修、技术改造等重点阶段以及在高峰负荷、故障后等对输电线路、变压器等重点设备，有针对性地开展专项技术监督管理，以便及时发现重点阶段、重点设备存在的问题。

（2）技术监督预警管理。在全过程、全方位开展技术监督工作的基础上，结合对设备的运行指标分析、评估、评价，针对专业监督工作过程中发现的具有趋势性、苗头性、突发性的问题及时发布技术监督预警报告。

（3）技术监督告警和整改跟踪管理。技术监督执行部门在技术监督过程中发现设备存在的严重缺陷、隐患，应立即向设备运行维护单位发布设备告警报告，使运行维护单位及时了解设备健康状况和存在的缺陷，及时采取有效措施加以消除，预防设备事故的发生。警报告发布后，技术监督执行部门应全程跟踪设备消缺、检修、改造等整改过程，对整改全过程实施有效的监督，保证设备缺陷的及时消除和设备健康水平的恢复。

（4）技术监督评估管理。应分阶段、分专业、分设备有重点地对技术监督工作的内容、标准和实施情况进行检查、分析、评估，及时发现技术监督工作存在的问题和不足，及时采取修改、完善、补充的提高措施。

（5）技术监督报告管理。每一项具体技术监督工作都应形成由工作负责人和执行单位签字、盖章的技术监督报告。对严重影响电网运行安全的问题，应发布报警报告。

（6）技术监督档案管理。应建立和健全供电生产全过程技术档案，技术资料应完整和连续，并与实际相符。

（7）技术监督定期检查管理。应针对具体专业和设备技术监督定期进行技术监督工作检查。

（8）技术监督工作考核。要定期对技术监督工作开展情况、执行情况、主要技术监督指标、问题整改情况、档案资料等方面进行考核。

5. **测量、检验和试验管理标准**

DL/T 485—2018《企业标准体系表编制导则》给出的检修管理标准内容包括但不限于电力设备、继电保护、电力电子、仪器仪表等监视和测量管理、计量管理、检验、试验和化学检测等有关的管理标准。

（1）测量管理标准：测量是按照某种规律，用数据来描述观察到的现象，即对事物作出量化描述。测量是对非量化实物的量化过程，如电流值、电压值、电阻值等，得出的是一个或一组带有计量单位的数据，或是经统计后表现的数据特征，如负荷曲线、电压曲线等。

测量管理标准的目的是确保测量设备和测量过程能够满足预期用途。测量管理标准是对测量设备和测量过程的管理，管理由于不正确测量结果给企业带来的风险，把可能产生的不正确的测量结果降低到最小程度，把不准确测量造成的供电生产和服务的质量风险降低到最小，以便使测量管理工作在企业生产经营中发挥保证作用。

（2）检验和试验管理标准：检验是指通过观察和判断，适当结合测量、试验所进行的符合性评价。检验的目的是判断检验对象是否合格。针对不同的检验对象，检验标准分为采购物资检验标准、生产过程（如对作业程序、作业步骤的检验）检验标准、供电与服务质量检验标准、设备安装交付验收标准、工程竣工验收标准等。

试验是指按照程序确定试验对象如电力设备、装置等的一个或多个特性。试验的目的是在规定的条件下，按规定的程序和方法，准确地确定电力设备、装置等特性及各项性能参数。试验标准是指与试验方法有关的标准，有时附有与测试有关的其他条款，例如抽样、统计方法的应用、试验步骤等。

检验和试验管理标准通常分为两类：检验和试验方法管理标准与检验、试验、监视和测量设备管理标准。检验和试验方法管理标准，包括对抽样方法、试样采制、试剂和标准样品、检验和试验使用的仪器以及试验条件、检验和试验的程序、检验和试验的结果、统计和数值计算方法、合格判定的准则、质量水平评价的方法等的管理；检验、试验、监视和测量设备管理标准，包括所测设备、仪器、装置的性能、量程、偏移、精密度、稳定性、使用的环境条件等质量要求，设备操作规程和安装及使用程序，计量仪器的检定、校准、校准状态、标识、调整、修理，以及搬运和储存等方面的管理要求。

供电企业生产全过程应确保可控、在控、能控，其中对供电生产全过程进行监视、测量、检验、试验等直接影响供电生产过程的安全可靠。这就包括使用的测量、检验、试验设备应受控，对电能质量、供电可靠性以及对生产全过程实施监视和测量，使这些过程和结果的特性控制在规定或允许的范围内。如：电压、电流、频率、负荷的测量及测量装置的管理，电力设备包括安全工器具的验证试验、交接试验、预防性试验以及这些试验对试验环境、试验设备、试验人员、试验方法方面的管理。

（3）供电企业测量、检验和试验的管理包括：

1）对供电质量测量、检验的管理：

a）监视和测量点的管理：如电压监测点的设置管理，供电服务质量监测的管理，规定监视和测量的特性值，包括对监视和测量设备、装置、工具的要求，人员资格、验收准则等的规定。

b）监视和测量数据的管理：如测量数据（包括电子数据）和记录，检验和试验报告，批准投运手续，相关证书等。

2）对生产过程的测量、检验和试验的管理：

供电生产和服务运作全过程的每个过程都应规定输入、输出、相关的活动和资源，而且要求过程的输出能满足预定的目标。这些过程需要监视和测量，包括：准确性、及时性、可靠性，对特定的内部和外部要求的反应时间，员工的有效性和效率，技术的应用和费用的降低等。

3）对测量、检验和试验装置的管理：

a）对测量、检验、试验装置和设备进行管理：应明确本企业所需的测量、检验、试验装置和设备，并对这些装置和设备的管理以及使用方法建立相应的管理标准。

b）对测量、检验、试验的过程进行管理：明确规定并管理供电生产过程中需要测量的环节，并规定测量过程中所涉及的监视和测量设备，将其纳入计量确认范围进行管理；监视和测量设备应具有与测量要求相一致的测量能力并保持这种能力，包括对高压实验室的管理、电能计量装置的安装、维护、检修、校验、轮换等建立相应的管理标准。

c）对校准和调整进行管理：对照能测源到国际或国家计量基准的装置，应按规定的时间间隔或在使用前进行校准和调整，并保证在有效期内使用。还应对可能会使校准失效的调整进行管理，如采取标识、封缄等措施，由有资格的操作人员进行调整，提供明确的调整作业指导书等。在校准的有效期内使用时，如果发现偏离校准状态，应对该监视和测量设备此前的测量过程的有效性进行评价，并采取必要的纠正措施，包括重新测量已经测量过的设备等措施。还要对搬运、储存时防止损坏等事项制定管理标准进行管理。

d）对记录校准结果进行管理：校准结果的记录表明测量能力符合相应规定要求，并注意记录溯源性的情况，也可以由有资格的单位（如电网系统具有资质的各级电力科学研究院等）出具检定证书。

6. 营销服务管理标准

DL/T 485—2018《企业标准体系表编制导则》给出的检修管理标准内容包括但不限于营销策划、信息采集、业扩报装、电费电价、用电检查、客户服务、效益评价、电力市场及需求侧等有关的管理标准。

电力营销服务是供电企业的核心业务，电力营销工作的质量关系到供电企业自身的生存和发展，决定着供电企业的市场竞争力。供电营销管理一般包括流程管理、电费缴纳、电表计量以及服务投诉处理等。

营销服务管理管理一般包括：

（1）市场营销战略、营销规划、经营目标管理。

（2）电力销售、用电营业、业扩报装管理。

（3）电费抄核收及监督管理，电价测算报批及电价、电费执行稽核管理，电费回收汇总分析、监督、考核、评价管理。

（4）用电检查工作管理，如对客户受（送）电装置、用电安全、用电合同执行情况等巡视、检查及监督，业扩工程供电方案管理等。

（5）客户关系与客户服务管理，包括客户服务平台管理，如为客户提供报装、报修、信息查询、咨询、停电信息公告、投诉举报等服务，对重要客户进行回访，服务重要客户，在线评价客户服务质量，搭建公共关系网络。

（6）服务策略效益评价管理，如对提供服务措施使售电量增加带来的利润增加进行的评价，可以在客户对供电企业的亲近感和认同感增加与燃气等其他能源的竞争中，客户更多地选择电能，带来的经济效益进行评价；可以在简化了用电报表手续、故障维修等时间的缩短带来的用电量增加进行评价；对用电设备促销（如电热水器、空调等）并配合扩容等服务措施，带来用户选择更多的用电设备且增加使用的时间，增长的用电量等等进行评价，这些策略都能取得良好的经济效益。效益评价可以运用盈亏平衡分析及降价空间分析的方法，在进行分析的基础上，结合营销组合方案的效益评价模型及方法，可以得到采用营销方案后的经济效益变化情况。

（7）电力市场开拓、需求侧管理，电力市场分析预测管理，负荷管理信息的收集和分析，用户负荷特性档案建立，电力负荷平衡管理。

（二）供电企业管理标准体系表编制示例

1. 示例

【**例 8-7**】 某供电企业管理标准体系表（设备、设施及检修管理类）示例见表 8-8。

表 8-8　某供电企业管理标准体系表（设备、设施及检修管理类）示例

序号	体系代码	标准编号	标准名称	实施时间	被代替标准号	责任部门
1	SX201	Q/×××2001—2018	设备设施及检修管理	2018-10	Q/×××2001—2017	设备部
2	SX201	Q/×××2002—2018	带电作业设备管理	2018-10	Q/×××2002—2014	技术分部
3	SX201	Q/×××2003—2018	五防闭锁装置管理	2018-10	Q/×××2003—2014	技术分部
4	SX201	Q/×××2005—2018	立项项目管理	2018-01-02	Q/×××2005—2018	经营部
5	SX201	Q/×××2006—2018	可靠性管理	2018-10-08	Q/×××2006—2014	技术分部
6	SX201	Q/×××2007—2018	技术改进管理	2018-10	Q/×××2007—2014	技术分部
7	SX201	Q/×××2008—2018	仓库管理	2018-10	Q/×××2008—2017	设备部
8	SX201	Q/×××2009—2018	报废物资处置管理	2018-10	Q/×××2009—2016	经营部物资采购部

2. 示例分析

该企业管理标准明细表中，设备设施及检修管理类标准共计 8 个标准，看似简化，但实际工作应用起来却明显感觉不够完整和清晰。具体问题如下：

（1）分类不清。企业对设备、设施的管理与检修的管理，是两个方面的管理。设备、设施管理是对电力设备设施、包括特种设备和工器具在保管、使用等方面进行的管理，包括对它们进行的定置、标识、名称、编号、台账等的管理要求，以及可靠性、维护、异动、缺陷、改造等方面的数据信息的管理，这方面的管理范围不会对设备本身的功能、作用和特性等进行变更。而检修管理是对电力设备进行的恢复性的检查与修理工作，是会对设备或其部件的功能进行恢复或变更的一种作业行为。如果将两者放到一个类别中，则说明在对一种或一类设备的管理标准中，既要有对其进行定置、标识、名称、编号、台账等的管理要求也要有对其进行检查修理的管理要求，明显看出，按企业明细表对设备设施和检修进行管理的标准"设备设施及检修管理"篇幅和内容庞大不方便使用或疑似不完整，即因无法看到该标准内容，尚不能判断其内容是否完整。

（2）内容交叉。第一项标准"设备设施及检修管理"标准，已经包含了对该企业所有设备设施和对其检修的管理，因此"带电作业设备管理""五防闭锁装置管理"同样属于"设备设施及检修管理"的内容，名称上层次、类别互相包含、交叉。如：从名称是看不出对"五防闭锁装置"的检修管理是在"设备设施及检修管理"标准中，还是在"五防闭锁装置管理"标准中。另外明细表中只看到单独列出了"五防闭锁装置管理"，但更重要的如"继电保护及自动化装置""安全自动装置管理""配网自动化装置"等均未见对其管理的标准，如果对其管理的要求包含在了"设备设施及检修管理"标准中，企业应特殊需要单独列出对"五防闭锁装置管理"时，应在"企业标准体系表编制说明"中予以说明，否则标准体系结构和标准体系系统整体功能作用的发挥将受到一定影响。

（3）代码错误。明细表中每个管理标准的体系代码相同，这就失去了体系代码的作用。体系代码是体现企业标准体系是一个有机整体的重要表现，"体系代码"是企业标准按一定规律和次序在标准体系中排列的顺序号，每一个标准都有这样一个顺序号，顺序要合理，要按统一的规律进行排列，然后赋予其"位置号或排队号",即"体系代码"。给定了某个标准的体系代码,就确定了该标准在体系内的位置及其与其他标准的关系,所以标准的体系代码不能重复,更不能多个标准用同一个代码。

(4)名称不规范。管理标准名称直接反映的是标准化对象的管理范围和特征,名称的规范与否关系到管理标准信息的传播、查询和使用。该明细表中的标准名称如"立项项目管理"并没有给出范围,会让读者误认为是对企业所有项目在立项上的管理,如果是对企业所有项目立项的管理则该标准不宜放在"设备设施和检修"类别中,如果仅仅指对设备改造或大修项目立项的管理,应将名称改为"设备改造立项项目管理"或"设备大修立项项目管理"。"可靠性管理""技术改进管理"等标准名称均缺乏标准化对象的管理范围。

五、电力科研企业

电力科研企业主要业务是向电网企业和发电企业提供技术支持,主要工作内容包括技术监督、技术开发、技术咨询、技术信息以及工程调试等技术服务。

电力科研企业的产品主要包括通过科技开发为电网和电源提供的软件、硬件产品,通过技术监督、检查、测试、试验、评价、提出解决方案、工程调试以及技术信息的传递等提供的技术服务,针对这些产品实现进行全过程管理的流程、程序、方法和内容等标准化文件,可以是企业制定的标准、制度,或者是上级制定的相关标准、制度,构成了电力科研企业产品实现管理标准体系。产品实现管理标准规范了电力科研企业的生产、经营等管理活动,为技术标准的实施提供支持,使技术标准能更好地发挥其功能,成为服务技术标准的保证。

电力科研企业产品实现管理标准体系应明确企业如何组织技术监督、技术开发、技术服务、技术信息以及工程调试,使管理工作达到科学、规范和有序化,保证电力科研企业核心业务职能的开展,可设置科技项目管理、试验检测管理、工程调试管理、计量器具检定与校准管理、技术监督管理、设备设施与材料管理六个一级类目,电力科研企业产品实现管理标准体系结构如图 8-6 所示。

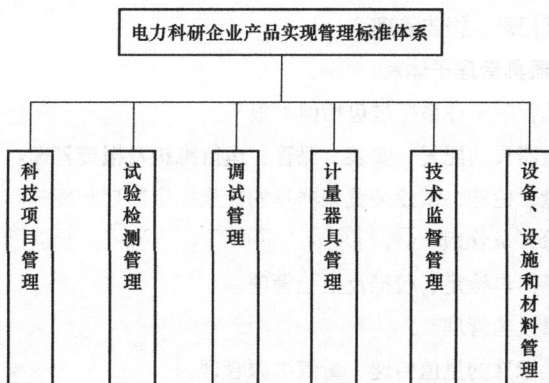

图 8-6　电力科研企业产品实现管理标准体系结构图

（一）电力科研企业产品实现管理标准体系包含的主要标准内容

1. 科技项目管理子体系

科技项目管理子体系标准包括但不限于：

（1）科技立项、实施、验收和后评估实行全过程管理。

（2）科技成果转化管理。

（3）新技术、新成果推广应用管理。

（4）科技成果以及专利管理。

2. 试验检测管理标准子体系

试验检测管理子体系标准包括但不限于：

（1）试验检测仪器设备、试剂的保管和使用。

（2）检测环境、安全、质量管理。

（3）试验检测结果形成的记录、报告管理。

（4）入网、入厂物资质量检测管理。

3. 调试管理子体系

调试管理子体系标准包括但不限于：

（1）发电、输变电工程调试管理，包括调试人员管理、调试装备、调试方案、进度、施工、验收、质量评定等内容管理。

（2）电力工程调试资格能力管理。

（3）电力调试工程项目管理。

（4）调试记录、报告管理。

4. 计量器具管理子体系

计量器具管理子体系标准包括但不限于：

（1）计量器具的配置、安装、保管、运行维护及报废管理。

（2）测量、检验、试验装置和器具的计量检定周期管理。

（3）计量人员管理。

（4）计量器具检定、校准及检验管理。

（5）计量设施管理。

（6）计量标准的量值传递、量值溯源管理。

（7）电能计量封印、印证管理。

（8）用电信息密钥管理。

（9）用电信息采集系统运维管理。

（10）发、供电主要计量装置运行状况的技术档案管理。

5. 技术监督管理子体系

技术监督管理子体系标准包括但不限于：

（1）明确技术监督工作的组织机构、工作内容、工作要求和评估考核的技术监督工作管理。

（2）规定监督内容、方法、结果的专项技术监督管理，诸如电能质量技术监督管理、绝缘技术监督管理、电测技术监督管理、电力通信技术监督管理、金属技术监督管理、热工技术监督管理、化学技术监督管理等。

（3）电力技术监督服务管理。

（4）电力技术监督装备配置管理。

（5）电力技术监督预告警管理。

（6）电力设备监造管理。

（7）并网发电厂技术监督评估管理。

6. 设备、设施和材料管理子体系

设备、设施和材料管理子体系标准包括但不限于：

（1）实验室仪器设备、设施管理。

（2）焊接材料（焊条、焊丝、焊剂、合金粉末及焊接用气体等）、化学试剂等试验用材料的采购验收、存储、保管及使用的管理。

（3）设备状态监测系统应用及维护管理。

（4）发电、输变电设备状态检修管理。

（5）可靠性分析和资产全寿命周期管理。

（6）工器具维护管理。

（7）发电、输变电、配电主要设备档案管理。

（二）电力科研企业管理标准体系表示例

管理标准体系表由管理标准体系结构图、管理标准明细表、管理标准统计表和编制说明组成。管理标准明细表是管理标准体系表的核心部分，是充分展示企业应执行管理标准的目录。所列标准可由标准、制度等标准化文件组成。企业应根据标准体系的变化以及标准、制度的更新、代替及废止情况及时进行调整，保持管理标准体系表的完整性和有效性。明细表中管理标准或管理制度都应该是现行有效的，其排列顺序应与企业管理标准体系结构图相对应。

【**例 8-8**】表 8-9 给出了某发电集团电力科学研究院管理标准体系表中标准明细表示例，对应图 8-6 电力科研企业产品实现管理标准体系结构图，仅供电力科研企业编制管理标准体系表时参考。

表 8-9　　　　某发电集团公司电力科学研究院管理标准

体系表中标准明细表示例（部分）

序号	体系代码	标准编号	标准名称	实施时间	被代替标准号	责任部门
1	20101	Q/××× 209－2017	企业发展规划管理	…	……	发展部
…	…	……	……	…	……	……
…	20202	Q/××× 202－2017	科技项目管理	…	……	科技部
…	20203	Q/××× 203－2017	专利管理制度	…	……	科技部
…	20204	Q/××× 204－2017	科技成果评审管理	…	……	科技部
…	…	……				
…	20301	Q/××× 210－2017	试验检测仪器设备管理	…	……	生产部

续表

序号	体系代码	标准编号	标准名称	实施时间	被代替标准号	责任部门
…	20302	Q/×××211—2017	试验（检测）报告管理	…	……	生产部
…	…	……		…	……	……
…	20401	Q/×××218—2017	电力调试工程项目管理	…	……	生产部
…	…	……		…	……	……
…	20501	Q/×××230—2017	计量器具检定管理	…	……	计量室
…	…	……		…	……	……
…	20601	Q/×××233—2017	技术监督管理规定	…	……	生产部
…	20602	Q/×××234—2017	电力设备监造管理	…	……	生产部
…	…	……	……	…	……	……
	20704	Q/×××224—2017	实验室仪器设备管理			生产部
…	…	……	……	…	……	……
…	21301	Q/×××228—2017	法律事务管理	…	……	办公室
…	21302	Q/×××225—2017	合同管理	…	……	办公室
…	…	……	……	…	……	……
…	21401	Q/×××220—2017	信息系统运维管理	…	……	信息中心
…	21406	Q/×××231—2017	保密管理	…	……	信息中心
…	…	……	……	…	……	……
…	21501	Q/×××233—2017	信访工作管理	…	……	办公室
…	21502	Q/×××234—2017	公文管理	…	……	办公室

续表

序号	体系代码	标准编号	标准名称	实施时间	被代替标准号	责任部门
…	…	……	……	…	……	……
…	21604	Q/××× 242—2017	团青工作管理	…	……	党办
…	21605	Q/××× 245—2017	合理化建议管理	…	……	工会
…	…	……	……	…	……	……
…	…	……	……	…	……	……

注 a）示例体系结构仅分到一个层次十六个类别。电力科研企业编制技术标准体系表时，也可分成多个层次，并根据体系结构与体系代号一一对应且便于归类统计原则，自行设计体系代号。下表中体系代码为对应类别的体系代号加上这个类别所列标准数量的顺序号。

b）不同电力科研企业机构设置可能不同，给出的责任部门会有差异。

c）每个类别只给出部分标准。

第三节 电力企业基础保障管理标准体系结构与内容

一、电力企业基础保障管理标准体系结构图

基础保障管理标准体系是电力企业管理标准体系的重要组成部分，其内容的一部分是为产品实现过程提供直接保障的，诸如设备设施、质量管理、安全和职业健康、环境和能源管理等，另一部分是为企业整体运作提供基础保障的，诸如策划管理、人力资源、财务和审计、行政事务和综合等。这些标准与产品实现标准共同构成企业体系内的标准文件，为企业的有序、健康发展提供着支撑与保障。其结构图如图8-7所示。

二、电力企业基础保障管理标准体系内容

1. 策划管理子体系

策划管理标准包括但不限于战略规划、年度计划的编制、调整、执行等

企业各项规划、计划管理标准。

电力企业基础保障管理标准体系

策划管理 ｜ 标准化管理 ｜ 人力资源管理 ｜ 财务和审计管理 ｜ 采购管理 ｜ 质量、安全和职业健康管理 ｜ 能源和环境管理 ｜ 法务和合同管理 ｜ 知识管理和信息管理 ｜ 行政事务和综合管理 ｜ 党群和企业文化管理

图 8-7 电力企业基础保障管理标准体系结构

（1）战略规划、年度计划制定，包括企业内外部环境分析、战略目标制定、战略规划编制与评审等管理。

（2）战略规划、年度计划实施，包括规划计划分解、落实、执行，战略规划、年度计划实施的监控、评价、调整等管理。

（3）计划管理，包括综合计划和各项专项计划的制定、实施、监控、调整，统计分析、对标等管理。

2. 标准化管理

标准化管理标准包括但不限于标准化工作组织与开展、各类标准化组织与人员的职责、标准制（修）订、标准实施与检查、标准复审、标准化信息、参与各类标准化活动、标准化工作评价和改进、标准化奖励、标准化经济效益与社会效益评价等管理标准。

（1）标准化组织，包括标准化工作组织与开展、企业标准化组织机构设置、部门及人员职责等管理。

（2）标准体系的构建、调整、改进的管理。

（3）标准制（修）订，包括标准制（修）订计划制定、制（修）订流程、标准废止等管理。

（4）标准实施与检查、标准复审，包括标准培训宣贯、标准实施、标准监督检查内容与方式、标准复审周期等管理。

（5）标准化信息，包括标准的搜集、识别、确认、发布、文件控制等管理。

（6）标准化工作评价和改进，包括标准化自我评价内容、组织实施、外部评价、改进提升、标准化经济效益与社会效益评价等管理。

（7）标准化奖励，包括标准化奖励经费来源、使用原则与范围等管理。

3. 人力资源管理

人力资源管理标准包括但不限于劳动组织、劳动关系、绩效、薪酬福利保障、培训和人才开发等管理标准。

（1）劳动组织。包括企业组织机构的设置与优化、人员定岗定编、岗位分析与评价等管理。

（2）劳动关系。包括员工招聘、选拔、录用、建档、调动、离职及退休，中层及以上干部的考察、选拔、聘任、考核及培养，专业技术职务管理、国家注册师管理，员工人事档案、劳动合同、劳动纠纷处理等管理。

（3）绩效。包括员工绩效管理体系的建立、绩效管理指标设计，绩效管理的实施、反馈与改进，绩效评价结果的应用等管理。

（4）薪酬福利保障。包括员工工资核定、发放，薪酬福利制度调整，各项社会保障、劳动保护等管理。

（5）培训和人才开发。包括培训资源的开发和人才队伍建设，员工职业生涯发展规划，员工培训与开发需求分析、培训计划的编制与实施、培训效果评估，教育培训经费的预算及使用等管理。

4. 财务和审计管理

财务和审计管理标准包括但不限于预算、决算、核算、成本、资金、资产、投融资、税务和审计等管理标准。

（1）预算、决算。包括预算编制方法以及财务指标、相关表格的确定，预、决算执行统计、分析、控制和调整方法，财务评价和综合分析、改进等管理。

（2）核算。包括会计核算体系、科目体系、会计信息化体系的建立，月度、季度、年度结账以及财务报告编制的要求，各项核算的要求，会计核算、财务分析等管理。

（3）成本。包括成本费用报销财务处理要求，成本的核算、控制、考核，成本控制的评价、分析、改进等管理。

（4）资金。包括资金收、支管理及审批程序，资金管理方式、措施、重点环节，资金使用的检查、监督和考核等管理。

（5）资产。包括固定资产的购置、登记、使用、折旧、报废、处置，无形资产的使用、摊销、处置，存货的收发、盘点、核算，物资消耗、物资储备等管理。

（6）投融资。包括对内、对外投资程序、决策、项目实施和后评估，企业并购、收购程序、决策、实施和后评估，融资决策、实施、资金使用、风险评估，资金拆借审批、落实、归还、评估等管理。

（7）税务。包括税务筹划、申报、票据，纳税核算规定等管理。

（8）审计。包括企业内部财务审计、管理审计的程序、方法，经营风险识别、控制、评估，内部控制体系的建立、监督检查、缺陷管理、内控评价等管理。

5. 采购管理

采购管理标准包括但不限于采购计划、供应商、招投标、采购验收等管理标准。

（1）采购计划。包括企业设备设施的需求分析、设备配置规定、采购计划制定与评审等管理。

（2）供应商。包括供应商选择，合格供方库的建立、评价、维护等管理。

（3）招投标。包括招投标组织机构、决策程序、方式的规定，招投标计划、实施、监控等管理。

（4）采购验收。包括采购项目验收要求、验收方法等管理。

6. 质量、安全和职业健康管理

质量、安全和职业健康管理标准包括但不限于策划、建立、实施、评价、改进的管理标准。

（1）策划、建立。包括质量、安全和职业健康管理体系的建立，勘测设计产品质量控制要点确定，安全和职业健康风险源评估，质量计划、安全目标制定等管理。

（2）质量实施。包括质量体系和勘测设计生产过程的控制，输入资料、输出成品的质量控制等管理。

（3）安全实施。包括安全监督、安全教育、安全检查、安全技术措施、安全事故处置、纠正和预防措施，勘测设计产品、外业现场、办公场所、交通、消防、信息安全，安全应急预案制定、培训、演练、通报、改进等管理。

（4）职业健康实施。包括工作环境温度、湿度、辐射、噪声等清洁生产要求，员工劳动防护要求，员工职业健康，职业健康应急预案制定、培训、演练、通报、改进等管理。

（5）评价、改进。包括质量、安全和职业健康管理体系的监督检查、自我评价、外部评价、体系改进，勘测设计产品质量分析、安全总结、职业健康分析，质量、安全和职业健康纠正预防措施制定实施、改进等管理。

7. 能源和环境管理

能源和环境管理标准包括但不限于环境监测、污染物排放等环境管理标准，能源计量、能源消耗、能源绩效等能源管理标准，环境应急预案、演练、通报、改进等应急准备和响应管理标准。

（1）环境管理。包括环境因素识别、评价，生产办公环境监测，废弃物、有毒有害物质保管与处置，污染物排放等管理。

（2）能源管理。包括能源计量规定及要求、能源计量器具、监测装置配备，能源消耗、节能技术进步的要求、节约能源、降低消耗的措施，能源综合利用、能源绩效等管理。

（3）环境应急预案。包括应急预案制定、培训、演练、通报、改进等管理。

8. 法务和合同管理

法务和合同管理标准包括但不限于法人授权、章程及出资协议、证照、合规经营、法律纠纷案件等管理标准，合同授权、谈判、起草、审批、执行、保管、纠纷处置、销毁以及合同分类等管理标准。

（1）法务管理。包括法律工作体系建设、法律风险防控、法律顾问履职、法制宣传教育、法人授权、章程及出资协议、证照、合规经营、法律纠纷案件等管理。

（2）合同管理。包括合同授权、谈判、起草、审批、执行、保管、纠纷处置、管控、档案、销毁以及合同分类等管理。

9. 知识管理和信息管理

知识管理和信息管理标准包括但不限于知识鉴别、创造、获取、存储、共享、应用等知识管理标准；信息收集、加工、传递、使用、储存等管理标准；档案收集、鉴定、整理、保管、检索、使用等档案管理标准。

（1）知识鉴别。包括专利、专有技术、软件著作权等知识产权的识别和需求分析管理。

（2）知识创造。包括勘测设计产品和服务方面知识创新的流程和要求，包括专利、专有技术、软件著作权申报等管理。

（3）知识获取。包括内部已有知识的整理积累要求和外部现有知识的获取方法等管理。

（4）知识存储。包括企业知识库的构建方法和对技术工具的要求等管理。

（5）知识共享。包括知识在员工、团队、企业之间交流、传递和转移的途径和方法，以及知识保护的要求等管理。

（6）知识应用。包括知识的应用程序、方法、效果评价等管理。

（7）信息管理。包括信息系统的策划、技术配置，信息系统、信息技术，生产及办公信息化平台建立、运行、维护、升级，信息分类、收集、加工、标识、传递、使用、储存、回收、销毁等管理。

（8）档案管理。包括档案收集、鉴定、分类整理、编号、保管、处置、检索、使用、销毁等管理。

10. 行政事务和综合管理

行政事务和综合管理标准包括但不限于行政、文秘、涉外事务、治安保卫等行政事务管理标准，生产经营管理活动中的创新、储备、积累、推广、应用等管理标准。

（1）行政。包括公务用车、用房、办公用品购置与发放、文明环境、后勤服务等管理。

（2）文秘。包括公共关系处理、印信管理、公函往来与处置、办公会议组织与安排、督办事务等管理。

（3）涉外事务。包括维护稳定、来信来访、涉外风险分析、接待与出访、经济与技术交流等管理。

（4）治安保卫。包括监控、治安、保卫等管理。

（5）管理创新。包括生产经营管理活动中的创新、储备、积累、推广、应用、创新管理的形成、评估等管理。

11. **党群和企业文化管理**

党群和企业文化管理标准包括但不限于党的建设、共青团、工会等管理标准，理念信念、价值观念、诚信建设、社会责任、企业群体意识、职工素质和优良传统、道德意识等精神文化管理标准，各种行为规范、领导体制、沟通协调、礼仪管理、纪律管理等制度文化管理标准；企业形象、企业标识、产品形象、环境建设以及文化传播等物质文化管理标准。

（1）党的建设。包括思想政治工作、党务、党支部、党员、党费等管理。

（2）共青团。包括团青建设，团支部、团员、青年等管理。

（3）工会。包括企务公开、职工代表大会、集体合同、劳动竞赛、文体活动、分工会、工会经费等管理。

（4）企业文化。包括企业愿景、使命、核心价值观的确定，企业标识、标识设计与使用，企业内部沟通、双向交流渠道的建立等管理。

（5）精神文化。包括理念信念、价值观念、诚信建设、社会责任、企业群体意识、职工素质和优良传统、道德意识等管理。

（6）制度文化。包括各项标准、规章、制度要求，各种行为规范、领导体制、沟通协调、礼仪、纪律要求等管理。

（7）物质文化。包括企业形象、企业标识、产品形象、环境建设以及文化传播等管理。

（8）品牌管理。包括企业品牌的策划、设计、推广和保护等管理。

三、电力企业基础保障管理标准体系表示例

【**例8-9**】 某电力施工企业基础保障管理标准明细表见表8-10。

表 8-10 某电力施工企业基础保障管理标准明细表示例（以火电施工为例）

序号	体系类别	标准编号	标准名称	实施日期	代替标准号	责任部门
…	……	……	……	…	……	……
…	规划计划管理	Q/20501—××××	企业发展规划管理办法	…		规划部
…	规划计划管理	Q/20502—××××	月度综合计划管理实施办法	…		规划部
…				…		…
…	标准化管理	Q/20601—××××	标准化工作管理办法	…		规划部
…	人力资源管理	Q/20703—××××	后备干部管理办法	…		人资部
…	人力资源管理	Q/20704—××××	劳动纪律及休假管理办法	…		人资部
…	人力资源管理	Q/20707—××××	教育培训管理办法	…		人资部
…	人力资源管理	Q/20710—××××	月度绩效管理办法	…		人资部
…	……	……	……	…		……
…	财务和审计管理	Q/20802—××××	资金管理办法	…		财务部
…	财务和审计管理	Q/20813—××××	内部审计管理办法	…		审计部
…	……	……	……	…		……
…	质量安全和职业健康管理	Q/20901—××××	质量、安全和职业健康管理规定	…		生产部
…	质量安全和职业健康管理	Q/20905—××××	安全生产工作规定	…		生产部
…	……	……	……	…		……
…	能源和环境管理	Q/21001—××××	环境保护工作规定	…		生产部
…	能源和环境管理	Q/21003—××××	节能管理规定	…		生产部

续表

序号	体系类别	标准编号	标准名称	实施日期	代替标准号	责任部门
...	......	......	......	...	......	......
...	法务和合同管理	Q/21101—××××	法律事务管理办法	...	......	办公室
...	法务和合同管理	Q/21102—××××	合同管理办法	...	......	办公室
...	......	......	......	...	......	......
...	知识管理和信息管理	Q/21102—××××	信息化工作管理办法	...	......	信息中心
...	知识管理和信息管理	Q/21112—××××	档案管理办法	...	......	信息中心
...	......	......	......	...	......	......
...	行政事务和综合管理	Q/21205—××××	公文管理办法	...	......	办公室
...	行政事务和综合管理	Q/21208—××××	车辆及驾驶员管理办法	...	......	办公室
...	行政事务和综合管理	Q/21209—××××	员工宿舍管理规定	...	......	办公室
...	行政事务和综合管理	Q/21211—××××	会议管理办法	...	......	办公室
...	......	......	......	...	......	......
...	党群和企业文化管理	Q/21301—××××	党员领导干部民主生活会管理办法	...	......	党群部
...	党群和企业文化管理	Q/21305—××××	效能监察管理办法	...	......	党群部
...	党群和企业文化管理	Q/21308—××××	团青工作管理办法	...	......	党群部
...	党群和企业文化管理	Q/21309—××××	工会工作条例	...	......	党群部
...	党群和企业文化管理	Q/21310—××××	合理化建议管理办法	...	......	党群部
...	......	......	......	...	......	......

第九章 岗位标准体系

第一节 岗位标准体系概述

一、岗位标准体系原理和特征

岗位标准体系是企业为实现企业管理标准体系有效落地所执行的，将以岗位作业为组成要素的标准化文件按其内在联系形成的科学的有机整体，是企业标准体系的组成部分。

电力企业的所有的生产活动都是利用设备、设施、装置、工器具等通过人的劳动，把一组资源变成期望的产品（供电）。企业所有的技术活动和管理活动都是通过在各岗位上的人实现的。把企业所有的技术活动和管理活动逐项逐一分配到相应的岗位，通过岗位活动（人的劳动）实现企业目标。

企业标准化工作的初期都是围绕所生产的产品质量制定技术标准，当人们认识到企业全方位、全过程质量管理的重要性后，就开始对生产全过程的各个事项、各个环节的管理工作制定管理标准，对岗位人员制定工作标准（岗位标准）。

企业通过岗位标准，解决了"人"在岗位工作或活动中的不确定性，这些不确定性，带来了效率的低下、质量的异常波动以及各种风险隐患。由于不同员工之间的体能、技能、动作速度、熟练程度、经验、劳动效率、注意力、理解力、耐力等方面互有差别，如果没有岗位标准，不同的人，工作的质量不同。同样的工作，不同的人做，结果也将有所不同，这些差别带来的结果就是无法实现一致的期望的结果。即使同一个人，工作（作业）的熟练程度、体能、搬运的重量、动作的幅度等，也会随着时间的变化发生变化，如疲劳程度、注意力、工作环境的变化等，每一次工作（作业）的结果也会存在差异，特别是当工作（作业）环境发生了变化，设备发生了异常，遇到紧急情况、特殊情况时，人的反应以及应对能力也有所不同，这些差异带来的结果就是存在企业所不期望产生的结果，如失误的不良结果，疏忽的不良结果、侥幸心理带来的不良结果等。当设备、环境、方法等均在稳定的情况下，由于工作（作业）者的健康状况、疲劳程度、情绪、责任感、经验、紧张、错觉等因素，同样能影响工作质量，如果没有岗位标准，同样存在不期望结果发生的可能。

岗位标准的制定，实际上是把企业所有的技术标准和管理标准对接到具体岗位的过程。既是对岗位工作标准化的过程，也是把企业技术事项、管理事项与岗位有机结合成一个整体的标准化管理的过程。通过岗位标准，把管理环节中的接口关系、接口条件、接口职责进一步明确，把工作中应实施的技术标准、标准化作业指导书等与相应的岗位挂钩，明确到岗位标准中，以此，把各岗位的工作统一到企业技术标准和管理标准的内容、要求和方法，消除不必要的、不合理的工作程序和内容，构建企业管理的系统性，发挥管理整体性功能。

二、岗位标准与技术标准、管理标准之间的关系

岗位标准保障了与本岗位有关的需要本岗位实施的企业技术标准和管理标准的有效落地，企业技术标准体系中的每一项技术标准和管理标准体系中的每一项管理标准中的节点要求都要对应落实到相应的岗位标准中进行再明确和规定，用岗位标准确保企业技术标准体系和管理标准体系的实施。因此，岗位标准应与企业技术标准、管理标准相协调。

其相互关系与协调性表现在：企业某一个岗位的岗位标准是该企业所有管理标准涉及该岗位应实施的管理要求和技术要求的集合。因此，岗位标准体系应与企业组织机构和岗位定编保持一致，每一个岗位都应制定岗位标准，岗位标准体系应完整、齐全，全面落实企业技术标准体系和管理标准体系。

企业的技术标准体系规定了企业应实施的所有技术标准，企业应对这些技术标准明确规定在什么地方实施或在哪个环节实施或在什么设备上实施、以及由哪个岗位负责实施、什么时间或时机实施、如何实施、谁负责监督检查考核实施的效果等，这些实施要求应通过相应的管理标准进行规定，用管理标准明确管理流程中的哪个技术环节用哪个技术标准控制和由哪个岗位负责，这个技术环节和应执行的技术标准及其相关的管理要求，就要对应明确

到该岗位的岗位标准中。因此，企业的岗位标准体系在技术标准体系和管理标准体系的下一层，岗位标准实施的是企业技术标准体系和管理标准体系中相应的规定，或对其规定的展开和细化，是受技术标准和管理标准制约的下一层标准。所以，制定岗位标准的目的，是保证技术标准和管理标准的有效实施。

岗位标准描述的内容主要包括：岗位的职责、岗位能力要求、工作内容、要求和方法、检查、监督与考核以及相关记录表格等有关的重复性事物概念。因此，岗位标准的内容远远超出了企业通常的"岗位职责"。

三、岗位标准体系的编制

岗位标准体系一般包括决策层岗位标准、管理层岗位标准和操作人员岗位标准三个子体系。岗位标准体系应与企业组织机构和岗位定编保持一致，每一个岗位都应制定岗位标准，岗位标准体系应完整、齐全。三个子体系的数量比例反映了企业特性和管理机构设置情况，其明细表和岗位名称反映了企业岗位设置情况与企业生产特性之间的配套性、科学性和合理性。

岗位标准体系明细表应按决策层岗位标准、管理层岗位标准和操作人员岗位标准顺序排列，决策层岗位标准按照决策层岗位职务序列排列；管理层岗位标准可以按部门、车间、班组排列，也可以按部门中层、车间中层、部门管理人员、车间管理人员、操作人员排列；操作层岗位标准可以按车间、班组排列，也可以按岗位性质排列。无论哪种排列方式均以满足企业方便使用、方便管理为原则。

第二节　电力企业岗位标准体系

一、电力企业岗位标准体系结构图

由于岗位标准是按岗位编制的，因此，一般将岗位分为生产岗位（或操作岗位）和管理岗位（或工作岗位）两类。对前者制定的岗位标准又叫操作层岗位标准，对后者制定的岗位标准又叫管理层岗位标准。

DL/T 485—2018《企业标准体系表编制导则》推荐的岗位标准体系结构

如图 9-1 所示。

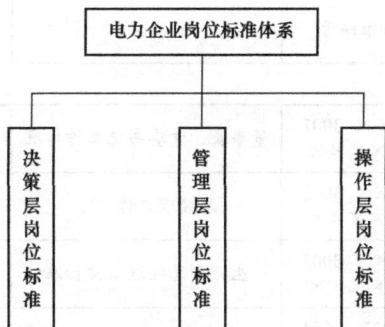

图 9-1　电力企业岗位标准体系结构图

岗位标准由决策层、管理层、操作层三个层面构成。

把管理层分为决策层和管理层，决策层进一步突出了"领导作用"；管理层则起到承上启下作用，这部分人员的岗位标准应突出在实施上级决策，检查下级执行，提出处置办法方面的内容，更加符合管理的层次需要。

决策层岗位可进一步细分为最高决策者和决策层管理副职岗位工作标准。管理层岗位标准可分为中层管理人员和一般管理人员两类标准。操作层岗位标准可分为特殊过程操作人员和一般操作人员两类标准，也可以不分特殊过程操作和一般操作，仅在具体岗位标准中体现。

二、岗位标准体系表编制示例

【**例 9-1**】 DL/T 485—2018《企业标准体系表编制导则》给出了岗位标准体系结构图（见图 9-1）。图中将企业全体人员分为三个层次：决策层、管理层和操作层，这是按照企业现实的组织机构并与此一一对应，在企业建立岗位标准体系时，沿用既有的组织机构来编制岗位标准明细表，是很有必要并应予以支持的。因为这有利于标准的制定、实施、操作和考核。有的单位认为这样分类有悖于标准的要求，其实不然。各种不同企业的组织机构划分，均可顺应该体系结构形式。某电力企业岗位标准明细表示例见表 9-1。

表 9-1　　　　　　　某电力企业岗位标准明细表示例

序号	体系代码	标准编号	标准名称	实施日期		
301　决策层岗位标准						
	30101	Q/×× 3001 —××××	董事长、党委书记工作标准	…	……	……
	30102	Q/×× 3002 —××××	总经理工作标准	…	……	……
	30103	Q/×× 3003 —××××	生产副总经理工作标准	…	……	……
	30104	Q/×× 3004 —××××	经营副总经理工作标准	…	……	……
	…	……	……	…	……	……
302　管理层岗位标准						
	30201	Q/×× 3011 —××××	设备管理部主任岗位标准	…	……	……
	30202	Q/×× 3012 —××××	运行部主任岗位标准	…	……	……
	30203	Q/×× 3013 —××××	燃料部主任岗位标准	…	……	……
	30204	Q/×× 3014 —××××	维护部主任岗位标准	…	……	……
	…	……	……	…	……	……
	30221	Q/×× 3025 —××××	设备管理部汽机主管岗位标准	…	……	……
	30222	Q/×× 3026 —××××	设备管理部电气主管岗位标准	…	……	……
	…	……	……	…	……	……
303　操作层岗位标准						
30301　特殊过程操作人员岗位标准						
	30301	Q/×× 3105 —××××	设备部××班起重岗位标准	…	……	……
	30302	Q/×× 3106 —××××	设备部××班金属试验员岗位标准	…	……	……
	…	……	……	…	……	……

序号	体系代码	标准编号	标准名称	实施日期		
30302　一般操作人员岗位标准						
	30344	Q/×× 3177 —××××	单元长岗位工作标准	...	......	......
	30345	Q/×× 3178 —××××	主操作员（操作员） 岗位工作标准	...	......	......
	30346	Q/×× 3179 —2017	集控巡检员岗位 工作标准	...	......	......
	30347	Q/×× 3160 —××××	化学试验班班员 岗位工作标准	...	......	......
...	......	......	......	...	......	......

第十章　标准明细表

企业标准明细表是构成企业标准体系表的核心内容，列出了企业标准体系的组成标准，包括"序号、标准在体系中的代码、标准编号、标准名称、实施时间、被代替标准号、责任部门、备注"等项目和内容，也可包括编制该项标准的依据文件信息和关联标准信息等。

企业标准明细表列出的标准包括：企业采用的国际标准，需要执行的国家、行业、地方、团体标准，行政主管部门和业务主管部门制定的标准化文件，也包括企业转化国家、行业、地方、团体等制定的和自身制定的企业标准以及通过标准化活动制定的规章制度以及企业其他业务管理体系形成的规范性文件。

企业通过标准明细表可以判定整个标准体系或某个子体系内的标准是否齐全、完整，满足企业需要，是否协调、合理，有无重复，编号方法是否统一、有无重号或漏号，从而可以科学地指导企业标准的制定、修订、复审计划的编制和执行。

本书第二章阐述的标准系统原理和第三章阐述的标准体系结构特性与功能，是企业编制标准明细表的基本原理方法。以此，通过研究和编制标准明细表，将体系内的标准化文件有序排列，研究摸清了标准化文件之间的相互关系和作用，从而为调整、简化、完善、健全企业标准体系提供了基础，真正使企业标准体系实现简化、层次化、组合化、有序化和科学合理化。说明了一个企业如果能有一个"需求明确、结构合理、层次清晰、完整协调"的标准体系表，可以为企业改善工作质量和效率建立和提供非常直观的依据，能让企业的各级管理者和员工很好的掌握自己的企业标准是什么、有哪些，以及各个标准之间的联系，不仅能让企业的各级员工有了一个明确的可以遵循的标准，还能使企业内部的员工方便地了解到同自己相关的其他标准，使员工对自己日常行为规范有据可依、标准有处可查，这对于企业管理者来说，既省去了很多麻烦，也节约了很多时间。同时，无论是对一线操作人员还是技术、经营、管理人员，都有了清晰透明的标准明细表和标准，可以激发和引导他们积极搜索和寻找目前国内外成功企业是否在应用更先进的标准，助推全员不断地参与标准制定和修订，在实施中逐步完善、更新标准中的不足之处，使各级人员在应用和实施标准中适时提升企业标准明细表中各个标准。使每一个员工到各个部门的管理者步入标准化管理轨道，对于提升企业的规范化管理水平、整体管理水平将起到重大作用，通过实现企业全面的标准化管理，助推企业学习和创新。而如何编制好一个能发挥系统功能和作用的"需求明确、结构合理、层次清晰、完整协调"企业标准体系表也就尤为重要和关键。因此，标准明细表是企业标准体系系统功能的一个重要反映。

由于企业标准体系是一个"人造系统"，企业标准明细表也需要人为按照需要和目标进行设计和编制。

一、企业标准明细表编制的基本要求

企业在策划、设计标准明细表时，应充分考虑国家法律法规要求，电力行业生产技术密集、产供销同时完成、高度自动化控制等特征，充分考虑企业生产经营中内外部环境变化、政府要求、顾客需求的日益增长等，同时还要考虑企业的规模、经营区域、发展阶段、组织构架、生产和服务等因素，按照 DL/T 485—2018《电力企业标准体系表编制导则》进行企业标准体系的设计，并遵循"构建—运行—评价—改进"方法周而复始地运作，形成自我驱动的标准体系实施、评价和改进机制，实现企业标准体系的持续改进。

（1）企业应围绕建立企业标准体系的目的调查研究。应深入调查国内外经济、科学、技术发展及管理的发展动态，了解各个业务领域内现行标准及其发展情况；收集国内外主要国家、行业、地方、团体标准以及行政和业务主管部门的相关资料，并进行分析研究，作为编制体系表的基础，为建立的企业标准体系标准齐全有效、体系科学合理和有前瞻性打下结实的基础。

（2）企业应广泛收集企业内外的标准化专业人员和生产、使用、科研及其他人员的意见，尤其要收集掌握全局和总体情况的企业相关人员的意见，对征求的意见进行汇总分析，合理采纳。编制体系表必须避免闭门造车，或者利用其他企业的标准体系表机械地照搬照抄，避免企业标准体系脱离企业生产（服务）、经营、管理实际。

（3）编制企业标准体系表时，应对当前预计到的科学技术、经济、生产及管理活动中，需要协调、统一的各种重复性的事物和概念进行充分研究，确定需要纳入的国际、国家、行业、地方、团体标准，确定需要制定的企业标准，运用系统管理的原理和方法，识别企业生产（服务）、经营、管理全过程中相互关联、相互作用的标准化要素，以便于企业标准体系与企业生产经营管理系统充分融合、相互协调，发挥系统效应，提高企业实现生产（服务）、经营目标的有效性。

（4）各类管理体系文件是企业标准体系的一部分，企业所有的业务管理体系需要形成的规范性文件都应纳入企业标准体系，同一标准化对象只能使用同一标准。编制企业标准体系表应根据企业的特点充分考虑其他业务管理体系的要求；对于各类管理体系的通用要求，可采用整合、兼容和拓展的方式，将相应标准修订后纳入体系；对于各类管理体系的特定要求，可直接将原管理体系的文件纳入企业标准体系或者修订企业标准将体系特定要求修编入标准。

（5）标准明细表中的每一类标准均应有体系代码。体系代码是体现企业标准体系是一个有机整体的重要表现，技术标准、管理标准和岗位标准子体系都有自己的代码，对应到子体系下的每一个标准也有体系代码。企业可以规定自己的"体系代码"编制方法或规则。各子体系"体系代码"的排序次序要合理，标准给定了体系代码，就确定了该标准在体系内的位置及与其他标准的关系，一般不应重复。

（6）企业标准明细表的编制应通过相关职能和层次的人员对体系表内容进行沟通确认，符合本企业生产经营特点，确保体系表中的各项标准都能在企业生产、经营、管理中得到使用，形成适合企业战略规划、生产（服务）、经营、管理需要的企业标准体系表。

（7）标准明细表中列出的文件是企业当前要执行的文件，必须是现行有效的，所以标准明细表中文件的跟踪、查新、更新工作是十分重要的。标准明细表要按照企业标准体系的变化、标准的更新、替代及废止情况，在规定的时间内调整更新。企业可将此项工作明确给责任部门或归口部门，并在标准化工作职责中予以分配和明确。

（8）遵循"策划—实施—检查—处置"的"PDCA"循环管理模式，周而复始地运作企业标准体系，建立自我驱动、完整、协调配合、不断完善的运行机制，切实推进实施企业标准体系，实现企业标准体系表的持续改进，以确保企业标准体系的长期适宜性。

长期以来，电力企业管理已经积累和形成了一套基本完整成熟的管理体系，对于新建、新成立的各类电力企业，也会借鉴和借用同类型电力企业管理模式和制度办法，用于支撑和管理新建扩建企业的生产运营，只是相比标准化管理，表现为零散、繁杂、交叉、不够系统配套和优化等，制约了企业效益、效率和安全质量的进一步提升。因此，电力企业标准明细表的编制，应立足于自身现有管理实际和经验，以实现企业发展目标为根本，围绕企业标准化方针和目标，以满足企业生产（服务）、经营、管理为主线，确定编制企业标准明细表的相应过程，采用"PDCA"过程方法提高企业标准明细表编制水平，提高企业标准体系的完整性、适宜性和有效性，通过科学合理的标准明细表和标准制定实施，夯实管理基础，真正助力企业整体绩效的提升，实现可持续战略发展。

二、企业标准明细表中标准与企业标准体系结构图关系

标准明细表应对应企业标准体系结构图编制。标准明细表中的标准是企业标准体系结构图的细化和内容展示，表中标准的排列应与企业标准体系结构图相对应。纳入体系的国际标准、行业标准、地方标准、团体标准、企业标准以及规章制度要对应企业标准体系结构图，以子体系为单元，有序有规律地排列，做到单元明确、层次清晰、划分准确、方便查找。一项标准只能对应企业标准体系结构图中的一个子体系，不应在标准明细表中的多个子体系中重复出现。

三、企业标准明细表编制过程示例

企业标准明细表编制是企业顶层设计的内容，是企业实施标准化管理的重要组成部分，也是企业获得卓越绩效、实现持续发展的途径。

DL/T 484—2018《电力企业标准体系编制规则》给出了标准明细表的格式，企业可以根据对标准管理和运用的需要自行设计标准明细表的格式，如增加标准的采标信息、标准发布时间、标准的适用领域、标准的适用岗位、

被规范性引用的文件等项目，亦可删除表中企业认为不需要的信息内容。但是，标准明细表的样式是规范性文件管理的内容，一经确定后，应形成文件信息，并予以应用。以下示例 1～4 分别给出了某企业编制企业标准体系表的过程步骤及企业标准体系表样式。

【例 10-1】 以下是某企业编制企业标准体系表的过程步骤。

1. 策划

（1）确定企业相关方的需求。

（2）分析本企业标准化现状。

（3）围绕企业总方针目标将相关方需求、结合标准化现状制定企业标准化方针目标。

2. 企业标准体系结构图

按照 DL/T 485—2018《电力企业标准体系表编制导则》建立企业标准体系结构图，包括企业标准体系结构总图、技术标准体系结构图、管理标准体系结构图和岗位标准体系结构图。

3. 编制企业标准明细表

（1）按岗位编制业务项目清单：按照过程方法，各专业管理人员按照本岗位职责范围梳理确定本岗位业务项目名称，按照业务层级形成业务项目清单，要求下一级业务应是对上一级业务的展开。

（2）按部门编制业务项目清单：部门业务项目清单各部门汇总梳理各专业人员的业务项目，形成部门业务项目清单。

（3）编制全业务项目清单：汇总各部门业务项目清单，形成企业生产经营管理全业务项目清单。

（4）形成管理标准明细表：按照 DL/T 485—2018《电力企业标准体系表编制导则》给出的管理标准体系结构顺序，对各部门业务项目进行归类，按公司统一规定，在第二业务层级上，建立管理标准，形成"管理标准明细表"。

（5）梳理管理流程：对每一管理标准，按照业务管理全过程，梳理管理流程。

（6）识别技术事项形成清单：识别管理流程中的技术事项或技术环节，形成技术事项清单。

（7）编制技术标准明细表：按照 DL/T 485—2018《电力企业标准体系

编制导则》给出的技术标准体系结构和类别顺序，对各技术事项进行归类，确定应执行的技术标准名称（只能对应一项技术标准）；形成"技术标准明细表"。

（8）编制岗位标准明细表：按照企业现有组织架构和岗位设置，确定应编制的岗位标准，同时，根据企业规模和需要，确定是否编制通用岗位标准，形成"岗位标准明细表"，岗位标准的名称应与企业岗位编制的名称保持一致。

4. 编制企业标准体系表编制说明

略。（企业标准体系表编制说明具体内容见第十二章）

【例10-2】 某企业技术标准明细的节选见表10-1。

该企业按照 DL/T 485—2018《电力企业标准体系表编制导则》给出的基本格式编制了技术标准明细表。规定了体系代码的编号规则为"标准类别代号＋子体系号＋二级分类号＋顺序号"。其中体系代码1060102，1为技术标准体系的代号，06是技术标准体系的第 6 个子体系为安全和职业健康标准子体系，01是该子体系内的第 1 类通用标准，02是顺序号即该子体系中第一类里面的第 2 个。GB 26164.1—2010 虽然是强制标准，但标准编号小于GB/T 4200—2008，故顺序号为02。同时，每一子体系内可以是一个标准也可以是多个标准，如体系代码1060401、1060501，均表示该企业在技术标准体系安全和职业健康标准子体系里的分类10604（消防安全）和10605（职业卫生）中只有一个标准。

表 10-1　　　　　　　　技术标准明细表示例（部分）

序号	体系代码	标准编号	标准名称	实施时间	被代替标准号	责任部门
…	…	……	……	…	……	……
	1060101	GB/T 4200 —2008	高温作业分级			
	1060102	GB 26164.1 —2010	电业安全工作规程　第1部分：热力和机械	2011-12-01		安全监察部
	1060103	GB 26860 —2011	电力安全工作规程　发电厂和变电站电气部分	2012-06-01		
	1060104	AQ/T 9006 —2010	企业安全生产标准化基本规范			

序号	体系代码	标准编号	标准名称	实施时间	被代替标准号	责任部门
	1060105	Q/CDT 100056—2015	职业健康保护用品发放规范			
	1060201	GB 8958—2006	缺氧危险作业安全规程	2006-12-01	GB 8958—1988	
...	......	......	......	...	......	......
	1060401	DL 5027—2015	电力设备典型消防规程	2015-09-01	DL 5027—1993	
	1060501	DL 5454—2012	火力发电厂职业卫生设计规程	2012-03-01	DL 5053—1996	
	1060601	DL/T 325—2010	电力行业职业健康监护技术规范	2011-05-01		
...	......	......	......	...	......	......

注 标准为制度形式的，其编号为发文文号。

【例10-3】 某企业管理标准明细表的节选见表10-2。该企业管理标准明细表中包含了纳入管理标准体系的企业规章制度。

表10-2　　　　　　　　管理标准明细表示例（部分）

序号	体系代码	标准编号	标准名称	实施时间	被代替标准号	责任部门
	...	......	......	......	......	......
	2040005	Q/CDT 200012—2015	计量技术监控管理标准	2015-12-01	Q/CDT-IZJKTP 200012—2012	设备部
	2040006	Q/CDT 200022—2015	振动技术监控管理标准	2015-12-01	Q/CDT-IZJKTP 200022—2012	设备部
	2040007	Q/CDT 200023—2015	特种设备技术监控管理标准	2015-12-01	Q/CDT-IZJKTP 200022—2012	设备部
	2040008	×××发电〔2015〕5号	石灰石质量监控管理办法	2015-05-11	×××发电〔2012〕38号	设备部
	...	......	......	...	......	......

【例10-4】 某电力设计企业技术标准明细表格式见表10-3。

该企业参照 DL/T 485—2018《电力企业标准体系表编制导则》给出的基本格式，增加了标准与企业具体业务过程的对照（业务类别和业务名称），其中一级业务名称与 DL/T 485—2018 给出的技术标准体系结构类别一致，二级业务名称是一级业务应包含的各业务过程的名称。该标准明细表更加方便了对技术标准体系的管理和业务人员对应业务过程查找、实施、监督和改进标准体系。

表 10-3　　　　　某电力设计企业技术标准明细表格式示例

序号	体系代码	一级业务名称	二级业务名称	标准编号	标准名称	实施时间	被代替标准号	责任部门
...	...	......	......	......	......	......	......	......
216	1016	设计	变电工程设计	DL/T 5170—2015	变电站岩土工程勘测技术规程	2015 年 9 月 1 日	—	设计中心
...	1017	设计	......	......	......	......	......	......
...	1018	设计	......	......	......	......	......	......
...	...	......	......	......	......	......	......	......
...	1123	测量、检验、试验	电力设备	DL/T 474.4—2006	现场绝缘试验实施导则交流耐压试验	......	......	设备中心
...	1124	测量、检验、试验						
...	1125	测量、检验、试验	......	......			......	
...	...	......	......	......				

第十一章 标准统计表

一、企业标准统计表概述

企业标准统计表是企业标准体系表的组成部分和表现内容之一，统计表是根据明细表列出的标准，以表格的形式分门别类做出归纳和统计。

二、企业标准统计表作用

标准统计表用于对纳入企业标准体系的标准进行分类统计，通过标准统计表清晰地反映出企业标准体系内标准的状况，包括对各子体系内标准的构成、数量及现状的分析，标准统计、分析宜使用信息化手段实现。

三、标准统计表主要内容和要求

统计表由统计项目、统计结果组成。统计项目可按照数据统计和分析的需要设置，如按照标准层级设置、按照标准属性设置；标准数量的统计上可设置现有标准数量和标准应用数量，以及标准水平状况等项目。标准统计表应实施动态管理，要依据标准明细表的变化情况，及时调整更新。标准统计宜按标准类别，进行数量统计。企业应明确标准统计表的管理职责。

四、企业标准统计表示例

标准统计表的格式可依据企业标准统计的目的和需要，设置不同的标准类别和统计项目 DL/T 485—2018《电力企业标准体系编制规则》给出的标准统计表的格式，见表 11-1。

表 11-1　　　　　　　　　标 准 统 计 表

标准类别	企业标准	团体标准	地方标准	行业标准	国家标准	国际标准	合计
总计							

【例 11-1】 某火力发电企业技术标准统计表见表 11-2。

表 11-2　　　　某火力发电企业技术标准统计表示例

类别号	分类	企业标准	团体标准	地方标准	行业标准	国家标准	国际标准	小计
101	设备设施和材料	2	0	2	56	179	4	243
102	运行和维护	27	0	2	29	13	0	71
103	检修	99	0	0	85	76	0	260
104	技术监督	10	0	2	39	4	0	55
105	测量、检验和试验	0	0	0	107	63	0	170
106	质量、营销和服务	1	0	0	1	5	2	9
107	安全和职业健康	44	0	0	25	115	0	184
108	能源和环境	1	0	2	17	34	0	54
109	标准化和信息技术	1	0	0	1	45	0	47
	总计	186	0	8	360	534	6	1093

示例分析：

从示例表 11-2 标准统计表反映的标准数量与实际业务活动、业务与业务之间标准的数量比例关系上看，疑似存在不配套、不协调、不利于落地实施、影响技术标准体系作用发挥的问题。

如根据火力发电企业生产经营特性，"设备设施和材料"类技术标准只是发电企业需要对设备设施选型时执行的技术要求，以及在备品备件及材料采购中需要执行的采购技术要求，而非所采购的设备设施和材料的产品标准，但从统计表反映的数据来看，这类技术标准竟然占到企业标准总数量的 22%，而该企业的核心业务"运行和维护"标准仅占企业标准总数量的 6%。这就需要对企业标准体系中具体标准的构成进行进一步分析和优化。

另外，该企业检修类标准共计 260 项，该类标准的数量比例反映的是检修活动系该企业的核心业务活动，其中 99 项检修活动按企业自定标准执行，其他检修活动按 161 项国家和行业标准执行。在经进一步了解核实企业经营活动范围后发现，该发电企业检修业务全部采用外包的方式，由乙方负责对发电设备检修，企业负责对乙方检修过程和结果实施监理监督和验收，而该企业检修类标准中收录的大量检修工艺标准是由乙方实施的标准，非本企业实施的标准，这与该企业在检修方面的管理标准不协调、不配套。因此企业仅需将本企业实施的对设备检修质量进行监督验收的技术标准纳入企业标准体系，不应将乙方实施的检修技术标准纳入本企业标准体系。从该企业技术标准统计表可以看出，该企业技术标准体系不仅尚有较大的简化、优化空间，同时按照以企业标准为主体的企业标准体系构建总则的要求，该企业自行制定的企业标准占标准总数的 17%，应在简化、优化的同时，通过制定切合本企业实际和需求的企业标准提高自身生产技术控制水平。

第十二章　标准体系表编制说明

企业标准体系表编制说明不仅是企业标准体系表的组成部分，也是企业标准体系的说明。编制体系表是企业标准化工作的一项重要的基础性工作，通过编制说明对标准体系表的编制思路、编制原则、使用方法和实施要求等做出文字说明。

一、企业标准体系表编制说明的作用

企业标准体系表中的编制说明，是企业开展企业标准体系活动的必要说明，是通过文字阐述的方式，说明企业建立的标准体系与 DL/T 485—2018《电力企业标准体系表编制导则》第 4 章"标准体系表编制要求"和"目标明确、全面成套、层次恰当、划分清楚"的体系建设原则的符合性。

二、标准体系表编制说明包括的主要内容

企业标准体系表编制说明是对企业标准体系的说明。DL/T 485—2018《电力企业标准体系表编制导则》第 12 章给出了标准体系表编制说明的内容包括但不限于：编制原则、依据及要达到的目标，企业现状和标准化工作情况分析，体系框架结构说明，与法律法规、强制性标准、上级制定的标准化文件的关系，体系运行和评价改进的建议。

三、标准体系表编制说明表述方法

体系表编制说明通常采用文字段落形式表述，需要时可配图和表。阐述时应注意以下方面。

（一）对企业标准体系表的编制原则、编制依据的说明或解释

企业标准体系表的编制说明应对编制原则和编制依据做出明确的说明。编制说明应围绕目标原则、系统原则、层次原则、协调原则的企业标准体系表编制原则进行阐述。电力企业标准体系表的编制依据通常包括：标准化法、相关法律、法规和相关要求，适用的地方法规、规章的要求；遵循的

159

如电力行业标准 DL/T 485—2018《企业标准体系表编制导则》等相关标准的要求；具有企业技术特色和管理创新的成果，适应企业管理和发展的要求。

（二）企业现状和标准化工作情况分析的编写内容

在阐述企业现状中，要对企业环境进行识别，对企业面临的机遇与挑战进行分析。同时，分析企业标准体系与标准化规划，以及企业战略的相符合情况。在标准化工作情况分析的阐述中，应按照 GB/T 35778—2017《企业标准化工作 指南》的要求，对企业开展标准化工作进行全面的总结和分析。同时，还应包括企业在其他专业管理活动或专业管理体系中取得的成果和经验，以及企业机构设置、职能划分的合理性进行梳理和分析。在此基础上，寻找出企业标准化工作需要进一步完善和持续改进提高的内容。

（三）体系框架结构说明的编写内容

体系框架结构说明要阐明企业方针目标、企业适用的法律法规和指导标准对企业标准体系的指导作用和关系；阐述标准体系的结构、标准体系的组成、子体系的层次划分及包含的要素；要详细介绍技术标准体系、管理标准体系、岗位标准体系内层次的划分依据和划分情况，以及与其他体系交叉、处理和协调配合的情况。以及如何避免多个体系独立并存的不协调和矛盾抵触现象。

在企业体系框架说明中，应对企业标准体系的层次结构进行说明，并对每一层次和每一子体系包含的标准予以说明。需要强调的是，企业标准体系是该企业客观存在的所有标准。一方面它们包括现行有效的各类标准，即企业实施的国家标准、行业标准、团体标准、地方标准和企业标准，必要时，还应包括企业采用的国际标准、国外先进标准等；另一方面为了体现企业标准体系的科学性、指导性，能够有效地指导企业标准化工作，还必须对企业应该实施、但尚未收集或采用的标准以及企业生产经营规划中确定的应该制定和实施的标准等作出说明。

（四）与法律法规、强制性标准、上级制定的标准化文件的关系的编写内容

企业标准体系是在国家法律法规的指导下建立的，法律法规、强制性标准、上级标准化文件的相关规定和要求，应在企业标准体系建设和运行中贯彻实施。企业标准体系表编制说明应对企业标准与法律法规、强制性标准、上级制定的标准化文件的关系加以说明，并将这些文件的贯彻、识别方法予以规定。

（五）体系运行和评价改进建议的编写内容

体系运行和评价改进是企业标准化工作的重要内容。企业标准体系表编制说明中，应按照 GB/T 15273—2017《企业标准化工作 评价与改进》的规定，对企业标准体系有效运行和持续改进等提出要求，内容包括评价原则、机构设置、人员配备、评价方式方法、评价结果的处置与应用等方面。

四、企业标准体系表编制说明示例

示例：某企业《企业标准体系表编制说明》部分内容摘要，仅供参考。

企业标准体系表编制说明（摘要）

为了进一步扎实公司基础管理，提升公司整体素质和核心竞争力，建设技术先进、管理规范、效益领先、队伍一流的电力企业，公司以"规范管理、提高效益、创一流发电企业"为标准化工作方针，以"规范、适用、实用"为核心思想，以标准化工作体系为平台，吸取了国内外先进电厂的管理方式，以"简化、统一、协调"为原则，特制定本标准体系表。

（一）编制依据

GB/T 13016　标准体系表编制原则和要求

GB/T 13017　企业标准体系表编制指南

GB/T 15496　企业标准体系　要求

DL/T 485　电力企业标准体系表编制导则

（二）编制原则

1. 规范性原则：标准体系表编制和标准文件编写按 DL/T 485《企业标准体系表编制导则》的要求进行，确保规范。

2. 统一性原则：标准体系实行顶层设计、上下讨论、统一规划、统一部署、统一标准、统一要求，确保步调一致，协调高效。

3. 完整性原则：标准体系坚持覆盖公司所有技术、管理、工作事项，不重复、不交叉、不留空白。确保凡事有据可查，凡事有章可循，凡事有

人负责，凡事有人监督。

4. 适用性原则：标准体系中包含的标准均现行有效。

5. 可扩展原则：随着公司的发展变化、装备水平的更新升级、管理要求的不断提升，标准体系表能够包容标准的增减与修订。

（三）企业现状和标准化工作情况分析

......

（四）企业标准体系体系框架结构

1. 标准体系总框图中的公司方针、目标，公司贯彻的标准化法律法规和其他要求以及公司适用的上级规章要求，是建立公司标准体系的依据，对公司标准体系起指导作用。

2. 根据实际需要，技术标准体系、管理标准体系、岗位标准体系分别建立各自的结构图。

3. 根据标准、制度的成熟程度，部分规章制度成为了管理标准的补充。

技术标准体系分 9 个子体系：......，并在每个子体系中进行了第二层级的划分。

管理标准体系分 16 个子体系：......，依据业务识别情况，每个子体系分别进行了第二层级业务划分。

岗位标准体系分 3 个部分：（1）决策层岗位标准；（2）管理层岗位标准；（3）操作人员岗位标准。

4. 公司标准明细表是公司所有标准的目录。分别由《技术标准明细表》《管理标准明细表》《岗位标准明细表》组成。

5. 公司标准统计表的统计依据是标准明细表。公司标准统计表随着标准明细表的调整而调整。

（五）与法律法规、强制性标准、上级制定的标准化文件的关系（略）

（六）体系运行和评价改进的建议

略

第十三章 企业标准体系表编制程序

企业标准体系表的编制，是企业标准化活动的重要程序和企业标准化科研的成果体现，也是企业标准化工作的总体蓝图。因此，编制前应掌握标准化的原理和原则，应采用标准化的简化、优化和系列化、超前化等理论编制。虽然各电力企业标准体系表的结构图、明细表内容与形式都会有所不同，但均应以企业战略需求为导向，充分考虑企业内外部环境因素和相关方的需求与期望，以实现企业发展战略为根本目标，结合企业实际而构建。

DL/T 485—2018《电力企业标准体系表编制导则》第 13 章中对编制企业标准体系表的程序做出如下规定：

以企业战略需求为导向，充分考虑企业内外部环境因素和相关方的需求与期望，以实现企业发展战略为根本目标，结合企业实际，构建企业标准体系，编制企业标准体系表，程序如下：

a）开展企业标准体系研究，组织企业标准体系表的编制工作；

b）编制企业标准体系表草案；

c）组织对企业标准体系表征求意见稿进行讨论、审查、协调，完善并形成送审稿；

d）对送审稿进行评审，形成企业标准体系表报批稿；

e）批准发布。

一、编制企业标准体系表的准备工作

（一）组织准备

成立《企业标准体系表》编制工作组，工作组长可由企业决策层领导担任，企业各职能部门负责人和标准化专业人员为成员。也可由企业标准化工作归口部门组织企业标准体系表的编制工作，这种情况一般适用于规模较小、工作难度不大的中小企业。

（二）业务梳理

开展建立企业标准体系的调查研究工作，进行企业的各项业务和相关管理职能的系统梳理和分级，并形成文件化信息。

（三）资料准备

全面收集企业适用的法律法规和相关要求、企业规范性引用的上级标准化文件、企业现行的企业标准和规章制度，以及其他有关的文件。同时，还应进行企业现行文件形式的梳理和确认。

（四）编制计划

确定企业标准体系表编制工作计划，落实各阶段的工作任务、完成时间到部门和岗位。

二、企业标准体系表的编制与发布

各企业应依据本企业的产品（服务）类型，生产经营规模和特点等具体情况，把相关技术要求、产品实现管理和基础保障管理标准、岗位标准三个体系，整合成一个具有本企业特色的企业标准体系结构，绘制标准体系结构图；按照规定格式将纳入体系内的标准进行组合，编制标准明细表和标准统计表；编写标准体系表编制说明，形成企业标准体系表草案。

企业标准体系表草案应广泛征求意见并修改，形成征求意见稿。企业标准体系表征求意见稿应按照企业标准审查的程序进行逐级审查，通过讨论、审查、协调、修改，完善并形成企业标准体系表送审稿，最终经企业标准化委员会主任批准后，以企业规定的发布形式正式发布到全体员工。"企业标准体系表"发布后，应形成有效的文件信息。

三、企业标准体系表的修订与管理

企业标准体系表发布后，应认真地把它作为企业标准化工作的总体蓝图，付诸实施，通过一段时间的实施运行，以验证其正确性和适应性，通过实践验证后，再次修改完善。修改后的企业标准体系表应重新按照企业标准体系表的编制程序，进行逐级讨论、审查、协调、修改，并经企业标准化委员会主任批准后，重新正式发布。

企业标准化工作是动态发展的，要保证体系内文件动态受控管理，尤其在市场经济中，会受到市场的变化，而不断变更标准化工作的内容与要求。纳入到企业标准体系内的标准化文件，每年都有修订和增减。同时。企业的生产经营范围、设备设施、机构和岗位设置也都会发生变化。因此，企业应明确标准体系内文件的跟踪、收集、查新的职责，规定企业标准体系表的更新周期，以保持其先进性和适宜性。

第十四章 标准编写基本要求

第一节 概 述

标准是通过标准化活动，按照规定的程序经协商一致制定，为各种活动或其结果提供规则、指南或特性，供共同使用和重复使用的文件。标准宜以科学、技术和经验的综合成果为基础。标准通过规定的程序编制、审查、批准、发布和实施发挥其重要作用。根据国家《标准化法》规定，我国制定的标准有国家标准、行业标准、地方标准、团体标准以及企业标准。国家鼓励企业制定严于国家标准、行业标准、地方标准的企业标准，企业生产（服务）、经营、管理没有国家、行业、地方、团体标准的制定企业标准。

当前科学技术的发展突飞猛进，生产社会化程度越来越高，生产规模越来越大，技术要求越来越复杂，分工越来越细，生产协作越来越广泛，企业编制和保持企业标准的先进性、科学性、适宜性就显得尤其重要了。企业通过制定和使用标准，确保各项生产（服务）、经营、管理活动有序，在技术、经营、管理上保持高度的统一和协调，以使企业生产运营正常进行；然而如果没有标准，或标准出现偏差，或者有标准但执行不严格，都会使企业蒙受巨大的经济损失，或失去市场竞争力。

一、确定编制目的

企业编制企业标准首先确定标准化对象，根据标准化对象讨论制定标准的目的。根据需要编制标准化对象规定，确定所要制定的标准类型是属于技术标准、管理标准还是岗位标准。标准的类型不同，其主题内容就会不同，标准结构设置、条款表述等也会有所不同。但不论哪个类型的标准，在编制标准前都应该：

（1）根据企业标准体系的需求，企业建立需求评估方法，使需求分析做得充分到位，才能使标准准确及时地反映企业战略需求和生产（服务）、经营、管理需求以及市场竞争需求等。

（2）根据这些需求确定企业需要编制哪些企业标准，如生产（服务）、技术、经营和管理活动所需的技术标准、管理标准和岗位标准；设计、采购、运行、检修、服务等技术标准；企业需要严于国家标准、行业标准或地方标准要求的企业标准等。

（3）掌握编制标准化对象的相关法律法规和强制性要求以及政府相关的规章制度要求，应掌握上级单位的相关要求和规定。

（4）掌握大量相关编制标准对象的知识和相应技术领域的知识以及标准化最基本的概念，了解指导标准编写的相关知识等。

（5）熟练运用标准编写方法和规则。

二、标准间协调

企业标准的协调性是为了达到标准之间的整体协调，也就是企业标准体系内的标准的整体协调，标准是构成体系的文件，各相关标准之间有着密切的联系，标准之间相互协调，相互作用才能发挥标准体系的系统功能，获得良好的系统效应。因此企业在编制标准时，首先要识别法律法规、行政规章适用企业的条款，相关标准的相关条款，然后进行编制。企业技术标准、管理标准、岗位标准都应相互协调，包括但不限于以下几个方面：

（1）企业编制的标准应与法律法规、政府的政策，主管部门的规章制度相协调。

（2）企业编制的标准，应与现行的国家标准、行业标准、地方标准、团体标准相协调。

（3）企业编制的标准，应与上级公司的规定相协调。

（4）企业编制的标准应与企业现行的标准、制度相协调。

（5）企业编制的管理标准要与相关的技术标准相协调，编制的岗位标准应与企业的技术标准、管理标准相协调。

三、标准的先进性

标准的先进性是市场需求的反映，社会的发展、科学技术的进步以及人民生活水平的提高和消费理念的转变，使标准的先进性越来越重要，标准成为促进企业经济效益增长、产品和服务迈向高端水平的前提。电力企业是社会公共事业单位，是确保供电质量和可靠性，促进地方经济高速发展，确保居民生活水平提高的基础性产业。而能提供可靠的电能和保持高质量的电能取决于电力企业执行标准的先进性、适宜性，电力企业的多元化发展也少不了先进标准的支撑。因此电力企业应善于总结电力发展过程中技术、经验，将生产、经营、管理过程中的创新成果、改善结果转化为先进的企业标准。同时应关注电力技术的发展，充分考虑最新技术水平，对最新技术水平进行研究，并对未来技术发展和创新提供框架和余地，避免编制的标准阻碍技术创新和发展，以满足实现战略和市场的需求，提高电力企业的国内国外的市场竞争力，标准全面提升推动产业升级，形成新的竞争优势，标准承担的责任重大并重要。

四、积极采用国际标准

先进、科学的标准为市场需求提供安全、高质量的产品和服务。企业应密切关注电力市场需求，编制的标准要求应满足顾客需求。国际标准反映了国际先进水平，具有技术的先进性、完整性和实用性的特征。采用和推广国际标准是世界上一项重要的技术转让，是一种廉价的技术引进，有利于吸收国外先进的科学技术，也是提高产品质量和技术水平的重要手段，是满足顾客需求抢占市场的有力保障。国际标准是国际贸易的基本要素和共同依据，采用国际标准和国外先进标准有利于消除国际贸易上的技术壁垒，开拓国际市场，扩大产品和服务的国际化业务。通过采用国际标准能及时了解国际上先进的生产技术，有利于企业确定科技攻关方向，有计划、有步骤地改进设计、工艺、检测、服务等手段，建立正常的生产秩序，有目标地进行技术改造、创新和设备更新，促进企业管理水平的提高，确保产品和服务质量的不断提高。编制企业标准积极采用国际标准和国外先进标准，吸收国外先进的技术、生产、经营、管理的方法和指标，有利于电力企业扩大对外经济、技术合作，推动电力企业拓展国际市场。

五、内容清晰完整

制定标准最直接的目标是编制明确无歧义的条文，并且通过标准的实施，发挥标准的应有作用，因此编制的企业标准应主题明确、内容完整、逻辑严谨、结构清晰、易理解、无歧义、便于实施。标准是需要执行的，搁置高阁的标准还不如不要编制，所以标准的可操作性是非常重要的。编制的企业标准一定得让从事这项工作的专业人员看得懂、能理解、无疑问，能按照标准操作，才能起到标准的真正作用。

企业标准的内容是完整有界限的，编制的企业标准所描述的范围所规定的内容应力求完整，在范围内应将所需要的内容在该标准内规定完整，不应只规定一部分内容，而另一部分内容却没有规定，或者规定在其他的标准中，这样破坏了标准的完整性，不利于标准的实施。编制标准一定要明确标准化的对象，界定标准范围的界限，需要什么就规定什么，需要多少就规定多少，并不是越多越好，将不需要的内容加以规定，同样也是不正确的。

标准的条文表述应有很强的逻辑性，用词严禁模棱两可，防止不同的人从不同角度解读，对标准的内容产生不同的理解。每项标准的任何要求应十分准确，要给相应的验证确认提供依据。

六、表述统一

标准的统一性是标准编制表述的最基本的要求，是保证标准能够被使用者无歧义理解的基础。企业标准编制应注意结构、文体、术语的统一，目的是避免由于同样内容不同表述而使标准使用者产生歧义，目前信息技术在标准化领域的使用对标准编制的统一性要求也越来越重要。

结构的统一是指企业编制的标准中的章、条、段、表、图和附录的排列顺序统一，各个标准的结构尽可能相同。

文体的统一是指企业编制的标准类似的条文应由类似的措辞来表达，相同的条文应用相同的措辞来表达。

术语的统一是指企业编制的标准对于同一个概念应使用同一个术语，对于已定义的概念应避免使用同义词。每个选用的术语应尽可能只有唯一的含义。

七、标准格式

电力企业标准编写格式和条文表述可参考 GB/T 1.1—2009《标准化工作

导则 第 1 部分：标准的结构和编写》，或参照 GB/T 1.1—2009 对本企业技术标准、管理标准、岗位标准的编写格式结合本企业实际和需要进行规定，如标准名称、封面、格式、结构顺序、内容、编号规则等。技术标准通常可按前言、范围、规范性引用文件、术语和定义、符号、代号和缩略语、要求（方法、程序）的顺序编写，必要时可增加附录；管理标准通常可按前言、范围、规范性引用文件、职责、管理内容与方法、报告和记录的顺序编写，必要时可增加附录；岗位标准通常可按前言、范围、规范性引用文件、职责、岗位任职资格、工作内容与方法、检查与考核的顺序编写，必要时也可增加附录。

在一个企业内所有的企业标准封面格式应一致，结构应基本一致，按规定的编号规则进行编号。

第二节　技术标准主题内容编写

一、技术标准概述

1. 企业技术标准定义

企业技术标准是对企业标准化领域中需要协调统一的技术事项所制定的标准。是电力企业在生产过程中对重复性的技术事项在一定范围内所做的统一规定，包括勘测、设计、设备与材料、运行、维护、检修、测量、检验、试验、调试、计量检定、技术监督、验收和评价、技术经济、质量和服务、安全和职业健康、能源和环保、标准化和信息等技术标准。

2. 电力企业技术标准的对象

电力企业技术标准的对象十分广泛。凡是在电力生产经营服务等全过程中，具有多次重复使用特性和具有多样性以及相关性特征，需要协调统一的技术事项（包括作业事项），都可以成为技术标准的对象。如设备选型、运行、维护、检修、技术监督、测量、检验、试验等技术事项。

电力企业是技术密集型企业，发供用同时进行，每一个细小环节、局部作业活动都可能会影响电力系统的安全稳定，这也使电力企业技术标准更加重要。因此电力企业的技术事项往往按专业划分，并实施系统管理。如：运行技术事项，包括电力调度、电网运行与监控、继电保护、调度自动化等；技术监督事项，包括电能质量监督、绝缘监督、电测监督、保护与控制系统监督、自动化监督、信息通信监督、节能监督、环保监督、化学监督、热工监督、金属监督、水工监督、汽（水）轮机监督等。

二、技术标准主体内容编制原则

（1）应规定需要遵守的准则和达到的技术要求以及采取的技术措施，技术标准条文应考虑消除危险、降低风险、防止污染、保护环境等要求。

（2）定性和定量应准确，并应有充分的依据。企业制定技术标准的目的十分明确、就是要对相关技术事项做出明确无误的规定，技术标准的条款应明确而无歧义，在技术标准范围所规定的界限内按照使用需要力求内容完整。所规定的要求要充分考虑技术的先进性。内容和表述能被未参加技术标准编制的专业人员所理解。

（3）纳入标准的技术内容，应成熟且行之有效。制定技术标准是为了应用并能在实际应用中产生效益。因此，制定标准时一定要从企业的客观实际需要出发、使标准既切实可行，又先进适用。

（4）标准条文应协调，相关的标准内容之间不得相互抵触。为了达到所有技术标准整体协调的目的，每项技术标准都应遵照现行基础标准中的有关条款，特别是涉及标准化术语，量、单位及其符号，缩略语，参考文献，技术制图和图形符号等方面时。对于特定技术领域，还应考虑涉及极限值、配合、测量的不确定度、统计方法、环境条件和有关试验、安全等内容的相关技术标准中的有关条款。

在单项或系列技术标准内，结构、文体和术语均应保持一致。系列技术标准的结构及其章、条的编写应尽可能相同。类似的条款应使用类似的措辞来表述，相同的条款应使用相同的措辞来表述。特别是，应使用相同的术语表述某一给定概念，对于已给定的概念应避免使用同义词，每个选用的术语应尽可能只有唯一的含义。

（5）对过程进行时序、顺序规定时，其要求的方法、步骤、时限等应明确表达。

（6）不得引用企业管理标准和岗位标准。

三、技术标准主题内容编写方法

技术标准主题内容是技术标准所要规定的实质性内容，也是技术标准的主体。技术标准不仅内容要体现符合政策、经济合理、技术先进等要求，主题内容的表述也要尽量规范化，表达形式要力求结构清晰、内容完整、逻辑严谨，尽可能简单、明了、准确、易理解、无歧义。宜用文字的用文字，宜用图、表的用图、表。文字表述有利于准确、严密，图、表方法有利于简短、直观。不给使用者在理解上造成困难，便于实施。应根据不同的技术内容，区别选择恰当的表述形式。

（一）术语和定义的起草与表述

术语标准化时，可以制定单独的术语标准，如词汇、术语集或多语种术语对照表，也可以在其他技术标准中编制"术语和定义"一章。

首先，选择需要定义的概念。技术标准中需要采用的任何术语只要在不同语境中有不同解释，或不是一看就懂的，就应该通过定义有关概念予以明确。在其他技术标准中只定义该项技术标准中所使用的概念，以及帮助理解这些定义的附加概念及其术语。

其次，在对某个概念建立有关术语和定义时，要注意避免重复和矛盾，为此，先要查明在其他技术标准中该概念是否已有术语和定义。

术语的定义中要包括一切必要且充分的要素，使所表述的概念既易于理解，又界限分明。

定义用于阐述概念而不包含任何要求，也不采用要求的形式。

（二）要求的起草

企业各类技术标准中"要求"这一部分内容的差异最大，必须根据各类技术标准的特征及其制定目的合理的选择必要的内容。

（1）技术要求应量化并能够被证。无论制定技术标准的目的如何，最终列入技术标准中的只是那些能够被证实的技术要求。如果没有一种试验方法能在较短时间内证实技术活动的结果是否符合目的要求，则不应规定这些要求。要求应使用明确的数值并附带公差，或者指出最大最小值来表示。规范性要求的数值应与只供参考的数值明确区分。技术标准中不应使用诸如"足够坚固"或"应有足够强度"之类的语句来表述要求。对于某些用途，有必要规定极限值，如最大值和（或）最小值。通常对每个特性只规定一个极限值。但有多个广泛使用的类型或等级时，则需要规定多个极限值。

（2）技术要求应避免重复。对一项技术活动结果的任何要求只应在一项技术标准中规定。在某些专业领域，可能最好是用一项技术标准规定适用于这一专业领域对技术活动结果的通用要求。如果需要借用其他技术标准中的某项要求，应采用引用方式而不必重复其内容。

（三）抽样、试验方法和检验条文的起草

企业技术标准编制中，抽样、试验方法和检验可以作为技术标准中单独的章、技术标准的单独部分或单独的技术标准出现，但应注意的是在企业生产技术活动中它们是相互联系的要素，应统筹考虑。

（1）需要标准化的试验方法。需要标准化的试验方法是与技术要求有关的方法。这些技术要求或是技术标准、技术规范、技术法规的规定，或是由供方确定的特性值，或是与电力企业生产过程和电力产品（如电能及其可靠性、汽、水等）质量有直接关系。如果技术标准规定的试验方法涉及使用危险的物品、仪器或过程，则该项标准中应包括一般警示用语和特殊警示用语。如果各项试验间的次序可能会影响试验结果，则在技术标准中还需规定各项试验间的先后次序。

对于一个特性如果存在多种适用的试验方法，原则上在企业技术标准中只能列入一种试验方法。如果因为某种理由在技术标准中需要列出几种方法时，则应指明何种情况下采用何种对应的试验方法。技术标准中所选试验方法的准确度应能对所要评定的特性值是否处在规定的公差范围内做出明确判定。当考虑技术需要时，对每项试验方法都应列出其相应的准确度范围。

因此，对企业技术标准中列入的各项试验方法并不意味着有实施这些试验的义务，而只是陈述了评定方法。当在同一项或其他技术标准中，或在法规中，或在合同文件中有要求和被提及时，才予以实施。技术标准中不能以正在使用的试验方法为由来拒绝使用更为普遍接受的方法。

（2）对检验的标准化规定。技术标准中要根据电力企业生产特点和产品特点选择一类或多类检验。根据选定的检验类别，分别确定需要检验的项目（如电压合格率、供电可靠性、客户满意度等）。并根据需要规定不同类型的抽样方案。具体方案需要根据有关的要素来确定，例如考虑抽样方案类型、检查水平、合格质量水平、不合格分类等。

（四）对运输和储存的规定

对备品备件、设备、装置、材料等运输有特殊要求时，需规定运输要求。

必要时，可规定设备、设施、备品备件的储存要求，如精密仪器，特别是对有毒、易腐、易燃、易爆等危险物品应规定相应的特殊要求。

（五）安全内容的起草

保障电力生产和供应过程中的安全是电力企业制定技术标准的最重要目的之一。电力企业是一个高危企业，生产过程复杂、技术要求严格，因此要按照"电力生产安全第一"的方针，优先考虑安全问题。

标准编制中，要通过把风险降低到可容许的程度来达到安全的要求。要通过寻求一种绝对安全的理想状态与企业、电力客户、社会、适用性、成本效益等因素之间的最佳平衡来判定可容许风险。

企业技术标准中（包括各类现场作业指导书）应包括尽可能消除危险或在消除不了时降低风险的重要要求。这些要求应当作为防护措施进行规定，而且能验证。规定防护措施的要求时应使用准确、清楚和易于理解的语言，并在技术上保持正确性。同时，应清楚完整地规定为验证是否满足要求而采用的方法。

技术标准中应规定生产过程中或服务相关的人员（例如运行操作人员、施工安装人员、检修人员、试验人员等）安全使用所需的全部信息。

应对需要的警示进行规定，警示应醒目、清晰、耐久和易于理解，使用规范汉字，简洁和无歧义。

（六）环境内容的起草

电力生产过程和电能使用都会对环境带来影响。制定技术标准过程中要合理考虑环境影响的关系，要考虑采用防止污染、保护资源和其他减少不利环境影响的方法，还要考虑与其他因素的平衡，如生产过程中技术要求、安全性与健康性、成本、质量，更要考虑符合法律法规要求。由于技术创新较快，因此，当用新知识能显著减少不利环境影响时，应考虑对标准进行复审。

对于生产过程中规定的所使用的材料（如绝缘油、六氟化硫气体、酸、苯、油漆等），则应考虑使用规定材料产生的环境影响，包括废弃物。

企业技术标准中，涉及环境的环节、活动等，要能使正在枯竭的资源（如煤、水、油、气等）消耗的越少越好，采纳包括减少排放源、采用替代材料、生产过程中的循环使用、重新使用、再循环和用于减少公害和（或）排放量的污染预防处理方法，以及包括材料选择、材料和能源效率、重新使用、维修性等相关因素的环境设计技术。

四、作业指导书编写

作业指导书是作业的指导者对作业者进行标准作业的正确指导的基准。是按照作业的顺序，向作业者对每个作业内容及作业安全、工作质量的要点进行明示。是指导保证现场技术活动的最基础的文件和为开展纯技术性质量活动提供指导。通过作业指导书的编制和实施，实现如果作业者按照指导书进行作业，一定能准确、快速、安全地完成作业的目标。

作业指导书编写基本方法：

（1）以作业项目为单元编制。

（2）调查和绘制作业流程图。

（3）按照作业环节和内容收集相关技术标准和规定，识别各作业步骤中应执行的条款、内容和要求，提取并对接到相应的作业步骤中表述。

（4）充分吸收现场作业经验，采用和吸收现场作业中成熟有效的技术创新成果。

（5）作业步骤宜有表、单（卡）和记录。

（6）任何作业指导书都须用不同的方式表达出：

——What：此项作业的名称及内容是什么。

——Why：此项作业的目的是干什么。

——Where：即在哪里使用此作业指导书。

——Who：什么样的人使用该作业指导书。

——When：何时做。

——How：如何按步骤完成作业。

——"最好，最实际"原则。

——最科学、最有效的方法。

——良好的可操作性和良好的综合效果。

（一）作业指导书内容应体现对上级技术标准的落实

作业指导书是落实和实施上级技术标准和技术要求的直接体现。编制作业指导书前，应全面收集与该项作业有关的上级技术要求，包括需要标准化的试验方法等，辨识和梳理作业过程中应执行的条款、内容和要求，并将这些对接到相应的作业步骤中，在作业步骤中表述直接执行的国家标准、行业标准、团体标准、上级机构技术要求的章节号和具体内容，宜在前言中列出作业全过程引用和实施的国家标准、行业标准、团体标准、上级机构技术要求的名称和编号。使使用者和操作者清晰地了解和掌握作业过程中应实施的国家标准、行业标准、团体标准、上级机构技术要求有哪些。

（二）应步骤化分解和表述作业动作和要求

作业指导书的目的，是让作业者按照指导书给出的程序步骤，一步一步操作，就能准确、快速、安全地完成作业项目，因此，作业指导书的编写应按照作业步骤一步一步表述作业的过程和具体方法。

（1）应在进入现场前的作业准备环节，列出作业全过程需要使用的工器具清单。在具体作业步骤体现使用的工器具，并与准备环节的工器具清单对应一致。在作业终结的章节对准备环节列出的工器具进行清点。

（2）应清晰准确表述如何按步骤完成作业，将作业过程中可能导致和影响安全、质量的每一项活动、内容、环节、动作进行步骤化分解，按作业时序、顺序表述和规定每一个分解步骤及其作业条件等的要求，包括安全、质量、环境等全部技术要求。应充分吸收现场作业经验，考虑新设备、新技术的应用，采用和吸收职工技术创新成果，体现文明作业和作业效率。

【例 14-1】

a）撤除……。

b）拆除电流线：取下电流钳子并避免碰触其他接线，防止造成电流互感器开路。

c）拆除电压线：右手取下电压夹子放在左手中握住，防止误碰造成短路或失去保护，然后取下 N（B）相电压夹子。

d）关闭电能表校验仪……。

e）……

【例 14-2 】

……对断路器气室进行抽真空、当真空度达到 133Pa 以下时停止抽真空。

（3）应在具体作业步骤环节，表述该步骤所存在的风险及对风险采取的控制措施和要求，宜在前言中给出作业全过程存在的危险点总数，以提示作业者。

示例：

前言部分的表述：

本作业过程中可预见的危险点共××个。

作业步骤中的表述：

……对被试变压器各侧逐相充分放电，放电时间不少于 5min，试验充放电时，严禁触碰变压器引线端子，试验引线严禁打开、移动，防止触电（此处为第 3 危险点及预控措施）。

（三）应明确具体作业环节中填写的表单记录

全部作业步骤应有表单（卡）和记录跟进和管控，证实作业活动全过程满足要求。作业记录应符合以下要求：

（1）应在具体的作业步骤中表述该步骤应记录的信息和使用的记录表格。

【例 14-3 】

……SF_6 气体充气至额定压力进行检漏，全面确认无漏点，并将环境温度填入《×××设备 SF_6 检漏报告单》中。

（2）宜在作业指导书最后一个章节列出作业全过程形成的记录的名称。

【例 14-4 】

完成本作业指导书形成的记录和报告如下：

1）……

2）……

3）……

（3）宜在附录中给出有规范性要求的记录格式。

（四）条款表述应准确无歧义

（1）作业环节中的准则性要求，应在作业过程的步骤中以"要求"的条款表述，例如使用助动词"应、不应"表述。

【例 14-5】

工作实施前应确定天气晴好，风力 3 级以下，无飞扬的灰尘，附近无土建施工，湿度在 80%以下。

【例 14-6】

使用隐蔽部位可视系统、圆镜及手电筒观察，仪器不应接触绝缘子。

（2）作业中应达到的"标准"要求应量化和能被证实，包含下述内容：

——特性值；

——极限值；

——直接规定试验方法。

【例 14-7】

电流三相平衡，正序满足 A、B、C 三相顺时针夹角 120°，电压二次值为 57.7V。

【例 14-8】

现场交流耐压试验应为出厂试验时施加电压的 80%。

（3）作业活动应达到的"标准"要求应采用量化的数值表述，不应仅使用定性的表达，例如不应使用"足够坚硬""适当的强度""恰当的位置""变色严重"等。

【例 14-9】

正确：——应有专人监护，应与带电部位保持至少 1.5m 以上安全距离。

——1.6MVA 及以下变压器，各相绕组相互间的差别不大于 4%……

——与以前相同部位测得值比较，变化不应大于 ±2%……

不正确：——熔丝配合要适当，防止越级熔断总电源熔丝。

——试验中所有试验人员应与带电部位保持足够的安全距离。

（4）不应包含有关组织、指挥、监督和协调等职能管理活动内容的表述，如不应包含以企业组织机构中的岗位名称规定作业活动的职责或分工、按组织机构中的岗位名称规定信息传递、工作计划制定、执行、监督检查、改进、奖惩等内容的表述。

（5）不应引用或纳入有关管理类文件和内容，如管理制度、管理标准、管理文件、岗位标准及其章节和内容。

（6）表达应明确和定量，不应使用笼统、原则和活动特性不确定的表达，例如不应使用"加强风险点监视"或"认真观察数据变化"等语句。

（7）说明性、解释性、常识性的内容不应作为条款。

【例 14-10】

不正确：测试极间绝缘电阻能有效地发现其绝缘整体受潮、脏污、贯穿性缺陷，以及绝缘击穿和严重过热老化等缺陷。

五、技术标准编写示例

（一）技术标准主题内容要素编写示例

【例 14-11】　火力发电技术标准主题内容要素编写

汽轮机首次冷态启动步骤：

a）汽轮机冲转，盘车装置正常脱开。

b）汽轮机冲转至 600r/min，手动按脱扣进行摩擦检查，确认通流部分、轴封内部及发电机内部无摩擦，各轴承回油正常后，方可升速。升速数值按启动曲线要求选择，一般升速速值为 100r/min。并确认在启动过程中顶轴油系统停运。

c）汽轮机暖机转速按制造厂提供的汽轮机转速保持曲线及实际轴承振动情况进行控制。

d）……

【例 14-12】　水力发电技术标准主题内容要素编写

水轮机的检查和维护：

a）水导轴承油槽油色、油位合格，油槽无漏油、甩油，外壳无异常过热现象，冷却水压指示正常；

b）水轮机室的接力器无抽动、无漏油，回复机构传动钢丝绳无松动和发卡现象，机构工作正常；

c）检查漏油装置油泵和电动机工作正常，漏油泵在自动状态，漏油箱油位在正常范围内，控制浮子及信号完好；

d）……

【例 14-13】　电力设计技术标准主题内容编写示例

变电站围墙、围栏和主入口的设计要求：

a）变电站围墙类型应根据站址位置、城市规划和环境要求等因素综合确定；

b）变电站宜采用不低于2.3m高的实体围墙，在填方区可适当降低围墙高度，城市变电站或对站区环境有要求的变电站可采用花格围墙或其他装饰性围墙；

c）站区围墙应根据节约用地和便于安全保卫的原则力求规整，地形复杂或山区变电站的站区围墙应结合地形布置；

d）……

【例14-14】 电力施工技术标准主题内容编写示例

接地工程的施工要求：

a）接地体的规格、埋深应符合设计规定。

b）接地装置应按设计图形埋设，受地质地形条件限制时可作局部修改，原设计图形为环形者仍应为环形。但不论修改与否均应在施工质量验收记录中绘制接地装置敷设简图并标示相对位置和尺寸。

c）埋设水平接地体宜满足下列规定：

1）遇倾斜地形宜沿等高线埋设；

2）两接地体间的平行距离不应小于5m；

3）接地体敷设应平直；

4）对无法满足上述要求的特殊地形，应与设计部门协商解决；

5）……

【例14-15】 电力运行技术标准主题内容编写示例

电网电压质量控制要求：

a）500kV及以上母线正常运行方式时，最高运行电压不得超过系统额定电压的+10%；最低运行电压不应影响系统同步稳定、电压稳定的正常使用及下一级电压的调节；500kV及以上变电站的中压侧母线正常运行方式时，电压允许偏差为系统额定电压的0%～+10%；事故运行方式时为系统额定电压的-5%～+10%。

b）35kV～220kV母线正常运行方式时，电压允许偏差为系统额定电压的-3%～+7%；事故运行方式时为系统额定电压的±10%。

c）带地区供电负荷的变电站和发电厂（直属）的10（6）kV母线正常运行方式下的电压允许偏差为系统额定电压的0%～+7%。

d）……

【**例 14-16**】 电力检修技术标准主题内容编写示例

高压真空断路器的检修项目与质量：

……

d）检修调整操作机构：

1）各部件应无变形、磨损现象；弹簧无锈蚀、裂纹、断裂及弹力不足等不良情况；连接传动件的轴孔配合良好，转动灵活且均加上润滑油（脂）。

2）分、合闸线圈铜套应清洁无油污、无变形现象，分、合闸线圈电磁铁的铁芯动作灵活无卡涩现象。

3）分、合闸铁芯推（拉）杆的伸出长度及分合闸限位螺钉等应调整正确，符合制造厂规定。

4）……

e）检修辅助开关、微动开关和二次回路：

1）辅助开关和微动开关弹簧无修饰、断裂及弹力不足等现象，接点无污垢，无严重烧伤，接触良好可靠。

2）辅助开关和微动开关应能可靠切换电路，转动灵活，无卡阻现象。

3）二次回路接线螺钉应紧固无氧化、锈蚀。

4）……

（二）技术标准结构与内容编排示例

【**例 14-17**】 某供电企业技术标准《110（66）kV～500kV 油浸式变压器大修技术要求》

110（66）kV～500kV 油浸式变压器大修技术要求

1 范围

本标准规定了油浸式变压器大修内容及质量要求、变压器本体检修关键工序质量控制、试验项目及要求、检修报告的编写等内容。

本标准适用于×××公司 110（66）kV～500kV 油浸式变压器的大修。35kV 油浸式变压器可参照执行。

2 规范性引用文件

下列文件对于本文件的应用是必不可少的。凡是注日期的引用文件，仅注日期的版本适用于本文件。凡是不注日期的引用文件，其最新版本（包括所有的修改单）适用于本文件。

    GB/T 7595—2017　运行中变压器油质量

    GB/T 14542—2017　变压器油维护管理导则

    DL/T 573—2010　电力变压器检修导则

    ……

3　术语和定义

    下列术语和定义适用于本文件。

3.1

    变压器大修

    在停电状态下对变压器本体排油、吊罩（吊芯）或进入油箱内部进行检修及对主要组、部件进行解体检修的工作。

    [DL/T 573—2010，定义 3.1]

    ……

4　大修内容及质量要求

4.1　器身

4.1.1　绕组

    目测检查绕组相间隔板和围屏有无破损、变色、变形、放电痕迹：

    a）围屏应清洁，无破损、无变形、无发热和树枝状放电痕迹，绑扎紧固完整，分接引线出口处封闭良好；

    b）围屏的起头应放在绕组的垫块上，接头处应错开搭接，并防止油道堵塞；

    c）检查支撑围屏的长垫块应无爬电痕迹，若长垫块处在中部高场强区时，应尽可能割短，相间距离最小处的辐向垫块 2 个～4 个；

    d）相间隔板应完整并固定牢固；

    e）静电屏应清洁完整，无破损、无变形、无发热和树枝状放电痕迹，对地绝缘良好，接地可靠；

    f）若发现异常应打开围屏作进一步检查。

    ……

5　变压器本体大修关键工序质量控制

    ……

5.6　注油

5.6.1　应根据地区最低温度，按照 GB/T 7595—2008 选用不同牌号的变压器油。检修后注入变压器内的变压器油，其质量应符合 GB/T 7595—2017 中 3.3 的要求。

5.6.2　补充不同牌号的变压器油时，应按 GB/T 14542—2017 第 7 章的规定进行混油试验，试验满足其要求后方可使用。

5.6.3　110kV 及以上的变压器应采用真空注油。具备带储油柜真空注油条件的应带储油柜真空注油，但应将储油柜本身与胶囊袋、隔膜和有载分接开关的储油柜连通的隔离阀打开，或用临时联管进行连接后同时抽真空，以免将胶囊袋、隔膜和有载分接开关的绝缘筒损坏。在有载分接开关与本体之间最大压差不超过 0.1MPa，即主体抽真空时，开关内不能注油，主体真空注油结束后，有载开关注油时，不能对开关抽真空，以防止叠加压力大于 0.1MPa。

5.6.4　对 220kV 及以上电压等级变压器，真空注油时，变压器进油口油温应在 40℃以上。

　　……

5.6.10　安装完毕后在储油柜内应进行 0.05MPa 时间 12h 的密封试验，变压器各部位应无渗漏现象。

　　……

6　大修试验项目及要求

6.1　大修前的试验项目及要求

　　……

6.2　大修中的试验项目及要求

6.2.1　大修中的试验项目

　　检修过程中应配合吊罩（或器身）检查，进行有关的试验项目：

　　a）测量变压器铁芯对夹件、穿心螺栓（或拉带），铁芯下夹件对下油箱的绝缘电阻，磁屏蔽对油箱的绝缘电阻；

　　b）必要时作套管电流互感器的特性试验；

　　c）有载分接开关的测量与试验；

　　d）非电量保护装置的校验；

　　e）单独对套管及套管绝缘油进行额定电压下的 tanδ、局部放电和耐压试验（必要时）。

6.2.2 试验标准及要求

......

7 检修报告的编写

......

7.2 报告主要内容

内容应包括变电站名称，被检变压器的设备运行编号、产品型号、制造厂、出厂时间、投运时间、历次检修经历、本次检修地点、检修原因、主要内容、检修时段、检修工时及费用情况、完成情况综述（包括增补内容及遗留内容，验收人员，验收时间及验收意见，检修后的设备及工程质量评价，以及对今后运行所作的限制或应注意事项等）。最后还应注明报告的编写、审核及批准人员。

第三节 管理标准主题内容编写

一、管理标准概述

企业管理标准是对企业标准化领域中，需要协调统一的管理事项所制定的标准。它的对象是管理事项，概括为一个字，即"事"。这些需要协调统一的"管理事项"，主要是指"为实现企业生产经营管理职能有关的重复性管理事项"。它为合理地组织生产，正确行使生产、经营、管理中计划、实施、监督、指挥、控制等管理职能而制定的准则。同时，企业管理标准也是岗位标准的依据之一。

DL/T 485—2018《电力企业标准体系表编制导则》第 8 章分别列出了电力设计、施工、发电、供电、科研等典型企业在管理活动中所涉及的主要管理事项，这些管理事项也是管理活动或管理过程中管理技术活动或管理业务过程，其需要规定的途径就是管理标准的对象。

按照标准化对象的管理领域来划分，电力企业的管理标准分为产品实现管理标准和基础保障管理标准。

按照管理系统中的作用来划分，管理标准可分为技术管理标准、生产管理标准、经营管理标准、行政管理标准。

　　"标准"是"重复使用"和"长期使用"的"规范性文件"。对于在实践中，不稳定的管理事项和不成熟的管理活动，均不宜编制管理标准。同时，对已应用企业管理制度的形式实施有效管理的管理事项，也不能重复编制管理标准。不能出现管理标准与规章制度并存的现象。

二、企业管理标准的编制原则

　　企业管理标准的制定，应符合企业管理职能的分配，并覆盖管理活动的全过程，这是保持企业管理标准稳定性、完整性的基本原则。企业管理标准是为了实现企业生产经营管理职能，针对技术要求而制定的，只要企业存在，就一定有企业产品实现过程的管理职能和基础保障的管理职能。而企业的管理机构是依据企业的外部市场环境需要和相关方需求，以及企业内部的产品、设备、人员等状况设立的，并不断变更与调整，以适应企业内外部的变化。因此，为了保持企业管理标准的稳定性和适用性，并持久有效地实施，就必须坚持以一个完整的管理活动的全部过程为内容编制管理标准，而不能以标准编写部门所承担的职能来编制。管理标准的内容应包含完整的业务管理过程，按管理活动开展的步骤，对管理内容、方法、流程等全过程进行表达，并明确管理过程中的管理接口和相互关系。同时，管理标准应贯彻 PDCA 的理念，准确表达出管理活动的策划、执行、检查和处置等全部过程。

　　编制企业管理标准时，应依据现行有效的法律、法规、条例，以及上级标准和制度的有关规定，并吸收国内外先进的管理理论和经验，结合企业的实际而编制。要确保技术标准的实施和管理标准之间的相互协调，有利于促进企业科学进步和管理创新，改善企业经营管理，提高经济效益、社会效益、生态效益。内容上，首先要明确需要统一的管理事项范围，并根据范围确定管理事项的参与部门、确定管理事项的工作顺序，明确在管理事项中应执行的技术标准，规范管理事项的具体内容，以确保管理目标的实现。格式上，应从标准结构、章节样式、编写规则方面进行统一规范，以符合标准形式要求。

三、管理标准主题内容的编写

　　DL/T 800—2018《电力企业标准编写导则》，明确规定了电力企业管理标准的编制要求，以及主题内容的编写方法。

（一）职责的编写

职责是管理标准区别于技术标准的要素，也可以理解为管理职责。管理标准中应明确实施此项管理活动的决策层、责任部门和协作部门的职责，其中包括该项标准贯彻实施监督检查的部门和职责。一项管理活动只能有一个责任部门，协作部门可以有多个。职责条款的编写，一般采用"负责+过程或接口事项的主题名称"的句式表述，如"负责经济技术分析报告的审核"等。部门名称应使用规范的全称。职责描述不能繁长，不应包括具体的工作内容和要求，如不应表述为"负责对经济技术分析报告内容的全面性、系统性，问题的分析、措施的具体可行性等内容进行审核"等。

职责一章中列出的职责内容，在"管理活动和方法"一章中应有对应的条款内容。管理过程中涉及的部门应在"职责"一章中体现其职责。

（二）管理活动内容、方法和要求的编写

管理活动的内容、方法和要求是管理标准编写的核心，也是管理标准主题要素的展现，应根据管理活动的内容和特点，采用一章或多章的表述方式来编制。按照管理活动开展的时序和业务流程，依次对管理活动的策划、执行、检查和处置等全过程的内容和方法进行表述。DL/T 800—2018《电力企业标准编写导则》，对管理活动内容、方法和要求的编写作出的规定如下：

——详细规定该管理活动所涉及的全部内容和应达到的要求，采取的措施和方法应与管理职责相对应；

——列出开展活动的输入环节、转换的各环节和输出环节的内容。包括物资、人员、信息和环境等方面应具备的条件，以及与其他活动接口的协调措施；

——明确每个过程中各项工作由谁干、干什么、干到什么程度、何时干、何地干、怎么干以及为达到要求如何进行控制，并注明需要注意的例外或特殊情况；必要时可辅以程序或流程图，流程描述与管理内容描述一致；

——管理要求宜量化，不能量化的要求应用可比较的特性表述；

——规定管理活动报告和记录的形成、传递路线。

1. 章的编排

在标准结构上，可以将"管理活动的内容、方法和要求"直接作为章标

题来命名，采取章条的表述方式来编制。章的编排应与管理流程图的各个过程模块在顺序上宜保持一致，在一个章中，再按活动顺序和阶段展开成条，一个章中也可按单项流程活动按节的顺序编制。章节的合并与拆分应与管理内容的复杂程度和层级关系相匹配，无论如何策划管理标准的结构，其目的是让标准结构清晰，层次合理，内容全面；标准内容中管理活动的时序和业务流程清晰，管理活动的策划、执行、检查和处置等全过程的内容和方法表述完整。

2. 内容编写

在内容编写上，"管理活动的内容、方法和要求"应按管理活动的时序展开，以管理流程为引导，按照 PDCA 循环和业务管理过程的各个阶段编写，包括该业务范围内的各项活动的管理内容、管理要求以及采取的方法，内容要完整。在管理活动开展的顺序上、内容上和职责上，条款描述要与管理流程图匹配，要按照管理流程的顺序，分步骤，逐一明确各环节输入、转换和输出内容，明确各环节责任部门和岗位、活动时间，表述要具体、管理要求的依据要明确、条款表述可操作。

每个管理过程都应明确工作的责任部门和岗位、具体的工作内容和要求、完成时间，以及为达到管理要求，采取的管理方法和控制手段（包括例外或特殊情形）。

要特别明确规定管理过程中跨部门的管理环节和流程接口条件。每一个接口环节都要明确分别由谁来干，怎么干、交给谁。"谁干"要用企业规定的规范的岗位名称进行明确，与企业岗位标准的名称一致，以便将该节点的责任明确到对应的岗位标准中。

3. 引用技术标准或管理标准

管理流程中涉及技术环节的，都要明确依据的是哪个技术标准，要以规范性引用文件的形式进行明确，内容表述上只明确依据的技术标准的名称和编号，不应将技术具体内容要求抄录或编辑纳入到管理标准中。必须抄录的，应注明抄录自哪个技术标准的第几章第几款，注明标准编号和版本号。管理标准中已明确应执行的技术标准必须纳入到企业技术标准体系中。

管理流程某环节需要按照企业其他管理标准执行的，要用规范性引用文件的形式进行明确，只明确依据的管理标准的名称和编号，不应将其管理要求抄录或编辑纳入到标准中。必须抄录的应注明抄录自哪个管理标准的第几章第几款，并注明管理标准的编号和版本号。

管理标准中规范性引用的技术标准、管理标准要在"规范性引用文件"一章中列出标准编号和名称。同样，在"规范性引用文件"一章中列出的标准应在标准正文中规定何时何地由哪个岗位或部门执行。

4. **管理要求表述**

管理内容的表述要尽可能具体、量化，不能量化的内容要能操作、可实施。表述不应使用原则性、定性的、笼统的语言，如每年、定期、及时、原则上、大部分、基本上、大致、加强、健全、完善等词语，否则将导致标准内容缺乏指导性和可操作性。

（三）报告和记录清单的编写

报告和记录阐明了管理活动实施的过程中，所取得的结果或提供所完成活动的证据的文件，这些也是管理过程的输出。报告和记录作为文件的一种形式，大多以表格的形式表现，而当这个特殊文件为管理活动提供证据，就成为了管理标准的内容。一般包括报告和记录的编号、名称、保存期限、保存机构。从管理标准的结构上，报告和记录为标准正文的最后一章，列出管理活动形成的报告和记录清单。报告和记录的样式也是标准内容的组成，应对其格式和内容做出统一规定，并在标准附录中给出样式。

管理标准中"报告和记录"一章列出的表单均应来源于管理标准"管理活动内容、方法和要求"，而"管理活动内容、方法和要求"又必须与流程保持一致，因此凡流程图中出现的报告和记录均应在"管理活动内容、方法和要求"中表述，在"报告和记录清单"列出，再在"附录"中的"表格样式"中给出规范的格式，因此工作中使用的报告记录表单与标准规定的内容应一致。在管理标准编写时，应收集现行使用的记录表单样式，工作中使用的重要的与质量有关的数据表单报告等，都应纳入管理标准进行规范，并随标准审查、发布，不应游离于技术标准、管理标准之外。

四、管理流程图的编制

流程性明确的管理活动应绘制流程图，流程图可以用简单、明了的图示，直观地描述工作过程的具体步骤，通过图示的方法，表达了管理活动开展的程序，使得管理过程一目了然，易于阅读和理解。流程图在管理标准中一般以附录的形式给出。

管理流程的设计是管理标准编写的重要一步，通过流程描述可以清楚地梳理工作过程和顺序，明确管理方法和要求。同时，流程图的每一过程节点中都体现了干什么、由谁干、何时干的内容，这样就把一个管理事项的管理全过程可视化了，并突显了管理的核心内容。所以，先绘制管理流程图，再按照流程步骤来编写管理标准的方法也被广泛采用。这种方法不仅可以确保管理活动程序顺畅、步骤清晰，而且编写起来思路清晰，有条不紊。

管理流程要与管理标准的内容相对应，流程图表达的过程应与管理标准的条款顺序相一致。列出管理活动开展的细节，明确各环节的输入、转化和输出内容。流程中的节点，以及跨部门的管理接口关系要清晰明确，对采取的管理措施和方法要进行表述。

企业中管理流程图的绘制应使用统一的模板和模具。Visio 软件提供了绘制流程图模具，"二维泳道式流程图"突出了流程角色和流程阶段，管理流程图绘制大多数采用其为模板。图形符号内的文字描述应简洁，不宜超出图形框。各图形符号之间使用动态连接线连接，以便于调整。管理流程的流向原则上遵循上进下出，左右反馈的原则。

管理流程图绘制常见的错误如下：

（1）未形成 PDCA 闭环管理，"策划、实施、检查、处置"环节缺失。

（2）流程图中出现了流程断点，流程不完整。

（3）管理流程与管理标准不匹配，文字和图示成为了两套管理程序。

五、管理标准中主题要素之间的关联

电力企业管理标准的主题要素及编排顺序一般为：范围、规范性引用文件、术语和定义、职责、管理活动内容、方法和要求、报告和记录，以及附录，这些要素之间又是相互关联、相互支撑、相互作用的。在管理标准编写中，必须要关注这些关联要素，并使其符合管理逻辑。管理标准中主题要素之间的关联关系见表 14-1。

表 14-1   管理标准中主题要素之间的关联关系

章号	章标题	相关联的章节	编 制 要 求
1	范围	管理活动内容、方法和要求	"范围"规定了标准的内容和适用范围,具体内容应在"管理活动内容、方法和要求"中体现
2	规范性引用文件	管理活动内容、方法和要求	"规范性引用文件"无论引用的是全文还是部分条款,均应在"管理活动内容、方法和要求"的条款中成为管理方法和要求的依据
3	术语和定义	管理活动内容、方法和要求	"术语和定义"规定的概念应在"管理活动内容、方法和要求"中使用或重复出现
4	职责	范围	"职责"规定的责任主体在"范围"界定的适用范围内
		管理活动内容、方法和要求	"职责"中明确的决策层、责任部门和协作部门的责任,应体现在"管理活动内容、方法和要求"中,管理活动的各个环节
5	管理活动内容、方法和要求	范围	"管理活动内容、方法和要求"覆盖"范围"界定的内容;符合"范围"界定的适用范围
		规范性引用文件	"管理活动内容、方法和要求"在条文中引用"规范性引用文件"作为内容
		术语和定义	"管理活动内容、方法和要求"中涉及"术语和定义"中的概念
		职责	"管理活动内容、方法和要求"有"职责"中规定的部门,并有相应的主次区别的具体工作内容
		报告和记录清单	"管理活动内容、方法和要求"中有完成"报告和记录清单"中所列文件的环节
		附录	"管理活动内容、方法和要求"中提及"附录"的所有内容,并与管理活动的环节关联
6	报告和记录清单	管理活动内容、方法和要求	"报告和记录清单"列出的文件名称,在"管理活动内容、方法和要求"中,应在管理活动的各个阶段提及,并建立关联关系
		附录	"报告和记录清单"列出的文件名称,在"附录"中给出样式和内容
附录	管理流程图	管理活动内容、方法和要求	"附录"给出的"管理流程图",应在"管理活动内容、方法和要求"中提及,并与管理活动内容和时序一致

续表

章号	章标题	相关联的章节	编　制　要　求
附录	报告和记录式样	管理活动内容、方法和要求	"附录"给出的"报告和记录式样",在"管理活动内容、方法和要求"中应提及,并明确完成的环节、岗位、时间以及传递路线
		报告和记录清单	"附录"给出的"报告和记录式样",其文件名称应列入"报告和记录清单"中
	资料性内容	管理活动内容、方法和要求	"附录"给出的"资料性内容",应在"管理活动内容、方法和要求"中提及,并有助于对管理活动内容或要求它的理解

第四节　岗位标准主题内容编写

一、岗位标准概述

（一）岗位标准概念

岗位标准是企业为实现管理标准、技术标准有效落地所执行的,以岗位工作（作业）为组成要素所制定的标准。即：在执行相应管理标准和技术标准时与工作岗位的职责、岗位的任职资格和基本技能、工作内容和方法、检查考核等有关的重复性事物和概念。

岗位标准定义包含了以下含义：

（1）制定岗位标准的目的是为了实现整个工作过程的协调,促进工作质量和工作效率的提高,保证技术标准和管理标准的有效实施。

（2）制定岗位标准的领域应该是企业设定的所有岗位,每个岗位都应有岗位标准。

（3）制定岗位标准的对象是岗位应开展的工作事项,是与企业技术标准和管理标准有关的工作岗位需要协调统一的重复性工作事项。

（二）岗位标准的分类

依据岗位层级不同,岗位标准一般可分为决策层、管理层和操作层三个层面,管理层岗位标准又可分为中层管理人员和一般管理人员两类岗位标准,操作层岗位标准可分为特殊过程操作人员和一般操作人员两类岗位标准。

按照岗位标准适用范围的不同，可将岗位标准分为通用岗位标准和单一岗位标准。仅适用单一岗位的岗位标准叫个性标准，如主机操作岗位标准、辅机操作岗位标准、热工监测岗位标准等；适用于某一类岗位的岗位标准叫通用岗位标准，如管理人员通用岗位标准、操作人员通用岗位标准等。对于通用性强、覆盖面广、岗位要求比较一致的工种，可由其企业主管部门制定通用岗位标准。根据企业规模的大小和便于管理的需要，也可不制定通用岗位标准。

（三）岗位标准的构成

岗位标准主要包括：标准名称、范围、规范性引用文件、岗位人员资格要求、工作内容和要求、检查与考核、附录等。

企业在建立岗位标准之初，应根据企业需要确定岗位标准的构成要素，确保统一性和规范性。岗位标准的主题内容需要和技术标准、管理标准相统一，并在企业编制的标准编写规范中予以统一确定。

二、岗位标准编写原则与方法

（一）岗位标准编写原则与基本要求

1. 岗位标准编写原则

岗位标准编写原则应遵循以下原则：

（1）客观性。

1）由于岗位是企业按工作或职位的区别划分的，不同的企业有不同的岗位，也就有不同的岗位标准要求。

2）根据岗位编制制定的岗位标准，要因岗而异，不要因人而异。一些电力企业常常是一人多岗，制定岗位标准时，也应按企业人力资源管理部门设置的岗位制定，而不是按实际工作中一人负责的多项工作集中编写在本人任职的岗位标准中。

（2）合规性。

1）岗位标准内容应遵循法律法规和相关标准的要求。

2）岗位标准名称应符合企业正式发布的岗位名录。

3）岗位标准结构与格式应符合 DL/T 800—2018《电力企业标准编写导则》或企业自定的岗位标准编写导则。

（3）协调一致性。

1）岗位标准编写应与相关的技术标准、管理标准内容协调一致。

2）岗位标准体系中相关岗位标准之间应协调一致。

3）岗位标准内容应与标准名称相符，保持统一规范。

4）岗位标准中各部分内容应前后协调并保持一致。

（4）系统性。

1）岗位标准应覆盖企业与生产、经营、管理相关的所有工作岗位，并按照不同层级和岗位形成体系。

2）岗位标准编写时应保证内容的系统性，单个岗位标准宜覆盖该岗位所有业务活动，同一专业不同层级的岗位标准内容应在专业纵深上按照岗位的不同层级和业务管理界面，覆盖该专业不同层级的管理或技术工作要求。

2. 岗位标准编写基本要求

（1）岗位标准的制定应贯彻国家的法规和有效的上级标准，符合行业主管部门和上级企业管理部门的有关文件规定，落实企业技术标准和管理标准的要求，并与之相协调，确保其实施。

（2）编制岗位标准的依据是企业的技术标准和管理标准，但岗位标准的工作方法可以结合岗位工作的开展对方法进行展开，一项岗位标准应该是先进的、科学的、实用的，要充分吸收和创造性地运用国内外先进管理方法和工作经验，应用工业工程、系统工程等科学方法、结合本企业的实际将其纳入标准。

（3）岗位标准要范围明确、内容系统协调，理顺工作过程关系，标准之间应协调一致，不能互相交叉、重复，甚至相互矛盾，还要与企业现行其他管理体系文件协调一致，这样才能充分发挥整个标准系统的整体效能。

（4）语言准确，概念清楚，文字简练。岗位标准是岗位工作的依据，一般应告诉人们应该怎么做和不应该怎么做，必须达到什么要求。因此，标准中的文字要准确简练、语句通畅、概念清晰、逻辑性强、通俗易懂，切忌语句模棱两可、含义不清，避免使操作者误解，产生不易理解或不同理解的可能性。

（二）岗位标准编写方法

为统一规范岗位标准的编写，企业标准化主管部门可参照 GB/T 1.1—

2009《标准化工作导则　第 1 部分：标准的结构和编写》、DL/T 800—2018《电力企业标准编写导则》中相关要求，制定本企业的岗位标准编写规范，也可以直接参照 GB/T 1.1—2009 和执行 DL/T 800—2018，明确岗位标准结构、构成要素、标准格式要求和标准各要素编写要求，并给出岗位标准编写模板。

企业岗位标准归口部门依据岗位标准体系明细表制定岗位标准编写计划，人力资源管理部门在编写岗位标准之前，应对企业的岗位名称、职责及任职条件等基本信息予以规范并提供给编写部门。企业应依据管理标准中对部门或岗位的要求、接口条件等，通过岗位工作分析对重要岗位的职责划分、任职资格等进行界定，并将其作为岗位标准编写的重要依据。

1. 职责

"职责"是指企业员工所在岗位的工作任务的责任范围。职责内容来自于企业管理标准，是对该岗位或所在部门的职责的再明确。职责的表述应注意以下几个方面：

（1）职责描述宜采用"负责 + 事项的主题名称"。如：发展经营部副职职责"负责经济活动分析会的组织"；发展经营部正职职责"负责经济活动分析报告的审核"；节能专责岗职责负责组织节能管理工作的检查和监督等。职责表述应只包含负责事项的名称，不应包含具体内容，如目标、要求、方法等，这些具体内容应在岗位标准的"内容与方法"一章中表述。

（2）职责要全面、准确、明了，应涵盖企业管理标准中与该岗位有关的所有职责内容，应与管理标准中涉及该岗位所负责的业务对应，以便能真正落实企业各管理标准中各级人员的工作任务、责任和义务。因此，职责职能因岗而异，不能因人而异，要使岗位的职与责结合起来，便于履行和考核。

（3）职责编写在职责描述时，侧重责任，注意层级协调，按照职责重要程度依次描述，宜先表述主要职责，再表述配合或参与的职责，表述规范，不应包含模糊、不确定的职责内容，避免表述笼统。

（4）部门所有岗位的职责应与部门职责（或部门负责人职责）对应，且是对部门职责（或部门负责人职责）的系统分解。

部门正职的职责一章应覆盖部门管理范围，部门正职管理人员的职责应包括对部门组织机构设置中其他人员职责内容的组织指挥。如有副职，则建议在副职岗位标准中明确其分管的业务内容。对同一事项，部门正职、副职、部门员工均有不同责任和任务的，应准确表述其职责范围，接口界定清晰，避免雷同。

（5）相同层级的工作岗位，职责内容的描述用语要保持相对一致，不同层级岗位的职责要分清层次，符合内在逻辑关系。

（6）若企业某层次或某类岗位制定了通用岗位标准，在通用岗位标准中已经规定了的通用职责，具体岗位职责不应再重复表述。

（7）除通用的岗位标准外，必要时也可按照企业组织机构，列出该岗位对应的直接上级和直接下级行政岗位的名称，如副经理的直接上级是经理，班组成员的直接上级是班长等。一个岗位可以有多个行政下级，不应有两个及以上的行政上级。这里说明的是行政上的上下级关系，而不是管理流程中的上一级和下一级。

（8）不同层级岗位职责描述推荐用词，见表14-2。

表 14-2　　　　　　　　　不同层级岗位职责描述推荐用词

功能		决策层	管理层	执行层
决策功能		决定、裁决		
管理功能	组织计划	主持、制定、筹划、预测	拟定、提交、制定、安排、主管	策划、设计、提出、协调、参与
	指挥控制	指导、听取、提出、监督、协调、控制、掌握、劝告、通告、转变	听取、督促、控制、布置、协调、监督、提出、劝说、转变、指导	
	人事行政	授权、委派、处置、签发、检查、考核、交办、派遣	评估、发掘、宣布、分配、考核、调动	
业务功能		审核、审定、审批、批准、签署、审阅	编制、开发、鉴定、考察、分析、综合、研究、处理、解决、推广	编制、提供、请示、收集、整理、调查、研制、统计、填报、履行、核对、办理、解答、维护、遵办、接受、维修、发送、承报、接待、保管、核算、汇总、安装、打印、核对、编写、调试、登记、记录、送达、照看、保养、控制、编辑、计算、复制、比较、服务、操作、装配、操纵
执行功能		贯彻制定、完成	完成、执行、协助	

2. 任职资格

在 DL/T 800—2018《电力企业标准编写导则》中给出了对于岗位人员基本资格的要求，岗位人员基本资格要求对应于岗位职责任务和工作项目，可包括文化水平、操作水平、管理知识经验等，主要包括以下方面：

（1）教育背景：从事该岗位应具有的文化水平、最基本学历要求。

（2）工作经验：从事该岗位应具备的最基本工作经验要求，包括相关专业经历。

（3）知识和技能要求：从事该岗位所需达到的职称（技能等级）、工作技能、专业知识、管理知识、操作水平等一系列专业资质要求。对从事特殊作业的岗位，应明确持有的相应资格证书。

需要注意的是，不同种的岗位任职资格必然不同。任职资格应与岗位承担的职责和工作内容与方法相匹配，不应将现有在岗人员条件作为该岗位的任职资格。

对特殊岗位员工应规定在政治面貌、年龄、性别、身体状况等方面的特殊要求。

需要时，也可以包括但不限于以下内容：

（1）思想政治和职业道德：从事本岗位工作应具备的思想政治素质和职业道德要求。

（2）身体条件：从事本岗位工作应具有的身体健康状况和程度要求。一般包括体力、视力、嗅觉和听力等的要求。

任职条件是达到岗位绩效标准的人员保证条件。上岗人员是否完全具备任职条件，直接关系到能否高质量地达到岗位绩效标准。

【例 14-18】

决策层领导：具有电力类专业或相关专业研究生及以上学历，一般应具有高级专业技术职称。

部门主任、副主任：具有电力类专业或相关专业大学本科及以上学历，一般应具有高级专业技术职称。

专业处长、副处长：大学本科以上学历或具有本专业高级职称任职资格。

一般员工：具有电力类专业或相关专业大学本科及以上学历，中级及以上专业技术职称。

【例 14-19】

部门主任：一般应具有副主任岗位/下属单位领导 3 年或基层单位领导 5 年及以上经验。

副主任：一般应具有处长岗位或具有下属单位副职领导 3 年及以上工作经验。

【例 14-20】

熟悉国家和电力行业相关政策、法律、法规，掌握电力生产、电力企业管理业务有关的专业技术理论知识，具有国家和电力行业要求的××岗位专业资格证书。

具有（一定、良好、优秀）的文字与语言表达能力、计算机操作能力、组织与沟通协调能力、工作创新能力、领导能力与决策能力、较强学习能力。

【例 14-21】

党群管理岗位人员应是中国共产党党员。

高空作业岗位人员不应有恐高症。

3.　岗位工作内容与方法

工作内容与方法是岗位标准的核心部分，是履行本岗位职责应完成的具体工作内容和具体工作步骤。

（1）编写要求。DL/T 800—2018《电力企业标准编写导则》对编写本部分给出了明确的要求：

岗位标准应以技术标准和管理标准为依据。当技术标准体系和管理标准体系中的标准能够满足该岗位作业要求时，岗位标准可在内容和要求中直接引用。

当技术标准体系和管理标准体系中的标准不能满足该岗位工作要求时，应按照下列要求编写：

1）每个岗位按工作流程明确输入、转换的各环节和输出环节的内容，包括物资、人员、信息和环境等方面应具备的条件，并与其他工作（作业）接口处相互协调。

2）明确每个环节转换过程中的各项因素，以及要达到的要求，说明需要注意的任何例外或特殊情况。

3）有特殊要求的岗位，应按照国家有关部门颁布的规定制定。

4）岗位工作宜量化质量、数量和时间的要求。

从 DL/T 800—2018《电力企业标准编写导则》的要求可以看出，岗位标准的内容实际上是企业技术标准与管理标准中具体要求与岗位对接落地的表现形式。就一个岗位的岗位标准而言，最基本的内容应是企业全部管理标准中与本岗位有关的各个事项和需要本岗位实施的各项工作内容与方法的汇集。但当技术标准的表述和管理标准的表述不足以具体指导本岗位的操作和指导时，应通过本岗位的岗位标准进行细化、展开、补充。当本岗位采用了先进的、更高效的方法提高了效益和效率时，应及时纳入本岗位标准，适时提炼到企业管理标准中。

在编写岗位标准之前，既要依据管理标准明确岗位工作活动的输入、转换的各环节和输出环节的内容，即从岗位出发，明确做什么事、达到什么目标、活动的输出或结果是什么、与其他岗位工作如何衔接等，又要明确该岗位在承担企业生产经营管理活动应承担的业绩目标，[如最高管理者、管理人员、生产岗位、特殊岗位（工序）目标要求都不同]，对岗位工作相关信息进行预分析，为岗位标准编写奠定基础。

（2）编写步骤。

1）从管理标准和实际工作中，识别该岗位所负的职责和分工内容；当管理标准中对本岗位的要求与本岗位实际工作不一致的，应对相应的管理标准提出修改完善的建议，使岗位工作内容与公司管理标准的要求保持一致。

2）识别该岗位应执行的文件，包括应执行的法律法规条款要求、企业上级公司的文件要求、应执行的技术标准、管理标准和企业规章制度。对于本岗位应实施的法律法规、上级文件、技术要求、管理要求等在公司法律法规清单、上级文件清单、指导标准清单中缺失，在企业技术标准、管理标准中缺失的，应对相应的清单和标准提出修改建议。

3）从企业管理标准和实际工作中，确定岗位应完成的管理活动、操作、作业活动。

4）从企业管理标准、企业绩效考核相关标准和实际考核项目中，确定企业对该岗位的考核要求，应实现的关键指标。

5）从管理标准中和实际工作中，识别并确定该岗位在工作中应填写的各类报表和记录。识别这些内容，可通过收集该岗位职责文件、执行的规章制度、技术标准、管理标准以及其他文件和相关记录等资料来获取，发现实际工作中有关要求与以上文件要求不一致的，应对企业技术标准、管理标准提出修改建议。

6）由于岗位标准需要实施技术标准和管理标准中的相关规定，因此，企业岗位标准编写规范还要明确哪些文件是必须引用的，如岗位必须直接执行的技术标准和管理标准等。在岗位标准中需引用规章制度等形式的文件时，如果需引用的内容较少，可将该内容直接纳入标准中，不宜作为规范性引用文件。如果需引用的内容较多而不宜纳入标准中，可将这些文件作为规范性引用文件，并在标准的第 2 章"规范性引用文件"中注明这些文件的编号和名称。

因此，岗位标准的编写要以"人"的行为围绕"物"或"事"的生产、管理过程展开描述，应体现如何落实相关技术标准和管理标准的要求，按照管理标准中对具体管理工作的要求，落实到岗位，应说明工作条件、与其他工作的衔接点以及相互关系、做什么、工作依据是什么、依据什么（文件）做（该文件应与规范性引用文件相对应）、如何做（方法和步骤）、做到什么程度（质量要求）、形成什么记录或报告、如何传递（明确规定业务接口程序与协作）等，内容描述应与职责、报告和记录、检查与考核相对应。

4. **检查与考核**

在岗位标准中应根据标准的工作内容和要求详细规定考核条件及奖惩办法，明确考核的部门、时间。通用的考核程序和方法企业可制定单独的"岗位工作考核办法"，如：违反公司技术标准、管理标准、岗位标准要求的，或造成什么后果和损失的，或未完成业绩指标的如何考核等。对特殊岗位和事项的考核程序和方法可以在"岗位工作考核办法"中以独立的章节特别给出，也可以在相应的岗位标准中予以规定。检查与考核应明确考核内容、责任人、考核周期、时间，具体包括以下内容：

（1）检查考核的内容应以岗位工作内容要求与方法为依据，并与岗位职责对应。考核内容、考核标准应与岗位工作内容相一致，考核的项目应围绕该岗位的重点工作考虑，能够衡量其工作成果和成效；不能对应职责任务逐项罗列设定考核项目和指标、面面俱到、内容过多、缺乏主次、没有重点；

考核项目和内容也不能与岗位标准中规定的工作内容与方法脱节。

（2）针对考核内容规定考核条件及奖惩办法。一般的考核程序和方法可按企业绩效考核标准执行，前提是企业绩效考核标准中规定了依据岗位标准进行考核的内容。

（3）明确考核的部门、周期和时间。一般来说，企业的中层领导由主管领导进行考核，部门员工由部门正职进行考核。考核周期和时间可根据岗位工作性质、工作项目完成时间等确定，与企业的绩效考核相协调。

岗位标准也同其他标准一样，在执行过程中还须依据情况的变化不断修订。由于影响岗位标准的变动因素较多，必须经常对一些主要因素进行考查，看生产要素是否做到了正确结合，是否充分发挥了系统效应，注意各工作环节、生产工序的管理状态以及最终的工作质量、产品质量状况、工作人员（操作人员）的工作效率是否提高了，各环节的关系是否理顺了等，对标准的执行情况作出评价，对修订标准做好准备。

【例14-22】 某供电企业班组岗位标准示例（节选）：

……

3. 职责

3.1 负责所辖变电站220、110、35、10kV断路器、隔离开关、开关柜、组合电器、母线及其附属设备，所辖35kV电缆、10kV电流互感器，所辖设备基础、变电站地网、绝缘子的以下生产和管理工作。

a）断路器的大修、临修、技改、消缺、预试工作。包括：

1）机械特性试验。

2）本体及机构检修、调整。

3）清扫、喷涂及检查 RTV、绝缘子调爬。

4）油、气的回收、更换及补充。

5）二次回路检修、维护、传动。

6）更换损坏及老化部件。

7）断路器的更换、安装及拆除。

……

b）隔离开关的大修、临修、技改、消缺、预试工作，包括：

1）直阻测试。

2）支瓶探伤。

3）本体及机构检修调整。

4） 清扫、喷涂及检查 RTV、绝缘子调爬。

5）二次回路检修、维护、传动。

6）更换损坏及老化部件。

7）隔离开关的更换、安装及拆除。

……

c）组合电器的大修、临修、技改、消缺、预试工作，包括：

……

3.2 负责班组技术资料、……

【**例** 14-23】 某供电企业在岗位标准中依据管理标准列出的本岗位周期性工作一览表见表×。

表× ××岗位周期性工作一览表

序号	周期	主要工作内容	执行的技术文件		执行的管理文件		填报的报告或记录
			文件编号	文件名称	文件编号	文件名称	

【**例** 14-24】 某供电企业在岗位标准中依据管理标准列出的本岗位工作检查与考核一览表见表×。

表× 岗位工作检查与考核一览表

序号	主要工作事项	指标项	考核标准	检查部门/周期	考核部门/周期
1	工程档案管理	月度计划完成率	公式	办公室/每月	人力资源部/每年

第五节 标 准 编 号

一、企业标准编号格式、组成、要求

标准的编号在标准封面中标示，由标准的批准或发布部门分配。电力企业标准的编号一般由企业标准标识、企业代号、标准分类号、标准顺序号和年代号五部分组成，编号格式如图 14-1 所示。

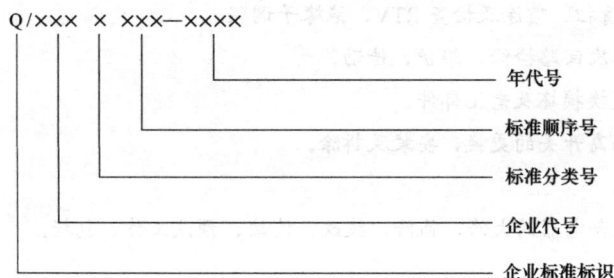

```
Q/××× ×  ×××—××××
                              年代号
                          标准顺序号
                      标准分类号
                  企业代号
              企业标准标识
```

图 14-1　企业标准编号格式

　　企业应对本企业标准编号规则进行规定。企业标准的标识用字母"Q"表示；企业代号宜采用企业名称字母缩写的大写方式表示；标准分类号一般分为技术标准、管理标准、岗位标准，可分别用数字 1、2、3 表示；标准顺序号宜采用无含义的阿拉伯数字流水号表示，不与体系代码相关联，位数根据企业标准体系中的数量范围由企业自行确定；年代号为标准发布的公元年号，采用 4 位阿拉伯数字。企业标准编号规则应具有唯一性。

　　企业标准修订时，标准编号不应改变，只改变标准编号中的"年代号"。如遇几项企业标准合并为一项企业标准，或一项企业标准分解为多项企业标准时，可另行编制新的企业标准编号。

二、企业标准编号示例

　　企业标准的编号规则应在企业标准化管理文件中明确，企业标准编号时，应与文件规定的编号规则保持一致。

　　示例：某火力发电厂企业技术标准编号示例，022 为无含义的阿拉伯数字流水号。

　　Q/HBD 1022 —2018

　　注：Q 表示企业标准，HBD 为某火力发电厂企业代号；

　　注：1 为技术标准分类号；

注：022 为采用大流水形式排序的、无含义的阿拉伯数字流水顺序号，位数由企业自行确定为 3 位；

注：2018 为企业标准发布时，完整的年代号。

三、等同采用国际标准的编号方法

企业采用国际标准是指将国际标准的内容，经过分析研究和试验验证，等同或修改转化为企业标准，并按企业标准的审批发布程序审批发布，因此，企业在采用国际标准时，应使用双编号方法，即：将企业标准编号及 ISO 标准和（或）IEC 标准的编号排为一行，两者之间用一斜线分开。如：某火力发电厂企业采标的双编号为：Q/KTP 1029—2018/ISO 6605：2002。双编号的方法仅用于企业标准的封面、书眉、封底和版权页上。对于与 ISO 标准和（或）IEC 标准的一致性程度为修改或非等效的企业标准，只使用企业标准编号，不准许使用双编号的方法。

附录 A　GB/T 35778—2017　企业标准化工作　指南

1　范围

本标准给出了企业标准化工作策划、企业标准体系构建、企业标准制（修）订、标准实施与检查、参与标准化活动、评价与改进、标准化创新、机构、人员与信息管理的指南。

本标准适用于企业开展标准化工作。

2　规范性引用文件

下列文件对于本文件的应用是必不可少的。凡是注日期的引用文件，仅注日期的版本适用于本文件。凡是不注日期的引用文件，其最新版本（包括所有的修改单）适用于本文件。

GB/T 15496—2017　企业标准体系　要求

GB/T 15497　企业标准体系　产品实现

GB/T 15498　企业标准体系　基础保障

GB/T 19273　企业标准化工作　评价与改进

GB/T 20000.1　标准化工作指南　第1部分：标准化和相关活动的通用术语

GB/T 20000.2　标准化工作指南　第2部分：采用国际标准

GB/T 20000.9　标准化工作指南　第9部分：采用其他国际标准化文件

GB/T 20001.10　标准编写规则　第10部分：产品标准

GB/T 24421（所有部分）　服务业组织标准化工作指南

3　术语和定义

GB/T 20000.1 界定的术语和定义适用于本文件。为了便于使用，以下重复列出了 GB/T 20000.1 中的某些术语和定义。

3.1

标准化　standardization

为了在既定范围内获得最佳秩序，促进共同效益，对现实问题或潜在问题确立共同使用和重复使用的条款以及编制、发布和应用文件的活动。

注1：标准化活动确立的条款，可形成标准化文件，包括标准和其他标准化文件。

注2：标准化的主要效益在于为了产品、过程或服务的预期目的改进它们的适用性，促进贸易、交流以及技术合作。

［GB/T 20000.1—2014，定义 3.1］

3.2

标准化对象　subject of standardization

需要标准化的主题。

注1：本部分使用的"产品、过程或服务"这一表述，旨在从广义上囊括标准化对象，宜等同地理解为包括诸如材料、元件、设备、系统、接口、协议、程序、功能、方法或活动。

注2：标准化可以限定在任何对象的特定方面，例如，可对鞋子的尺码和耐用性分别标准化。

［GB/T 20000.1—2014，定义 3.2］

3.3

标准　standard

通过标准化活动，按照规定的程序经协商一致制定，为各种活动或其结果提供规则、指南或特性，供共同使用合重复使用的文件。

注1：标准宜以科学、技术和经验的综合成果为基础。

注2：规定的程序指制定标准的机构颁布的标准制定程序。

注3：诸如国际标准、区域标准、国家标准等，由于它们可以公开获得以及必要时通过修正或修订保持与最新技术水平同步，因此它们被视为构成了公认的技术规则。其他层次上通过的标准，诸如专业协（学）会标准、企业标准等，在地域上可影响几个国家。

［GB/T 20000.1—2014，定义 5.3］

4　基本原则

4.1　需求导向

企业标准化工作以满足企业发展战略、相关方需求、市场竞争和生产、

205

经营、管理、技术进步等为导向组织开展。

4.2 合规性

符合国家有关法律法规、政策和相关标准。

4.3 系统性

权衡、协调各方关系，关注企业外部标准化活动并适时调整、优化企业内部标准化规划、计划及标准体系，确保标准化工作协调有序推进。

4.4 适用性

标准化工作方针与目标符合企业经营方针、目标，服务于企业发展战略；标准化工作指向清晰、目的明确；标准体系满足需求，标准有效，便于实施。

4.5 效能性

以实现企业生产、经营和管理目标为驱动，对企业经营效益、员工工作绩效等，实行可量化、可考核的标准化管理，达到预期效果。

4.6 全员参与

围绕企业发展战略和标准化工作方针、目标，健全组织，周密计划，开展标准化宣传、培训，营造领导带头、全员参与的标准化工作氛围，提高自觉执行标准的素养。

4.7 持续改进

遵循"策划—实施—检查—处置"的循环管理方法，策划企业标准化工作，运行企业标准体系和实施标准，适时评价企业标准体系和检查的标准适用性，针对问题查找原因，及时采取改进和预防措施，并根据市场与需求变化，对风险和机遇作出反应，提出应对措施予以实施和验证；将改进、预防、应对措施的经验或科技成果制（修）订成标准，纳入企业标准体系。

5 策划

5.1 策划依据

5.1.1 相关方需求和期望，相关方主要包括顾客、所有者、股东、员工、供方和合作伙伴、社会等。

5.1.2 以顾客为关注焦点，并考虑政策、安全、环境、资源、地域、市场、社会责任等因素。

5.1.3 企业发展战略及内部管理现状。

5.2 策划内容

策划内容包括：

a）标准化工作方针、目标以及标准化管理体制和机制；

b）企业标准体系，标准制（修）订计划；

c）标准实施与监督检查的方案；

d）采用国际标准或国外先进标准的策略；

e）参与标准化活动的策略；

f）评价与改进的方法。

5.3 策划要素

策划除关注规划计划、资源提供、产品实现/服务提供、监视、测量以及评价等过程外还需确定：

a）活动内容、流程及要求；

b）所需的各种资源；

c）活动的负责部门、负责人；

d）实现的阶段与时限；

e）对结果的评估程序与方法；

f）达到预期的标准化工作目标。

6 企业标准体系构建

6.1 构建总则

6.1.1 根据对相关方的需求和期望、企业标准化现状的分析，确定标准化对象，设计企业标准体系结构，建立健全以企业标准为主体的企业标准体系。

6.1.2 企业标准体系主题突出、目标明确，结构合理，层次清晰，相关联的标准协调。

6.1.3 企业标准体系能吸纳和提供其他管理体系所需的标准化文件，并与之相互协调、完整配套。

6.1.4 企业标准体系框架符合 GB/T 15496、GB/T 24421 规定。

6.2 构建方法

6.2.1 企业标准体系按 GB/T 15496、GB/T 15497、GB/T 15498 的规定构建。

6.2.2 服务业组织企业标准体系按 GB/T 24421 的规定构建。

6.2.3 企业标准体系也可按其他要求构建。

6.3 企业标准体系表

6.3.1 构建企业标准体系需编制企业标准体系表并能反映体系结构、相互关系以及标准明细等信息，准明细等信息，企业标准体系表可包括编制说明、体系结构图、标准明细表等图表文件。

6.3.2 标准明细表给出的信息能满足企业对标准的管理和运用需要，并便于检索和分析，其至少包括标准的基本信息、关联信息和使用信息等。

7 企业标准制（修）订

7.1 企业标准范围

7.1.1 没有相应或适用的国家标准、行业标准、地方标准、团体标准时制定的产品/服务标准。

7.1.2 为满足相关方需求制定的产品实现标准，要素覆盖 GB/T 15497 的规定。

7.1.3　为支持产品实现或服务提供制定的基础保障标准，要素覆盖 GB/T 15498 的规定。

7.1.4　为支撑产品实现标准和保障标准的实施而制定的岗位标准以及满足生产、经营、管理的其他标准。

7.2　制（修）订程序

7.2.1　一般程序

标准制（修）订程序一般分为立项、起草草案、征求意见、审查、批准、复审和废止七个阶段。

7.2.2　立项

对需要制（修）订的标准进行立项，制定计划、配备资源。

7.2.3　起草草案

对收集的资料进行整理、分析，必要时进行试验、验证，然后起草标准草案。

7.2.4　征求意见

将标准草案发企业内有关部门（必要时发企业外有关单位，如：用户、检验机构等）征求意见，对反馈的意见逐一分析研究，决定取舍后形成标准送审稿。

7.2.5　审查

可采取会议或函件形式审查标准送审稿。审查内容至少包括：

　　a）符合有关法律法规、强制性标准要求；

　　b）符合或达到预定的目标和要求；

　　c）可操作、可验证；

　　d）与本企业相关标准的协调情况；

　　e）符合本企业规定的标准编写格式。

7.2.6 批准

审查后根据审查意见进行修改，编写标准报批稿，准备报批需呈交的相关文件资料，报企业法定代表人或授权人批准、发布。

7.2.7 复审

7.2.7.1 企业标准应定期复审，复审周期一般不超过三年；当外部或企业内部运行条件发生变化时，亦及时对企业标准进行复审。

7.2.7.2 复审的结论包括继续有效、修订、废止三种：

　　a）继续有效：标准内容不做修改仍能适应当前需要，确认继续有效；

　　注：对标准只作少量修改时，可采用修改单，确认标准继续有效。

　　b）修订：标准内容需要改动才能适应当前使用的需求和科学技术的发展，予以修订；

　　c）废止：标准已完全不适应当前需要，予以废止。

7.2.8 废止

废止的企业标准及时收回，不再执行。

7.3 标准编写

7.3.1 根据制（修）订标准的需要，收集和分析与标准化对象相关的以下资料：

　　a）政策、经济、社会、环境、顾客需求、国际标准、国外先进标准、国家标准、行业标准、地方标准、团体标准等外部信息；

　　b）生产、经营、管理实践中积累的经验数据、员工反馈意见、检查评价结果等内部信息。

7.3.2 可采用以下途径进行企业标准编写：

　　a）依据国际标准按 GB/T 20000.2 的规定进行转化；

　　b）对国家标准、行业标准、地方标准或团体标准进行选择和补充；

　　c）自主研制。

7.3.3 自主研制企业标准时应考虑以下因素：

a）符合法律、法规、强制性标准，与相关标准协调；

b）促进新技术、新发明成果转化和提高市场占有率；

c）降低成本，提高生产、经营和管理效率；

d）改善环境、安全和健康，节约资源；

e）增强产品/服务的兼容性和有效性；

f）有利于发展贸易，规范市场秩序，保护消费者权益；

g）标准实施的可行性；

h）方便标准使用者使用；

i）其他。

7.3.4　产品标准内容的编写应反映产品特性，至少包括满足产品使用需求的功能性指标、技术指标、必要的理化指标及相关检验方法，可包括环境适应性、人类工效学等方面的要求，还可包括检验规则、标志、包装、储运等要求。具体按 GB/T 20001.10 的规定编写。

7.3.5　服务标准内容的编写应体现功能性、经济性、安全性、舒适性、时间性、文明性等特征要求，至少包括服务流程、服务提供、服务质量与控制及验证等内容。具体按 GB/T 24421.3 的规定编写。

7.3.6　产品/服务标准一般不包括产品的配方、组分、工装等可能涉及企业技术或商业秘密的内容。

8　标准实施与检查

8.1　实施要求

8.1.1　确保实施标准的相关部门和人员得到相应标准。

8.1.2　进行必要的标准化与专业技能培训。

8.1.3　可将标准规定的要求转化为流程图、作业卡以及以信息技术为支撑的人机交互系统等可视化形式，提高实施效率和效果。

8.1.4　对标准中有关特定（如质量、安全、环保等）要求，应落实到关键点并有相应措施予以保障。

8.1.5　标准全面实施并连贯有效；企业标准体系运行按 GB/T 15496—2017 中第 6 章的规定。

8.1.6 按标准要求记录和保存实施证据，包括记录表/卡、音视频、照片等记录信息和通知、报告、计划等工作文件。记录表/卡按标准要求进行设计，能反映记录时间、内容和记录人等相关信息。

8.2 监督检查

8.2.1 监督检查内容至少包括：

  a) 实施标准的资源与满足标准实施要求的符合情况；

  b) 关键点各项控制措施的完备情况；

  c) 员工对标准的掌握程度；

  d) 岗位人员作业过程与标准的符合情况；

  e) 作业活动产生的结果与标准的符合情况。

8.2.2 可采取定期检查或不定期检查、重点检查或普遍检查等形式开展监督检查，也可与其他管理体系的内、外部审核相结合。

8.2.3 各类检查宜在计划中予以确定。

8.2.4 监督检查可成立专门的组织，也可由标准化工作机构根据计划安排组织实施。

8.2.5 监督检查可采用现场查看与问询、对记录的数据进行核实与分析、运用技术或其他方法进行验证等手段。

8.2.6 监督检查结果应形成记录或文件，作为考核、改进的依据并进行处置。处置方式为：

  a) 标准内容不符合实际需要时及时修订/废止标准；

  b) 标准内容符合要求但相关部门执行不力时，需采取措施加强标准的执行力。

9 参与标准化活动

9.1 采用国际标准或国外先进标准

9.1.1 企业通过采用国际标准或国外先进标准，可消化并吸收所采用标准承载的先进技术，减少技术性贸易障碍，快速适应国际贸易的需求，提高产品质量和技术水平，拓宽贸易市场。

9.1.2 根据企业需要和国内外市场需求，检索和收集相关国际标准、国外先进标准。

9.1.3 对国际标准或国外先进标准的内容进行分析，评估采用国际标准或国外先进标准必要性和可行性。

9.1.4 适用时将采用的国际标准或国外先进标准转化制定企业标准并实施，制定要求按照 GB/T 20000.2、GB/T 20000.9 的规定。当国家标准、行业标准、地方标准、团体标准已采用国际标准或国外先进标准时，可直接执行。

9.1.5 直接采用国际标准或国外先进标准时应进行识别，妥善处理可能涉及的知识产权等事宜。

9.1.6 对采用国际标准、国外先进标准工作进行评价。

9.2 参与国家标准、行业标准、地方标准制（修）订

9.2.1 企业通过参与国家标准、行业标准、地方标准的制（修）订，可获得更多的外部信息，并可将企业的优势内容转化为标准，抢占市场先机，增强企业核心竞争力。

9.2.2 关注相关国家标准、行业标准、地方标准现行情况及制（修）订信息，根据企业自身情况，评估参与制（修）订的可能性和对企业发展的推进作用，确定参与程度和方式。参与程度和方式一般有主持制（修）订和参与制（修）订。

9.2.3 主持国家标准、行业标准、地方标准制（修）订工作包括提出标准提案和组织标准编写、征求意见、审查等工作。

9.2.4 参与国家标准、行业标准、地方标准制（修）订工作可包括提供本企业标准作参考、编写标准部分内容、提出标准修改建议、验证标准内容、参加标准审查等工作。

9.3 参与团体标准制（修）订

9.3.1 具有法人资格和相应专业技术能力的学会、协会、商会、联合会以及产业技术联盟等社会团体可协调相关市场主体自主制定发布团体标准，供社会自愿采用。企业通过参与团体标准的制（修）订，可快速响应创新和市场

对标准的需求，引领产业和企业的发展，提升产品和服务的市场竞争力。

9.3.2 关注相应社会团体制定团体标准的开展情况，对团体标准的影响力、政府预期、鼓励政策采信的可能性进行评估，确定企业在团体标准制（修）订中所起的作用。

9.3.3 分析本企业生产、经营与团体标准的契合度，明确参与程度。

9.3.4 参加团体标准的制（修）订过程，开展相关工作。在不妨碍公平竞争和协调一致的前提下，企业可将专利利或其他科技成果融入团体标准，促进创新技术产业化、市场化。

9.3.5 参与团体标准实施情况的反馈。

9.3.6 促进并推动团体建立标准化良好行为规范。

9.4 参与标准化试点示范

9.4.1 企业通过参与标准化试点示范，可不断增强全体员工的标准化理念，促进标准实施与持续改进，提高产品质量、服务质量和管理水平，提升企业知名度和竞争力。

9.4.2 关注各级政府部门、行业组织开展标准化试点示范项目情况。

9.4.3 分析标准化试点示范项目的目的、任务及达到的预期效果，评估标准化试点示范项目对企业品牌建设、管理水平提升的作用性和企业开展的适应度。根据分析和评估结果自愿申报。

9.4.4 标准化试点示范项目申请获批准后主要开展以下工作：
  a）建立标准化试点示范项目创建机构，确定组织、明确职责；
  b）制定实施计划、方案，明确目标、进度、措施等内容；
  c）收集、制定相关标准，构建标准体系，组织实施标准，并按进度推进标准化试点示范项目的其他工作；
  d）根据实施进度，进行项目中期评估，及时改进存在的问题；
  e）在项目期限到达前，按照项目要求进行自我评价，形成自我评价报告并将其纳入确认申请资料，申请确认验收。

9.5 参与国内标准化技术委员会活动

9.5.1 企业通过参与国内标准化技术委员会活动，可及时获得有关标准制

（修）订信息、技术发展动向，助推企业技术水平和管理水平的提升，提高企业市场竞争力。

9.5.2 了解国内标准化技术委员会设置情况，从相关标准化技术委员会获取信息。

9.5.3 根据收集的信息结合企业人才、技术、资金等情况，确定参与标准化技术委员会活动的方式和内容。

9.5.4 参与方式和内容如下：

 a）担任标准化技术委员会、分技术委员会、工作组委员或成员；

 b）承担标准化技术委员会、分技术委员会秘书处、工作组工作；

 c）参加标准化技术委员会、分技术委员会、工作组织的交流、论坛等活动。

9.6 参与社会团体组织标准化活动

9.6.1 企业通过参与社会团体组织标准化活动，可及时获得相关行业信息，提升技术、管理和标准化水平，并能促进企业在社会团体组织中的影响力。

9.6.2 关注各级标准化协会、相关行业协会等社会团体组织开展的标准化活动信息。

9.6.3 根据收集的信息结合企业人才、技术、资金等情况，确定参与社会团体组织标准化活动的方式和内容。

9.6.4 参与方式和内容如下：

 a）参加标准化知识培训、标准宣贯；

 b）参加标准化学术研讨会、标准化论坛等活动；

 c）参加标准化优秀论文、优秀科普作品评选活动；

 d）通过社会团体组织同国外标准化组织开展交流与合作。

9.7 参与国际标准化活动

9.7.1 企业通过参与国际标准化活动，可获得有关国际标准制（修）订信息、技术发展动向，进行国际交流与合作，提高企业技术水平和管理水平，加速企业发展；通过参与国际标准起草，可将企业技术创新成果纳入国际标准，引导国际技术的发展，使企业科技成果产业化、国际化，提高企业的声誉和国际竞争力。

9.7.2 了解国际标准化组织、国际电工委员会和国际电信联盟以及其他国际专业技术组织等国际组织，关注其标准化活动信息。

9.7.3 参与国际标准化活动包括以下几个方面：

    a）担任国际标准化组织、国际电工委员会和国际电信联盟以及其他国际专业技术组织管理机构的官员或委员；

    b）承担国际标准化组织、国际电工委员会和国际电信联盟以及其他国际专业技术组织技术委员会（含项目委员会）和分委员会等的主席和秘书处；以积极成员或观察成员的身份参加技术委员会或分技术委员会的活动；

    c）主持或参加国际标准制（修）订工作，担任工作组（包括项目组和维护组等）的负责人或注册专家；

    d）提出国际标准新工作领域提案和国际标准新工作项目提案；

    e）跟踪研究国际标准化组织、国际电工委员会和国际电信联盟以及其他国际专业技术组织的工作文件，提出投票或评议意见；

    f）参加或承办国际标准化组织、国际电工委员会和国际电信联盟以及其他国际专业技术组织技术委员会的会议；

    g）参加和组织国际标准化研讨会和论坛等活动；

    h）开展与各区域、各国的国际标准化合作与交流；

    i）其他国际标准化活动。

9.7.4 根据自身情况确定参加国际标准化活动方式和内容。

10 评价与改进

10.1 可制定企业标准体系和标准化工作的自我评价方案，明确评价范围、评价程序与方法、责任部门、评价周期等内容。

10.2 评价与改进按 GB/T 19273、GB/T 24421.1、GB/T 24421.4 的规定进行。

> **注**：标准体系按 GB/T 15496、GB/T 15497、GB/T 15498 构建的，评价与改进采用 GB/T 19273；标准体系按 GB/T 24421.1、GB/T 24421.2 构建的，评价与改进采用 GB/T 24421.4。

10.3 评价可申请第三方进行。

10.4 改进的内容、措施、方法可制（修）订标准，纳入标准体系固化并持续实施。

11 标准化创新

11.1 规划和开展标准化创新工作，促进科技成果快速转化为现实生产力。

11.2 发挥企业的技术、资金、人才等作用，推进产、学、研协同创新。

11.3 将研发的专利、新技术等技术创新成果及时转化为标准，指导企业生产并做好知识产权保护工作。

11.4 将企业标准化工作中创新的管理体制、机制、方法等成果转化为标准，提升企业经营管理水平。

11.5 申请筹建或参与标准创新基地等标准化创新活动，提升企业标准化创新能力。

11.6 关注国际标准化创新动态，指导企业创新工作。

12 机构、人员与信息管理

12.1 机构

12.1.1 最高管理者

最高管理者的标准化工作至少包括：

a) 将标准化工作纳入企业发展战略、经营方针和目标；

b) 明确与其相适应的标准化机构、人员及其职责；

c) 为标准化工作提供必要的经费、设施等资源保障；

d) 对企业标准化工作的开展进行督查；

e) 建立调动部门和全员参与标准化工作积极性的激励机制；

f) 批准或授权批准企业标准和其他标准化文件；

g) 执行与自身职务相关的标准。

12.1.2 标准化机构

企业可设立独立的标准化机构和专职标准化人员，也可由相关部门和人员兼任。设立专（兼）职标准化机构和人员可根据企业规模、资源、战略需求等实际情况确定。

企业标准化机构的工作至少包括：

a） 贯彻落实标准化法律法规、方针政策、强制性标准中与本企业相关的要求；

b） 组织制定并落实企业标准化方针、目标、任务，编制企业标准化规划、计划；

c） 组织制定企业标准化管理的有关制度；

d） 组织构建企业标准体系，编制企业标准体系表；

e） 组织企业标准的制（修）订；

f） 组织标准化知识培训与标准宣贯；

g） 组织有关标准实施和企业标准体系运行；

h） 进行标准化审查；

i） 对企业标准化工作开展评价，保持企业标准体系的目标性和适应性。对标准实施情况进行监督检查、对部门的意见和建议进行验证，以及对国家、行业、地方、团体发布的新标准进行分析，提出制（修）订标准的建议，维护标准的有效性、适用性；

j） 建立标准化档案，管理各类标准及其他标准化文件；

k） 跟踪、搜集、整理国内外标准化信息，并及时提供给使用者；

l） 承担或参与国家、行业、地方和团体委托的有关标准的制（修）订和审查工作，参加国内、国际标准化活动。

12.1.3 部门

企业各部门和生产单位的标准化工作至少包括：

a） 组织实施企业标准化机构下达的标准化工作任务；

b） 组织实施与本部门有关的标准化文件；

c） 对新产品、改进产品、技术改造和技术引进，提出标准化要求；

d） 按要求做好标准实施的原始记录并根据规定汇总、归档；

e） 对发现的问题进行分析并向企业标准化机构提出意见或建议；

　f） 按标准对员工进行考核、提出奖惩建议。

12.2　标准化人员

企业标准化人员的能力至少包括：

a） 熟悉并执行标准化法律法规、方针政策；

b） 掌握与业务工作相关的生产、技术、经营及管理状况，具有一定的管理和实践经验；

c） 具备相应的标准化知识与所从事工作的专业技能；

d） 具有相应的语言、文字、口头表达等能力；

e） 具有一定的组织协调能力。

12.3　标准化信息管理

12.3.1　企业在销售产品/服务前，应声明公开执行的企业产品/服务标准信息。

12.3.2　公开的产品/服务标准信息包括：企业执行国家标准、行业标准和地方标准的，公开相应的标准名称和标准编号；执行企业标准或团体标准的，公开企业产品的主要技术指标和对应的检验试验方法，也可公开企业产品/服务标准文本。

12.3.3　公开的产品/服务标准信息应完整、真实、有效。

12.3.4　宜建立标准化信息管理系统或与其他信息化管理系统融合，对标准体系构建、标准制（修）订、标准实施与检查、评价与改进等活动信息进行专项管理。

12.3.5　及时收集、更新相关的国内外标准化信息，进行分析、加工，并结合生产、经营、管理的需求转化为标准，更新企业标准体系。

12.3.6　建立标准化信息反馈机制，及时搜集、整理、评审、处置有关标准体系和标准实施过程中的各种标准化信息。

12.3.7　定期对标准化文件进行整理、清理，确保有效适用。标准化文件至少包括：

a） 企业方针、目标；

b） 企业标准体系表与所包含的标准；

c） 标准实施及监督检查形成的文件及记录信息；

　　d）企业标准化工作评价与改进形成的文件及记录信息；

　　e）其他企业标准化文件。

12.3.8 采取有效措施开展数据信息安全管理。

附录B DL/T 485—2018 电力企业标准体系表编制导则

1 范围

本标准给出了电力企业标准体系表的编制要求、内容及编制程序。

本标准适用于电力设计、施工、发供电、科研等企业,其他企业可参照执行。

2 规范性引用文件

下列文件对于本文件的应用是必不可少的。凡是注日期的引用文件,仅注日期的版本适用于本文件。凡是不注日期的引用文件,其最新版本(包括所有的修改单)适用于本文件。

GB/T 20000.1—2014 标准化工作指南 第1部分:标准化和相关活动的通用术语

3 术语和定义

GB/T 20000.1—2014 界定的以及下列术语和定义适用于本文件。为了便于使用,以下重复列出了 GB/T 20000.1 中的某些术语和定义。

3.1

标准化 standardization

为了在既定范围内获得最佳秩序,促进共同效益,对现实问题或潜在问题确立共同使用和重复使用的条款以及编制、发布和应用文件的活动。

注1:标准化活动确立的条款,可形成标准化文件,包括标准和其他标准化文件。

注2:标准化的主要效益在于为了产品、过程或服务的预期目的改进它们的适用性,促进贸易、交流以及技术合作。

[GB/T 20000.1—2014,定义 3.1]

3.2

企业标准体系 enterprise standard system

企业执行的标准按其内在联系形成的有机整体。

3.2.1

技术标准体系 technical standard system

企业范围内的技术标准按其内在联系形成的科学的有机整体，它是企业标准体系的组成部分。

3.2.2

管理标准体系 management standard system

企业标准体系中的管理标准按其内在联系形成的科学的有机整体。

3.2.2.1

产品实现管理标准体系 product realization management standard system

企业为满足顾客需求所执行的，规范产品实现全过程管理标准化文件按其内在联系形成的科学的有机整体，是企业标准体系的组成部分。

3.2.2.2

基础保障管理标准体系 fundamental supportive management standard system

企业为保障企业生产、经营、管理有序开展所执行的，以提高全要素生产率为目标的管理标准化文件按其内在联系形成的科学的有机整体，是企业标准体系的组成部分。

3.2.3

岗位标准体系 position standard system

企业为实现基础保障管理标准体系和产品实现管理标准体系有效落地所执行的，以岗位作业为组成要素的标准化文件按其内在联系形成的科学的有机整体，是企业标准体系的组成部分。

3.3

企业标准体系表 diagram of enterprise standard system

企业标准体系的标准按一定形式排列起来的图表。

4 企业标准体系表编制要求

4.1 企业应围绕企业的方针目标，分析生产、经营、管理需求，识别企业适用的法律法规和指导标准的要求，融合各管理体系，建立以企业标准为主体的企业标准体系，编制企业标准体系表。

4.2 企业标准体系表应结构合理，层次清晰，标准化文件齐全、协调，满足需求。

4.3 根据内外部环境变化、企业发展需求调整企业标准体系表。

4.4 根据产品、过程、服务的特点，对本标准给出的标准体系表结构进行调整。

5 企业标准体系表构成

5.1 企业标准体系表由企业标准体系结构图、标准明细表、标准统计表和编制说明组成。

5.2 企业标准体系表包括采用的国际标准，执行的国家、行业、地方、团体标准，以及上级和本企业制定的标准化文件。

6 企业标准体系结构

6.1 电力企业标准体系包括技术标准、管理标准和岗位标准体系，标准体系结构见图1。

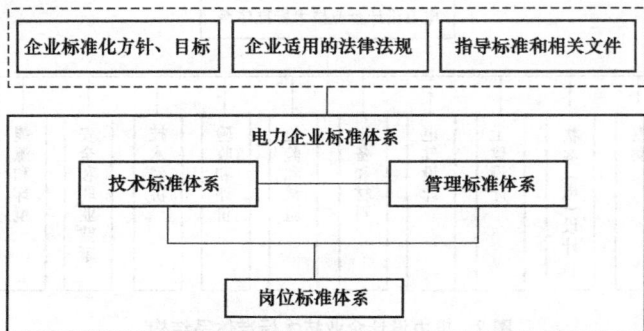

注：管理标准体系包括产品实现管理标准体系和基础保障管理标准体系。

图1 企业标准体系结构

6.2 标准化方针、目标应根据企业方针、目标制定。指导标准包括企业普遍使用的基础性标准和相关标准，相关文件应包括上级单位或主管部门制定的标准、制度等其他标准化文件。

6.3 电力企业标准体系内容包括技术标准体系、管理标准体系和岗位标准体系。技术标准体系可由技术标准、典型作业指导书等组成，管理标准体系可由管理标准、制度等组成。

7 技术标准体系

7.1 总则

企业技术标准体系结构可按照设计、施工、发电、供电、科研等类型进行构建，涉及两项及以上类型的企业，可按照相关类型的技术标准体系结构进行组合调整。

7.2 电力设计企业

7.2.1 结构

电力设计企业技术标准体系结构见图2。

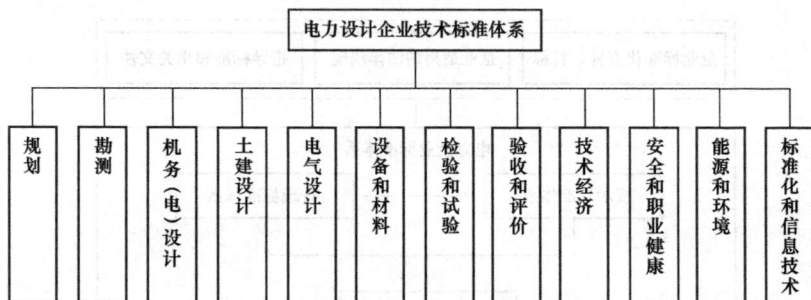

图2 电力设计企业技术标准体系结构

7.2.2 内容

7.2.2.1 规划技术标准包括但不限于：电网、电源、电源点接入系统规划等技术标准。

7.2.2.2 勘测技术标准包括但不限于：地质、测量、水文气象等技术标准。

7.2.2.3 机务（电）设计技术标准包括但不限于：

a）火电工程：锅炉及辅机、汽轮机及辅机、输煤、除灰渣、水处理、管道等技术标准；

b）水电工程：水轮机、发电机、水泵、金属结构等技术标准；

c）核电工程：常规岛等技术标准；

d）风电工程：风力发电机组等技术标准；

e）光伏工程：光伏组件、控制器、逆变器等技术标准。

7.2.2.4 土建设计技术标准包括但不限于：建筑、结构、地基处理、总平面及交通运输、水工、采暖空调等技术标准。

7.2.2.5 电气设计技术标准包括但不限于：电力系统、电气、继电保护、调度自动化、通信、仪表及控制等技术标准。

7.2.2.6 设备和材料技术标准包括但不限于：设备、材料的设计选型、技术性能要求、采购的技术要求等。

7.2.2.7 检验和试验技术标准包括但不限于：检验、试验方法，设备设施检定、校准等技术标准。

7.2.2.8 验收和评价技术标准包括但不限于：工程交付验收、整体试运行等技术标准。

7.2.2.9 技术经济技术标准包括但不限于：概算、预算、决算、投资后评估等技术标准。

7.2.2.10 安全和职业健康技术标准包括但不限于：通用、安全、职业健康、事故应急处置等技术标准。

7.2.2.11 能源和环境技术标准包括但不限于：通用标准，能源使用、能源消耗、污染物排放等技术标准。

7.2.2.12 标准化和信息技术标准包括但不限于：通用标准，标准化、科技、档案、信息应用等技术标准。

7.3 电力施工企业

7.3.1 结构

电力施工企业技术标准体系结构见图 3。

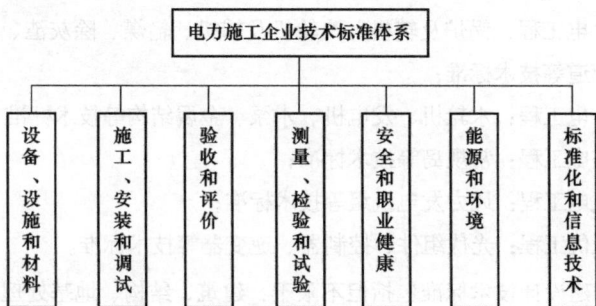

图 3 电力施工企业技术标准体系结构

7.3.2 内容

7.3.2.1 设备、设施和材料技术标准包括但不限于：原料、材料、设备、设施等的使用及维护技术标准、采购技术要求等。

7.3.2.2 施工、安装和调试技术标准包括但不限于：土建、安装、调试等施工技术标准。

7.3.2.3 验收和评价技术标准包括但不限于：施工过程验收、交付验收、整体试运行等技术标准。

7.3.2.4 测量、检验和试验技术标准包括但不限于：测量、检验、试验方法，测量设备设施检定、校准等技术标准。

7.3.2.5 安全和职业健康技术标准包括但不限于：通用、安全、职业健康、事故应急处置等技术标准。

7.3.2.6 能源和环境技术标准包括但不限于：通用标准，能源使用、能源消耗、污染物排放等技术标准。

7.3.2.7 标准化和信息技术标准包括但不限于：通用标准，标准化、科技、档案、信息应用等技术标准。

7.4 发电、供电企业

7.4.1 结构

发电、供电企业技术标准体系结构见图 4。

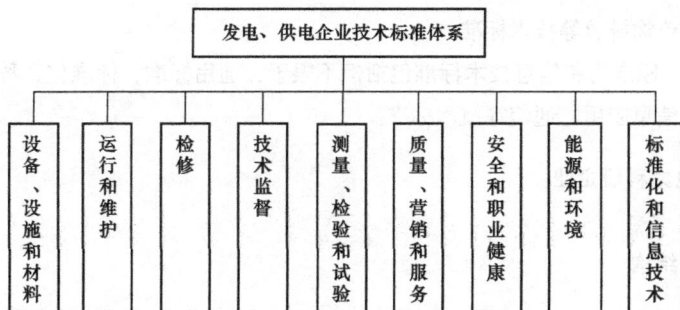

图 4 发电、供电企业技术标准体系结构

7.4.2 内容

7.4.2.1 设备、设施和材料技术标准包括但不限于：设备、设施选型的技术要求，备品备件及材料的采购技术要求。

7.4.2.2 运行和维护技术标准包括但不限于：

    a）发电运行和维护：设备、设施及系统的运行与维护等技术标准；

    b）电网运行和维护：电力调度、电网运行与监控、继电保护、调度自动化等技术标准。

7.4.2.3 检修技术标准包括但不限于：设备及系统的检修技术标准及作业指导书等。

7.4.2.4 技术监督技术标准包括但不限于：电能质量监督、绝缘监督、电测监督、保护与控制系统监督、自动化监督、信息通信监督、节能监督、环保监督、化学监督、热工监督、金属监督、水工监督、汽（水）轮机监督等技术标准。

7.4.2.5 测量、检验和试验技术标准包括但不限于：测量、检验、试验方法，测量设备设施检定、校准等技术标准。

7.4.2.6 质量、营销和服务技术标准包括但不限于：电能产品的电压、频率、谐波、可靠性，热能产品的压力、温度、流量等性能技术参数，营销和服务规范等技术标准。

7.4.2.7 安全和职业健康技术标准包括但不限于：通用、安全、职业健康、事故应急处置等技术标准。

7.4.2.8 能源和环境技术标准包括但不限于：通用标准，能源使用、能源消耗、污染物排放等技术标准。

7.4.2.9 标准化和信息技术标准包括但不限于：通用标准，标准化、科技、档案、信息应用、通信等技术标准。

7.5 电力科研企业

7.5.1 结构

电力科研企业技术标准体系结构见图5。

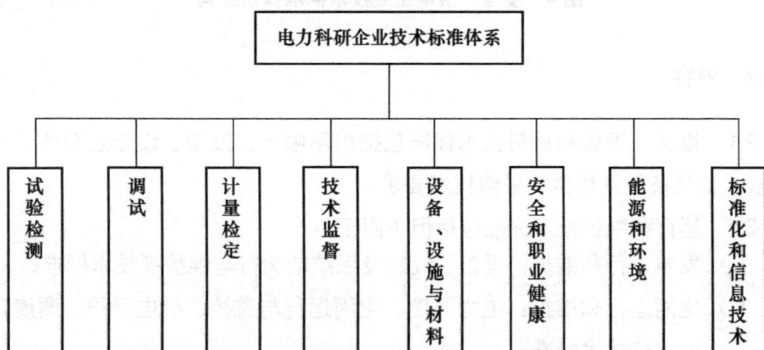

图5 电力科研企业技术标准体系结构

7.5.2 内容

7.5.2.1 试验检测技术标准包括但不限于：设备、设施、装置、材料等试验、检测、研究技术标准。

7.5.2.2 调试技术标准包括但不限于：设备及系统调试等技术标准。

7.5.2.3 计量检定技术标准包括但不限于：仪器仪表、计量器具的检定、校准等技术标准。

7.5.2.4 技术监督技术标准包括但不限于：电能质量监督、绝缘监督、电测监督、保护与控制系统监督、自动化监督、信息通信监督、节能监督、环保监督、化学监督、热工监督、金属监督、水工监督、汽（水）轮机监督等技术标准。

7.5.2.5 设备、设施与材料技术标准包括但不限于：设备和仪器仪表选型，化学试剂、材料的采购技术要求，实验室配置等技术标准。

7.5.2.6 安全和职业健康技术标准包括但不限于：通用、安全、职业健康、事故应急处置等技术标准。

7.5.2.7 能源和环境技术标准包括但不限于：通用标准，能源使用、能源消耗、污染物排放等技术标准。

7.5.2.8 标准化和信息技术标准包括但不限于：通用标准，标准化、科技、档案、信息应用等技术标准。

8 管理标准体系

8.1 总则

8.1.1 电力企业管理标准体系由产品实现管理标准体系和基础保障管理标准体系组成，结构见图6。

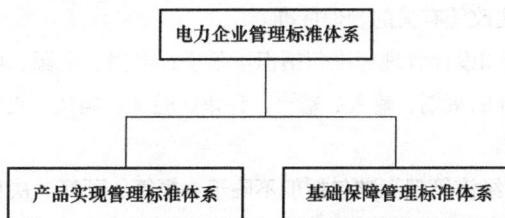

图 6 电力企业管理标准体系结构

8.1.2 电力企业产品实现管理标准体系结构可按照设计、施工、发电、供电、科研等类型进行构建，涉及两项及以上类型的企业，可进行组合调整。

8.1.3 电力企业基础保障管理标准体系是为企业有序发展而设计的，企业可结合实际需求对本标准 8.3 给出的基础保障管理标准体系结构进行调整。

8.2 电力企业产品实现管理标准体系

8.2.1 电力设计企业产品实现管理标准体系

8.2.1.1 结构

电力设计企业产品实现管理标准体系结构见图7。

图 7　电力设计企业产品实现管理标准体系结构

8.2.1.2　内容

8.2.1.2.1　勘测管理标准包括但不限于：勘测的策划、输入、输出、评审、验证、确认、更改等有关的管理标准。

8.2.1.2.2　规划和设计管理标准包括但不限于：电网、电源、电源点接入系统等规划和设计的策划、输入、输出、评审、验证、确认、更改等有关的管理标准。

8.2.1.2.3　技术经济管理标准包括但不限于：概算、预算、决算、投资后评估等有关的管理标准。

8.2.1.2.4　设备和材料管理标准包括但不限于：设计过程中对设备材料选型的管理以及企业自用设备、设施、材料的使用、维护、报废等有关的管理标准。

8.2.1.2.5　检验和试验管理标准包括但不限于：试验检验、仪器设备和实验室等有关的管理标准。

8.2.1.2.6　服务和评价管理标准包括但不限于：设计交底、设计服务、技术支持、验收评价等有关的管理标准。

8.2.2　电力施工企业产品实现管理标准体系

8.2.2.1　结构

电力施工企业产品实现管理标准体系结构见图8。

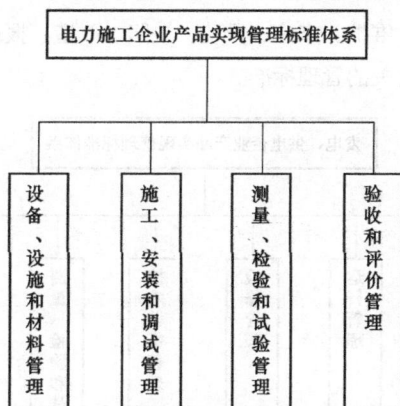

图8 电力施工企业产品实现管理标准体系结构

8.2.2.2 内容

8.2.2.2.1 设备、设施和材料管理标准包括但不限于：设备、设施、备品备件、工程材料、构配件、仓储管理、废旧物资等有关的管理标准。

8.2.2.2.2 施工、安装和调试管理标准包括但不限于：施工组织、施工方案和措施、施工进度、质量控制和监督、图纸与变更、设备安装、调整试验、服务等有关的管理标准。

8.2.2.2.3 测量、检验和试验管理标准包括但不限于：监视和测量、计量、检验和试验等有关的管理标准。

8.2.2.2.4 验收和评价管理标准包括但不限于：过程验收管理、竣工验收管理、达标创优等有关的管理标准。

8.2.3 发电、供电企业产品实现管理标准体系

8.2.3.1 结构

发电、供电企业产品实现管理标准体系结构见图9。

8.2.3.2 发电企业产品实现管理标准体系内容

8.2.3.2.1 设备、设施和材料管理标准包括但不限于：设备设施的定置、标

识、台账、可靠性、维护、点检、异动、缺陷、改造、报废，以及特种设备和工器具、材料等有关的管理标准。

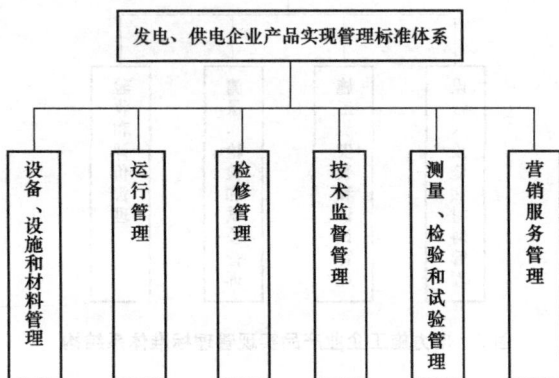

图9 发电、供电企业产品实现管理标准体系结构

8.2.3.2.2 运行管理标准包括但不限于：生产调度、运行值班、工作票、操作票、巡回检查、设备定期试验及轮换、运行分析与报告、优化运行等有关的管理标准。

8.2.3.2.3 检修管理标准包括但不限于：检修策划、检修准备、检修实施（如质量、安全、进度）、验收评价、检修技术资料等有关的管理标准。

8.2.3.2.4 技术监督管理标准包括但不限于：技术监督的内容、方法、结果等有关的管理标准。

8.2.3.2.5 测量、检验和试验管理标准包括但不限于：电力设备、继电保护、电力电子、仪器仪表等监视和测量管理，计量管理、检验、试验和化学检测等有关的管理标准。

8.2.3.2.6 营销服务管理标准包括但不限于：销售市场调研、拓展、交易，客户服务及满意度调查，售后服务等有关的管理标准。

8.2.3.3 供电企业产品实现管理标准体系内容

8.2.3.3.1 设备、设施和材料管理标准包括但不限于：设备设施的定置、标识、台账、可靠性、维护、点检、异动、缺陷、改造、报废，以及特种设备和工器具、材料等有关的管理标准。

8.2.3.3.2 运行管理标准包括但不限于：电力调度、电网运行与监控、继电保护、调度自动化、操作票、工作票、设备定期试验及轮换、运行操作、运行分析和报告等有关的管理标准。

8.2.3.3.3 检修管理标准包括但不限于：检修策划、检修环境、质量控制和监督、检修设备及标准化作业管理、验收评价、检修技术资料等有关的管理标准。

8.2.3.3.4 技术监督管理标准包括但不限于：技术监督的内容、方法、结果等有关的管理标准。

8.2.3.3.5 测量、检验和试验管理标准包括但不限于：电力设备、继电保护、电力电子、仪器仪表等监视和测量管理，计量管理、检验、试验和化学检测等有关的管理标准。

8.2.3.3.6 营销服务管理标准包括但不限于：营销策划、信息采集、业扩报装、电费电价、用电检查、客户服务、效益评价、电力市场及需求侧管理等有关的管理标准。

8.2.4 电力科研企业产品实现管理标准体系

8.2.4.1 结构

电力科研企业产品实现管理标准体系结构见图10。

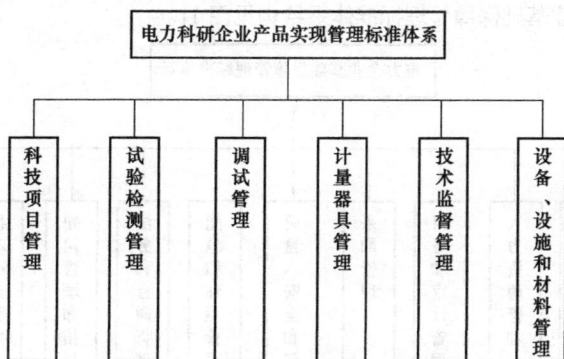

图10 电力科研企业产品实现管理标准体系结构

8.2.4.2 内容

8.2.4.2.1 科技项目管理标准包括但不限于：科技立项、实施、验收和后评估实行全过程管理以及新技术、新成果的推广应用等有关的管理标准。

8.2.4.2.2 试验检测管理标准包括但不限于：试验检测的方法，仪器、设备的保管和使用，验收、检测结果形成的文件，物资质量检测等有关的管理标准。

8.2.4.2.3 调试管理标准包括但不限于：调试装备管理和调试方案、进度、验收、质量评定、服务等有关的管理标准。

8.2.4.2.4 计量器具管理标准包括但不限于：计量器具的配置、安装、运行、保管、使用、维护及档案管理，计量器具的量值传递、溯源、计量印证和密钥等有关的管理标准。

8.2.4.2.5 技术监督管理标准包括但不限于：技术监督的内容、方法、结果等有关的管理标准。

8.2.4.2.6 设备、设施和材料管理标准包括但不限于：实验室管理、设备设施与材料保管与使用等有关的管理标准。

8.3 电力企业基础保障管理标准体系

8.3.1 结构

电力企业基础保障管理标准体系结构见图 11。

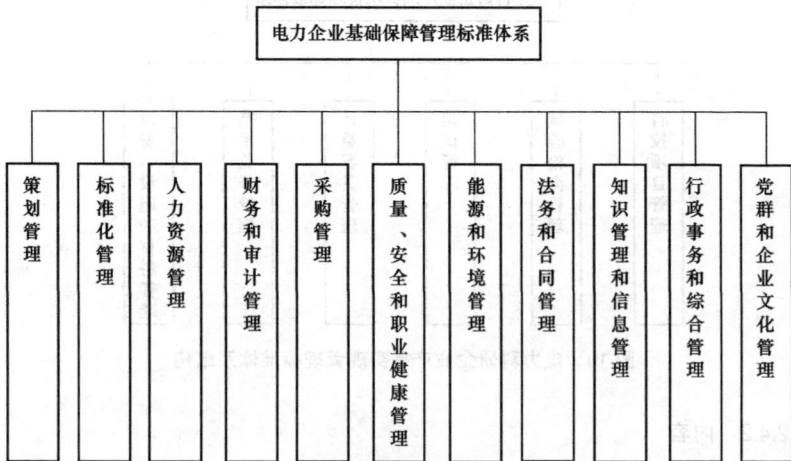

图 11 电力企业基础保障管理标准体系结构

8.3.2 内容

8.3.2.1 策划管理标准包括但不限于：企业发展规划、计划的编制、调整、执行等企业各项规划和计划管理标准。

8.3.2.2 标准化管理标准包括但不限于：标准化工作组织与开展、各类标准化组织与人员的职责、标准制（修）订、标准实施与检查、标准复审、标准化信息、参与各类标准化活动、标准化工作评价和改进、标准化奖励、标准化经济效益与社会效益评价等管理标准。

8.3.2.3 人力资源管理标准包括但不限于：劳动组织、劳动关系、绩效、薪酬福利保障、培训和人才开发等管理标准。

8.3.2.4 财务和审计管理标准包括但不限于：预算、决算、核算、成本、资金、资产、投融资、税务和审计等管理标准。

8.3.2.5 采购管理标准包括但不限于：采购计划、供应商、招投标、采购验收等管理标准。

8.3.2.6 质量、安全和职业健康管理标准包括但不限于：质量、安全和职业健康管理的策划、建立、实施、评价、改进等管理标准。

8.3.2.7 能源和环境管理标准包括但不限于：环境监测、污染物排放等环境管理标准，能源计量、能源消耗、能源绩效等能源管理标准，环境应急预案、演练、通报、改进等应急准备和响应管理标准。

8.3.2.8 法务和合同管理标准包括但不限于：法人授权、章程及出资协议、证照管理、合规经营、法律纠纷案件处置等管理标准，合同授权、谈判、起草、审批、执行、保管、纠纷处置、销毁以及合同分类等管理标准。

8.3.2.9 知识和信息管理标准包括但不限于：知识鉴别、创造、获取、存储、共享、应用等管理标准，信息收集、加工、传递、使用、存储等管理标准，档案收集、鉴定、整理、保管、检索、使用等管理标准。

8.3.2.10 行政事务和综合管理标准包括但不限于：行政、文秘、涉外事务、治安保卫等行政事务管理标准，生产经营管理活动中的创新、储备、积累、推广、应用等管理标准。

8.3.2.11 党群和企业文化管理标准包括但不限于：党的建设、共青团、工会等管理标准，理念信念、价值观念、诚信建设、社会责任、企业群体意识、职工素质和优良传统、道德意识等精神文化管理标准，各种行为规范、领导体制、沟通协调、礼仪管理、纪律管理等制度文化管理标准，企业形象、企业标识、产品形象、环境建设以及文化传播等物质文化管理标准。

9 岗位标准体系

9.1 电力企业岗位标准体系结构见图 12。

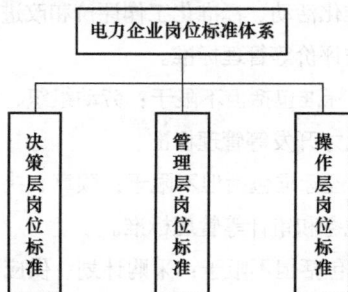

图 12 电力企业岗位标准体系结构

9.2 电力企业岗位标准体系的岗位标准包括决策层、管理层、操作层岗位标准。

10 标准明细表

10.1 标准明细表中标准的排列应与企业标准体系结构相对应，格式见表 1，企业可根据实际需要调整修改。

表 1 标准明细表

序号	体系代码	标准编号	标准名称	实施时间	被代替标准号	责任部门
注：标准为制度形式的，其编号为发文文号。						

10.2 标准明细表应依据企业标准体系的变化和标准的更新、代替及废止情况进行调整。

11 标准统计表

11.1 标准统计表用于对纳入企业标准体系的标准进行分类统计，宜使用信息化手段实现。

11.2 标准统计表的格式根据统计目的，可设置不同的标准类别及统计项，格式参见表2。

11.3 标准统计表应依据企业标准明细表变化情况及时调整。

表 2 标 准 统 计 表

标准类别	企业标准	团体标准	地方标准	行业标准	国家标准	国际标准	合计
总计							

12 编制说明

编制说明是企业标准体系的说明，内容包括但不限于：

a）编制原则、依据及要达到的目标；

b）企业现状和标准化工作情况分析；

c）体系框架结构说明；

d）与法律法规、强制性标准、上级制定的标准化文件的关系；

e）体系运行和评价改进的建议。

13 企业标准体系表编制程序

以企业战略需求为导向，充分考虑企业内外部环境因素和相关方的需求与期望，以实现企业发展战略为根本目标，结合企业实际，构建企业标准体系，编制企业标准体系表，程序如下：

a）开展企业标准体系研究，组织企业标准体系表的编制工作；

b）编制企业标准体系表草案；

c) 组织对企业标准体系表征求意见稿进行讨论、审查、协调，完善并形成送审稿；

d) 对送审稿进行评审，形成企业标准体系表报批稿；

e) 批准发布。

附录 C DL/T 800—2018 电力企业标准编写导则

1 范围

本标准给出了电力企业标准编写基本要求、编号方法，以及技术标准、管理标准和岗位标准的编写原则和内容。

本标准适用于电力企业标准的编制，其他企业可参照执行。

2 规范性引用文件

下列文件对于本文件的应用是必不可少的。凡是注日期的引用文件，仅注日期的版本适用于本文件。凡是不注日期的引用文件，其最新版本（包括所有的修改单）适用于本文件。

GB/T 1.1—2009 标准化工作导则 第1部分：标准的结构和编写

3 术语和定义

GB/T 20000.1—2014和GB/T 1.1—2009界定的以及下列术语和定义适用于本文件。为了便于使用，以下重复列出了GB/T 20000.1—2014和GB/T 1.1—2009和GB/T 13017—2008中的某些术语和定义。

3.1

标准 standard

通过标准化活动，按照规定的程序经协商一致制定，为各种活动或其结果提供规则、指南或特性，供共同使用和重复使用的文件。

注1：标准宜以科学、技术和经验的综合成果为基础。

注2：规定的程序指制定标准的机构颁布的标准制定程序。

注3：诸如国际标准、区域标准、国家标准等，由于它们可以公开获得以及必要时通过修正或修订保持与最新技术水平同步，因此它们被视为构成了公认的技术规则。其他层次上通过的标准，诸如专业协（学）会标准、企业标准等，在地域上可影响几个国家。

［GB/T 20000.1—2014，定义5.3］

3.1.1

技术标准　technical standard

对企业标准化领域中需要协调统一的技术事项所制定的标准。

［GB/T 13017—2008，定义 3.8］

3.1.2

管理标准　management standard

对企业标准化领域中需要协调统一的管理事项所制定的标准。

注：改写 GB/T 13017—2008，定义 3.7。

3.1.3

岗位标准　duty standard

对企业标准化领域中需要协调统一的工作事项，以岗位作业为组成要素的标准。

3.2

作业指导书　standard operating manual

指导某个具体过程、事物形成的技术性细节描述的可操作性的标准化文件。

3.3

条款　provisions

规范性文件内容的表述方式，一般采取要求、推荐或陈述等形式。

注：条款的这些形式以其所用的措辞加以区分，例如，推荐用助动词"宜"，要求用助动词"应"。

［GB/T 1.1—2009，定义 3.8］

3.4

要求　requirement

表达如果声明符合标准需要满足的准则，并且不准许存在偏差的条款。

［GB/T 1.1—2009，定义 3.8.1］

4　基本要求

4.1　企业应甄别法律、法规、规章和强制性标准所对应的领域，如安全、环境和资源等，把其中的要求转化为标准。

4.2 企业标准编写格式宜符合 GB/T 1.1—2009 的要求。

4.3 企业应根据生产、经营、管理需要，对技术要求、管理事项、岗位工作分别制定企业技术标准、管理标准和岗位标准。

4.4 企业的技术标准、管理标准、岗位标准应协调。应将技术标准的执行要求贯彻到管理标准，管理标准的落实要求分解到岗位标准，岗位标准确保技术标准、管理标准的有效实施。

4.5 跟踪电力工业最新技术发展，促进新技术、新成果的标准转化。

4.6 关注电力市场需求，标准要求应满足顾客需求，提高市场竞争力。

4.7 积极采用国际标准和国外先进标准，吸收国外先进的技术、生产、经营、管理的方法和指标。

4.8 企业标准应主题明确、内容完整、逻辑严谨、结构清晰、易理解、无歧义、便于实施。

4.9 标准中给定的同一概念应使用相同的术语，避免使用同义词；所选用的术语在本标准中应仅有唯一的含义。

5 技术标准

5.1 要求

5.1.1 国家标准、行业标准、地方标准、团体标准中部分内容适用于企业，可转化为企业标准，或对其内容进行细化，将其转化为企业标准，也可直接引用。

5.1.2 企业产品实现/服务提供过程中无标准可依时，应制定企业技术标准。

5.1.3 企业技术标准宜严于国家标准、行业标准、地方标准、团体标准和上级机构技术要求。

5.2 编制原则

5.2.1 应根据不同技术对象特征及其制定的目的，确定技术标准的主题内容。

5.2.2 标准条文应规定需要遵守的准则和达到的技术要求以及采取的技术措施，应考虑消除危险、降低风险、防止污染、保护环境等要求。

5.2.3 定性和定量应准确，并应有充分的依据。

5.2.4 标准条文应协调，相关的标准内容之间不得相互抵触。

5.2.5 对过程进行时序、顺序规定时，其要求的方法、步骤、时限等应明确表达。

5.2.6 技术标准不应引用企业管理标准和岗位标准。

5.2.7 编写作业指导书时，还宜符合以下要求：

　　a）按对应作业编制；

　　b）收集相关技术标准和规定，识别各作业步骤中应执行的条款、内容和要求，提取并对接到相应的作业步骤中表述；

　　c）充分吸收现场作业经验，采用和吸收技术创新成果；

　　d）作业步骤宜形成标准化成文信息，即表、单（卡）和记录等。

6 管理标准

6.1 要求

6.1.1 管理标准的主题内容应包括管理职责及管理活动内容、方法和要求。

6.1.2 管理标准应体现对业务管理策划、执行、检查和处置的全过程，按业务流程对管理活动的内容和方法等进行表述。

6.2 主题内容

6.2.1 管理职责

6.2.1.1 应明确管理活动的主管领导、责任部门、协作部门的职责。

6.2.1.2 职责的描述宜采用"负责＋过程或接口事项的主题名称"的形式。

6.2.2 管理内容、方法和要求

6.2.2.1 根据管理活动的特点或类别，可采用一章或多章表述。

6.2.2.2 管理标准宜按照下列要求编写：

　　a）详细规定该管理活动所涉及的全部内容和应达到的要求，采取的措施和方法应与管理职责相对应。

　　b）列出开展活动的输入环节、转换的各环节和输出环节的内容，包括

物资、人员、信息和环境等方面应具备的条件，以及与其他活动接口的协调要求。

c) 明确每个过程中各项工作由谁干、干什么、干到什么程度、何时干、何地干、怎么干以及为达到要求如何进行控制，并注明需要注意的例外或特殊情况；必要时可辅以程序或流程图，流程描述与管理内容描述一致。

d) 管理要求宜量化，不能量化的要求应用可比较的特性表述。

e) 规定管理活动报告和记录的形成、传递路线。

6.2.3 报告和记录清单

6.2.3.1 应列出本标准形成的所有报告与记录的清单，宜包括报告和记录的编号、名称、保存期限、保存机构。

6.2.3.2 应规定报告和记录的统一格式。报告和记录较多时，可在附录中规定。

7 岗位标准

7.1 要求

7.1.1 岗位标准的主题内容应包括岗位职责、岗位人员资格要求、工作内容和要求、检查与考核。

7.1.2 岗位标准应按企业设定的岗位编制，每个岗位都应有岗位标准，各岗位职责划分明确。

7.2 主题内容

7.2.1 岗位职责

7.2.1.1 应明确岗位的职责。

7.2.1.2 职责的描述宜采用"负责＋事项的主题名称"的形式。

7.2.2 岗位人员资格要求

应明确岗位人员的任职要求，包括但不限于：

a） 教育背景：从事该岗位应具有的文化水平、最基本学历要求。

b） 工作经验：从事该岗位应具备的最基本工作经验要求，包括相关专业经历。

c） 知识和技能：从事该岗位所需达到的职称（技能等级）、工作技能、专业知识、管理知识、操作水平等一系列专业资质要求。对从事特殊作业的岗位，应明确需持有的相应资格证书。

7.2.3　工作内容和要求

岗位标准应以技术标准和管理标准为依据。当技术标准体系和管理标准体系中的标准能够满足该岗位作业要求时，岗位标准可在内容和要求中直接引用。

当技术标准体系和管理标准体系中的标准不能满足该岗位工作要求时，应按照下列要求编写：

a） 每个岗位按工作流程明确输入环节、转换的各环节和输出环节的内容，包括物资、人员、信息和环境等方面应具备的条件，并与其他工作（作业）接口相协调。

b） 明确每个环节转换过程中的各项因素，以及要达到的要求，说明需要注意的任何例外或特殊情况。

c） 有特殊要求的岗位，应按照国家有关部门颁布的规定制定。

d） 岗位工作宜量化质量、数量和时间的要求。

7.2.4　检查与考核

检查与考核应明确内容、责任人、周期、时间。

8　标准编号

企业标准的编号（见图1）由以下部分组成：

——企业标准标识（Q/）；

——企业代号，宜采用企业名称缩写，以大写字母表示；

——标准分类号，可分为技术标准（1）、管理标准（2）、岗位标准（3），此部分可选；

——标准顺序号，宜采用阿拉伯数字表示，位数根据企业标准体系中的数量范围，由企业自行确定；

——标准发布年代号，为标准发布的公元年号，采用 4 位阿拉伯数字表示。

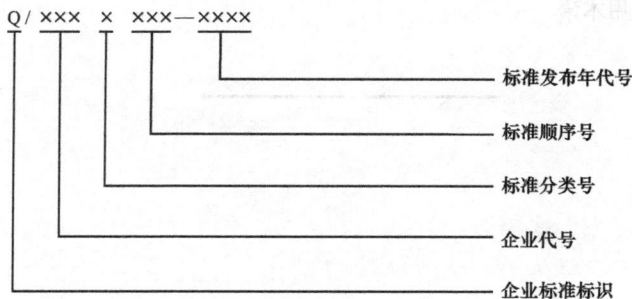

图 1　企业标准编号格式

参 考 文 献

[1] GB/T 13017—2008　企业标准体系表编制指南

[2] GB/T 20000.1—2014　标准化工作指南　第1部分：标准化和相关活动的通用术语

附录 D T/CEC 181—2018 电力企业标准化工作 评价与改进

1 范围

本标准规定了电力企业标准化工作的评价策划、实施、结果管理和改进。

本标准适用于电力企业标准化工作自我评价、第三方评价及企业标准化工作的改进。

2 规范性引用文件

下列文件对于本文件的应用是必不可少的。凡是注日期的引用文件，仅注日期的版本适用于本文件。凡是不注日期的引用文件，其最新版本（包括所有的修改单）适用于本文件。

GB/T 1.1 标准化工作导则 第 1 部分：标准的结构和编写

GB/T 35778—2017 企业标准化工作 指南

DL/T 485—2018 电力企业标准体系表编制导则

DL/T 800—2018 电力企业标准编写导则

DL/T 1004 电力企业管理体系整合导则

3 评价原则与依据

3.1 评价原则

电力企业标准化工作评价应遵循以下原则：

——客观公正。

——科学严谨。

——全面准确。

——注重实效。

——服务发展。

3.2 评价依据

电力企业标准化工作评价依据应包括下列内容：

——国家有关方针、政策。

——相关法律法规和强制性标准。

——企业的方针、目标。

——GB/T 35778—2017、DL/T 485—2018、DL/T 800—2018、DL/T 1004。

——本标准的要求。

4 基本要求

4.1 评价条件

4.1.1 企业标准体系正式发布，标准持续实施三个月及以上。

4.1.2 企业申请第三方评价，还应符合下列要求：

    a）自愿提出申请，提交申请材料（见附录 A）。

    b）在经营范围内合法合规开展生产经营活动。

    c）行政许可、审批或强制认证等已获得相应资质。

    d）三年内未发生重大及以上质量、安全、环境保护等事故。

    e）提出申请前一年内，按本标准开展了企业标准化工作自我评价。

4.2 评价组织

4.2.1 企业标准化工作自我评价由企业自行组织。

4.2.2 企业标准化工作第三方评价由中国电力企业联合会组织。

4.3 评价人员

4.3.1 企业自我评价人员应具备的基本条件：

    a）熟悉国家和电力行业有关标准化方针、政策及相关法律法规。

    b）经过企业标准化培训，掌握企业标准化工作系列国家标准、相关行业标准、团体标准及标准化和相关专业知识。

    c）具有标准化工作经验。

  d）熟悉企业生产经营情况，具备识别企业在标准化工作中存在问题的能力。

  e）遵纪守法、坚持原则、诚实正直。

4.3.2　电力企业标准化工作第三方评价人员，除满足 4.3.1 要求外，还应符合下列要求：

  a）熟悉被评价企业生产经营特点。

  b）恪守职业道德，能保守被评价企业的技术和商业秘密。

  c）独立于被评价企业。

  d）连续从事标准化工作不少于三年。

  e）评价组长有五次及以上标准化工作评价的经历，能够识别生产、经营、管理活动的关键环节，具有组织协调、文字表达和现场把控能力。

4.3.3　企业自我评价组的人数由企业依据企业规模、评价时间、地域范围等实际需要自行确定。第三方评价组人员不应少于五人，不宜多于七人。

5　评价策划

5.1　企业自我评价策划

5.1.1　企业自我评价策划内容应包括：

  a）　组成评价组，确定组长。

  b）明确评价的依据、目的。

  c）确定评价范围。

  d）确定评价项目，应覆盖附录 B。

  e）确定文件评价和现场评价的安排。

  f）与被评价部门及基层组织沟通，并确定进入现场评价的时间。

  g）评价组任务分工。

  h）确定沟通方式、评价记录的要求。

  i）准备评价所需的资料和记录用表格等。

5.1.2　企业自我评价策划的结果应形成自我评价方案，评价方案经最高管理者或其正式授权代表批准。

5.2 第三方评价策划

第三方评价策划应包括下列活动和内容：

a) 对企业申请材料进行审查。

b) 告知企业申请材料审查结果。

c) 与企业协商现场评价时间、人员。

d) 组成评价组，确定组长。

e) 确定现场评价方案，包括评价范围、项目、依据、目的、工作程序、任务分工及时间安排等。

f) 特殊情况的处理。

6 评价实施

6.1 首次会议

6.1.1 首次会议应由评价组长主持。参加会议的人员应包括企业最高管理层成员、被评价部门及基层组织的负责人、企业标准化工作组织体系相关人员、评价组成员。

6.1.2 企业自我评价首次会议应包括下列内容：

a) 宣布评价组长和评价组成员。

b) 依据评价方案，宣布评价程序和方法，以及评价范围、依据、目的、任务分工及时间安排等。

c) 特殊情况下变更现场评价时间的说明。

d) 可能造成评价提前终止的情况说明。

6.1.3 第三方评价时，首次会议应包括下列内容：

a) 评价组长宣布评价组成员。

b) 企业向评价组介绍企业基本情况、标准化工作机制及标准化工作情况、标准体系的建立及运行情况、取得的成效、加分项的说明等。

c) 评价组结合企业标准化工作情况介绍及企业提交的申请材料，向企业最高管理层成员、标准化工作相关人员进行询问。

d) 依据双方确认的评价方案，评价组长宣布评价程序和方法，以及评价范围、依据、目的、任务分工及时间安排，以及可能造成评价提前终止的情况说明。

e）评价组对有关保密和公正性声明等事宜承诺与确认。

f）双方确认安全和保密区域，必要时，企业应向评价人员提供防护和应急用品等。

g）按评价组任务分工情况，企业应指定联络人员，并为评价组提供相应支持。

6.2　评价

6.2.1　评价应包括下列内容（评分见附录 B）：

a）企业标准化工作基本要求，包括：

1）最高管理者对标准化工作的重视与支持。

2）标准化机构建设与运行。

3）各部门及基层组织的标准化工作职责与履行。

4）标准体系策划与构建。

5）标准化工作规划、计划与培训。

6）标准化工作监督与检查。

7）标准化信息管理与应用。

b）企业标准体系构建，包括：

1）技术标准体系结构与内容。

2）管理标准体系结构与内容。

3）岗位标准体系结构与内容。

c）实施、评价与改进，包括：

1）标准实施。

2）自我评价。

3）改进。

d）企业标准化工作成效与成就，包括：

1）国际标准化方面的工作。

2）国内标准化方面的工作。

3）标准化推动技术进步成效。

4）标准化推动管理提升成效。

5）企业获得荣誉情况。

e）工作现场或作业现场的评价，包括但不限于：

1）员工对标准化知识的掌握程度。

2）员工对本岗位应实施标准的掌握程度。

3）标准覆盖生产、经营、管理全过程的程度。

4）现场使用的文件与企业标准体系文件的一致性。

5）实际工作情况与标准内容符合程度。

6）标准执行效果。

7）对企业标准与实际适宜性等问题的发现、改进与反馈情况。

8）标准化创新实践与成效等。

6.2.2 评价采用随机抽样的方法进行，形式包括但不限于：

——询问、访谈、座谈。

——查阅成文信息。

——观察。

——现场操作演示。

——调查统计。

——结果复核等。

6.3 沟通

6.3.1 沟通应贯穿于评价的全过程。

6.3.2 企业自我评价和第三方评价均应进行评价组内部沟通，沟通包括但不限于：

a）获取客观证据的方法。

b）评价中发现的不符合项。

c）企业自我评价不符合项报告（见附录 C.1）。

d）第三方评价扣分项报告（见附录 C.2）。

e）评价报告（企业自我评价报告格式要求见附录 C.3、第三方评价报告格式要求见附录 C.4）。

6.3.3 第三方评价时，评价组还应在评价组内部沟通之后与企业最高管理层、标准化专职人员进行沟通，沟通包括但不限于：

    a）评价组针对现场评价风险情况提出继续评价或终止评价。

    b）评价组在评价过程中发现的不符合项、扣分项以及评价结论。

    c）评价组对企业不符合项的改进意见与建议。

    d）企业对不符合项以及评价结论进行确认或提出意见等。

6.4　末次会议

6.4.1　末次会议参加人员应与首次会议相同，由评价组长主持。

6.4.2　企业自我评价末次会议内容包括但不限于：

    a）宣布评价报告。

    b）宣布不符合项报告。

    c）对不符合项相关部门或基层组织提出制定纠正措施的要求。

6.4.3　第三方评价末次会议主要内容包括：

    a）评价组宣布评价综述及结论。

    b）企业最高管理者对结论的确认。

    c）评价组做企业申诉和投诉权力的说明。

7　评价结果管理

7.1　申诉与投诉

    企业对第三方评价过程或结果有意见和异议的，均可直接向评价组长或中国电力企业联合会提出书面申诉或投诉，评价组长或中国电力企业联合会应在15个工作日内以书面形式予以答复。

7.2　评价结果处置

7.2.1　企业应规定自我评价结论发布方式，并正式发布。

7.2.2　第三方评价结论由中国电力企业联合会审定后公告。

7.2.3　第三方评价结论发布公告前，发生重大及以上质量、安全、环境保护等事故的企业不予公告。

7.3 复评

第三方评价公告有效期三年，企业可自愿申请复评。复评程序和内容按第 6 章执行，复评结论分为升级、保持同级和降级。复评报告格式要求见附录 C.5。

8 改进

8.1 依据

企业标准化工作改进依据包括但不限于：

a）适用的标准化方针、政策、法律法规、目标和其他要求发生变化。

b）标准体系构建、运行、标准实施和评价提出的改进要求。

c）企业组织机构、经营范围发生变化。

d）产品实现过程中主要技术、工艺、材料、设备、流程发生变化。

e）顾客、其他相关方反馈的意见。

f）领导意识、员工能力和建议。

g）测量、试验、检验方法发生变化。

h）企业标准化工作纠正措施和预防措施。

8.2 内容

企业标准化工作改进内容包括但不限于：

a）标准化活动的战略与策略。

b）企业标准体系。

c）标准内容。

d）标准化人员的培训、素质和能力，人员结构，人员技能等。

附　录　A

（规范性附录）

第三方评价申请材料

A.1　申请材料

申请第三方评价时，企业应提交下列材料：

a）企业自我声明，见表 A.1。

b）第三方评价申请，见表 A.2。

c）企业简介及组织机构图。

d）企业标准化组织机构图。

e）企业自我评价报告。

f）企业标准体系发布文件及企业标准体系表。

g）企业标准化管理标准。

h）加分项证明材料。

表 A.1　企业自我声明的内容

企业自我声明
本企业在经营范围内合法合规开展经营活动，现自愿申请中国电力企业联合会组织对标准化工作进行评价，并做如下声明： a）遵守相关法律法规和强制性标准。 b）行政许可、审批或强制认证等已获得相应资质。 c）遵守本企业公开的有关标准化方针目标。 d）依据 GB/T 35778—2017、DL/T 485—2018、DL/T 800—2018、DL/T 1004、T/CEC 181 等标准文件的规定，开展标准化工作，已建立企业标准体系并有效运行，并已开展了自我评价。 e）近三年未发生重大及以上质量、安全、环境保护等事故。 f）具有良好的标准化工作基础，设立了标准化管理机构并配备了标准化专（兼）职人员，最高管理者具有较强的标准化意识。 上述声明真实可信，如有不实之处，愿意承担相应的法律责任。 最高管理者签字：   　　　　　　　　　　　　　　　　　　　　　　　　　　企业名称（公章） 　　　　　　　　　　　　　　　　　　　　　　　　　年　　　月　　　日

表A.2 第三方评价申请

企业名称（盖章）：   编号：

统一社会信用 代码			企业类型			
所属集团			最高管理者姓名			
企业注册地址						
企业人员总数			企业技术人员 和管理人员人数			
企业标准化 归口管理部门			企业标准化工作 主要负责人姓名			
自我评价等级		自我评价 得分		基本分		加分
联系人员姓名		联系电话			E-mail	
企业标准体系 发布时间		年　　月　　日（以发布令时间为准）				
企业承担技术委员会/分技术委员会（TC/SC）秘书处情况及参加人员情况 （姓名、TC/SC 职务）						
企业主导或参加国际标准、国家标准、行业标准、地方标准及团体标准的制定情况						
企业近三年参与标准化活动情况（含会议、试点、示范等，明确时间、地点、内容等）						
企业获得标准化奖励情况（授奖机构、名称、时间）						
注1：编号由中国电力企业联合会填写。 注2：企业类型填写性质，如设计、施工、发电（风、光、水、火、核等）、供电、修 　　造、科研试验、其他。						

A.2 自我声明

企业自我声明的内容见表 A.1。

A.3 第三方评价申请

第三方评价申请的格式见表 A.2。

附 录 B
（规范性附录）
电力企业标准化工作评分内容与细则

B.1 评分标准

企业标准化工作（标准体系）评价基本分为 450 分，加分 50 分，总分满分 500 分：

a) 总分评分达到 300 分以上，可评为 A 级标准化良好行为企业。

b) 总分评分达到 350 分以上，可评为 AA 级标准化良好行为企业。

c) 基本评分达到 400 分及以上或基本分评分不低于 390 分且加分项评分达到 15 分及以上，可评为 AAA 级标准化良好行为企业。

d) 基本评分达到 420 分及以上或基本分评分不低于 410 分且加分项评分达到 20 分及以上，可评为 AAAA 级标准化良好行为企业。

e) 基本评分达到 435 分及以上或基本分评分不低于 430 分且加分项评分达到 30 分及以上，可评为 AAAAA 级标准化良好行为企业。

B.2 分数分布

评分细则包括四个评分模块，分别为企业标准化工作基本要求 90 分，企业标准体系构建 180 分，实施、评价与改进 180 分，加分项 50 分。其中：

企业标准体系构建评分模块，包括技术标准体系 60 分，管理标准体系 80 分（产品实现管理标准体系 40 分 + 基础保障管理标准体系 40 分）和岗位标准体系 40 分。

实施、评价与改进评分模块，包括实施 120 分（其中，技术标准实施 40 分，管理标准实施 50 分，岗位标准实施 30 分），评价 30 分，改进 30 分。

B.3 评分项增删

企业标准体系评分模块分别按照电力设计、电力施工、发供电、电力科研等典型过程给出了技术标准体系和产品实现管理标准体系评分模块。企业策划和构建企业标准体系时，根据实际生产、经营、管理范围对体系模块要素进行了增加、删减、组合、调整的，可相应增删评分项，但删减仅限于"技术标准体系"，并应给出删减的依据与说明。产品实现管理标准体系应与删减要素后的技术标准体系同步调整、协调配套。

任何删减应由该领域现场评价人员或评价组长做出判断，确认其删减的合理性。

B.4 评分说明

企业根据实际生产、经营、管理范围和需要建立的企业标准体系，其分类、类别数与评分表不一致的，每一类别的标准分值按该体系评分模块的总分值等比分配，其中，企业技术标准体系构建总分均为 60 分，产品实现管理标准体系构建总分均为 40 分；技术标准实施总分均为 40 分，管理标准实施总分均为 50 分。

评分细则中每项标准分是该评分项的最高扣分限值，超出部分不再扣分。

B.5 电力企业标准化工作评分细则见表 B.1。

表 B.1 电力企业标准化工作评分细则

评价项目	依据标准	评价细则	评分标准	标准分	得分
1 企业标准化工作基本要求（90 分）					
1.1 最高管理者（8 分）	GB/T 35778—2017 12.1.1	1）企业发展战略、方针、目标体现了对标准化工作的部署，年度工作报告中包含对标准化工作的要求	未包含和体现标准化工作内容扣 1 分	1	
		2）能提供最高管理者参加企业标准化工作会议或对标准化工作进行研究、决策和提供经费、设施、人员等资源的资料	未能提供证实性资料扣 2 分；最高管理者访谈的情况与提供资料不一致扣 0.5 分；未能提供相关经费、设施、人员支持资料扣 1 分	2	
		3）根据企业方针、目标，制定了企业标准化工作方针、目标	没有企业标准化工作方针、目标扣 2 分；与企业方针、目标不配套、不协调扣 1 分	2	

表 B.1（续）

评价项目	依据标准	评价细则	评分标准	标准分	得分
1.1 最高管理者（8分）	GB/T 35778—2017 12.1.1	4）企业建立了调动全员参与标准化工作的激励机制，包括绩效考核规定，并提供相关资料	未能提供有关激励机制的资料扣 1分；最高管理者访谈的情况与提供资料不一致扣 0.5 分	1	
		5）明确了最高管理者标准化管理职责，纳入最高管理者岗位标准并得到履行	未能提供经批准的最高管理者岗位标准或未按标准履行扣 1 分	1	
		6）最高管理者履行了批准或授权批准企业标准和其他标准化文件发布的职责；授权他人的，应提供有效的授权文件信息	企业标准和其他标准化文件未经最高管理者批准或未经正式授权代表批准扣 1 分	1	
1.2 标准化机构（6分）	GB/T 35778—2017 12.1.2	1）明确了企业标准化机构、人员及其职责，明确归口管理部门职责，并以企业公文形式公布相应的人员名单	机构未成立或未明确归口管理部门及负责人扣 2 分，职责不明确扣 0.5 分；未正式公布标准化机构人员名单扣 0.5 分	2	
		2）标准化组织机构中标准化归口管理部门的职责在相应的岗位标准中体现，并与相应的标准、过程文件协调一致	工作项目有遗漏一处扣 0.5 分；职责未在岗位标准中体现扣 1 分；岗位标准与文件明确的职责不一致，1 个岗位扣 0.5 分	2	
	GB/T 35778—2017 8.1.2、12.2	3）负责标准化工作的专（兼）职标准化岗位人员接受标准化专业知识培训，取得合格证书；能够组织开展企业标准体系建设和企业标准化工作	未接受培训、不满足上岗需要扣 2 分；未取得岗位证书扣 1 分；不熟悉标准化工作要求扣 1 分	2	

表 B.1（续）

评价项目	依据标准	评价细则	评分标准	标准分	得分
1.3　各部门及基层组织（6分）	GB/T 35778—2017 12.1.3	1）各部门及基层组织标准化职责划分明确，符合企业实际，与其他部门及基层组织职责无交叉、重叠，纳入部门正职岗位标准	职责不明确或有交叉、缺失，不符合实际一处扣0.5分；不满足要求一项扣0.5分	2	
		2）各部门及基层组织按期完成了标准化机构下达的标准化工作任务	未按期完成一项扣0.5分	2	
		3）各部门及基层组织负责人应掌握本部门及本组织开展的各项标准化工作、标准建立情况及落实情况	不熟悉、不掌握一人次扣0.5分	2	
1.4　标准体系策划与构建（50分）	DL/T 485—2018 6.1、第10章 DL/T 800—2018 第8章	1）应结合企业方针、目标，对生产、经营、管理过程和需求进行分析，按过程和层级形成业务项目清单；依据业务项目清单，构建标准体系结构框架，确定企业标准项目	没有分析扣6分；未能提供业务项目清单扣1分，业务项目、标准项目有缺漏一项扣0.5分	6	
		2）对企业组织机构、标准体系、各管理体系、企业现行制度及标准等标准化现状进行梳理、统计和分析，确定建立并运行企业标准体系的方法和任务	没有分析扣6分；分析的现状与实际不符合2分，分析缺项一项扣1分；未明确企业标准体系建立并运行的方法和任务扣2分	6	
		3）识别了企业适用的法律法规和指导标准（文件）的要求，建立了企业适用法律法规清单、指导标准（文件）清单	未建立识别清单扣5分；遗漏一项与产品实现过程或活动相关的法律法规、标准一处扣0.5分	5	

表 B.1（续）

评价项目	依据标准	评价细则	评分标准	标准分	得分
1.4　标准体系策划与构建（50 分）	DL/T 485—2018 6.1、第 10 章 DL/T 800—2018 第 8 章	4）建立了法律法规和指导标准（文件）适用条款转化纳入企业标准的对照清单；清单按"法律法规和指导标准（文件）名称及编号→适用条款章节号→转化纳入企业标准的名称"建立，将其需求、要求结合企业实际在企业标准内容中细化落实	未建立对照清单扣 5 分，有漏项一处扣 0.5 分；未在企业标准中细化落实或未在企业标准体系中体现一处不相符或缺漏扣 0.5 分	5	
		5）构建并按规定的程序发布企业标准体系表，企业标准体系表应包括企业技术标准体系、管理标准体系和岗位标准体系的结构图、标准明细表、标准统计表和编制说明，符合 DL/T 485—2018 第 10～12 章的要求；标准项目齐全、相互协调、不交叉、不重复，满足企业实际需要，有标准编号和体系代码，编制合理，便于企业实施	未按程序发布扣 5 分；无标准编号和体系代码扣 1 分；未按标准内在联系排列扣 1 分	5	
	DL/T 800—2018 第 4～8 章	6）企业技术标准、管理标准、岗位标准内容编写应符合 DL/T 800—2018 的要求，技术标准、管理标准、岗位标准内容应相互协调，应执行的技术标准应贯彻到相应的管理标准和岗位标准中，管理标准内容应分解落实到相关岗位标准，岗位标准应确保技术标准、管理标准的有效实施	标准内容不符合要求一处扣 0.5 分；技术标准、管理标准、岗位标准之间不协调一处扣 0.5 分；应执行的技术标准没有贯彻到管理标准，一处扣 0.5 分；管理标准的落实要求没有对应分解到相应的岗位标准，一处扣 0.5 分	9	

表 B.1（续）

评价项目	依据标准	评价细则	评分标准	标准分	得分
1.4 标准体系策划与构建（50分）	GB/T 35778—2017 6.1.3 DL/T 1004	7）企业应将生产、经营、管理活动中符合标准化对象的过程和活动均纳入企业标准体系；应按照 DL/T 1004 的要求，将各管理体系的文件、规范、标准、制度等进行整合并纳入企业标准体系，企业标准体系能提供各管理体系所需的文件化信息，做到相互协调、相互配套，内容完整齐全，不交叉、重复	符合标准化对象的过程和活动未纳入企业标准体系一项扣 1 分；未对各管理体系进行整合并纳入体系扣 8 分；整合后内容有缺失一项扣 1 分；有交叉、重复、不协调配套一处扣 1 分	9	
	GB/T 35778—2017 7.2、8.1.1	8）企业应按规定的程序起草、审核、批准和发布企业标准，应提供过程记录；相关部门和人员有查阅使用相应标准的途径和记录	没有正式发布扣 3 分；发布不符合规定程序的一处扣 0.5 分；员工不能提供和掌握应执行的标准一人次扣 1 分	3	
	DL/T 800—2018 4.2	9）企业标准编写格式符合标准编写要求，规章制度编写应符合企业相关规定	同一类编写格式累计每 3 处不符合扣 0.5 分	2	
1.5 标准化工作规划、计划与培训（8分）	GB/T 35778—2017 5.2 b）	1）围绕企业发展战略，制订了适合企业发展的标准化规划；每年结合企业生产经营情况，对企业标准化工作现状、标准体系及运行情况进行分析，按照企业标准化工作管理目标，结合企业年度目标和标准化规划制订标准化工作计划，包括标准制定、修订和实施计划	没有标准化规划扣 0.5 分；没有标准化工作年度计划扣 0.5 分；没有标准制修订和实施计划扣 0.5 分；与企业目标不配套扣 0.5 分	2	

表 B.1（续）

评价项目	依据标准	评价细则	评分标准	标准分	得分
1.5 标准化工作规划、计划与培训（8分）	GB/T 35778—2017 4.6 8.1.2	2）有年度标准化培训计划，培训内容应包括对各部门及基层（班组）组织人员进行必要的标准化基本知识、企业标准体系构成与要求、标准内容及专业技能等培训内容	没有培训计划扣2分；内容缺失一项扣0.5分	2	
		3）有全员标准化培训记录，包括培训时间、地点、参加人员、培训内容、授课教师、培训课件、考试、考核记录等	没有培训记录扣2分，每缺少一项记录扣0.5分	2	
		4）标准化培训计划完成率达到100%；实施标准的相关部门和人员掌握标准体系结构和要求、体系内标准相互关系，掌握本岗位应实施的标准	培训计划完成率低于30%扣2分，低于50%扣1分，低于80%扣0.5分；一人次未掌握标准体系结构和要求、体系内标准相互关系扣0.5分；一人次未掌握本岗位应实施标准的内容扣0.5分	2	
1.6 监督检查工作（6分）	GB/T 35778—2017 8.2.6 DL/T 485—2018 8.3.2.2	1）按企业规定的周期、内容和方法开展标准化工作、标准体系运行、标准实施的监督检查	没有开展扣2分；不符合规定一处扣2分	2	
		2）标准实施中遇到的问题按企业规定的程序得以解决和改进；监督检查中发现的问题有处置、有改进	无反馈、沟通和解决扣2分；一项未解决扣1分；问题无处置和改进一项扣1分	2	
		3）监督检查结果应形成记录或文件，作为考核、改进的依据，并进行相应标准修改、修订、废止或强化执行力的措施等处置	没有记录一处扣2分；没有实施考核扣1分；没有处置一处扣1分	2	

表 B.1（续）

评价项目	依据标准	评价细则	评分标准	标准分	得分
1.7　标准化信息管理（6分）	GB/T 35778—2017 12.3	1）建立了有效的标准化信息搜集渠道（包括网站、报刊、杂志、出版社、上级单位等），相关部门及基层组织按企业标准化工作职责规定和标准化信息处理流程对适用信息进行传递、处置和处理	未收集整理和更新企业标准等扣 1 分；未按职责和流程传递、处置和处理扣 1 分；未按规定时限实施扣 1 分	2	
		2）各部门应结合企业实际和管理需求，依据收集的适用技术标准对技术标准体系或标准进行更新和修订；依据新的上级文件将应实施和执行的内容纳入管理标准体系或转化为企业标准。应确保在规定时限内得以实施	技术标准体系或标准未更新修订一项扣 0.5 分；新的上级文件未纳入企业标准体系或转化为企业标准一项扣 0.5 分；规定时限内未能更新、转化、纳入并实施扣 0.5 分	2	
		3）建立了标准化工作信息管理系统，有企业标准体系信息数据库，能查询适用法律法规、指导文件（参考标准、上级制度）和企业标准，实现了标准制（修）订、标准化信息流转和标准化工作的实时管理	没有信息系统扣 2 分；有信息系统没有标准文件信息库扣 1.5 分；信息有缺失、遗漏一处扣 0.5 分；标准制（修）订、标准化信息流转和标准化工作没有实时流转、动态管理一处扣 0.5 分	2	
2　企业标准体系构建（180分）					
2.1　技术标准体系（60分）					
2.1　技术标准体系（60分）——电力设计企业	DL/T 485—2018 7.2.2.1	1）规划 电网、电源、电源点接入系统规划等技术标准完整、齐全，标准条文协调，与体系中其他技术标准无抵触，满足企业需要	标准有缺项、不齐全一项扣 1 分；标准内容不完善、有漏项扣 0.5 分；与体系中其他标准抵触、不协调一处扣 0.5 分	5	

表 B.1（续）

评价项目		依据标准	评价细则	评分标准	标准分	得分
2.1 技术标准体系(60分)——电力设计企业	2）勘测	DL/T 485—2018 7.2.2.2	地质、测量、水文气象等技术标准完整、齐全，标准条文协调，与体系中其他技术标准无抵触，满足企业需要	标准有缺项、不齐全一项扣1分；标准内容不完善、有漏项扣0.5分；与体系中其他标准抵触、不协调一处扣0.5分	5	
	3）机务（电）设计	DL/T 485—2018 7.2.2.3	——火电工程：锅炉及辅机、汽轮机及辅机、输煤、除灰渣、水处理、管道等技术标准完整、齐全，满足企业需要。——水电工程：水轮机、发电机、水泵、金属结构等技术标准完整、齐全，满足企业需要。——核电工程：常规岛等技术标准完整、齐全，满足企业需要。——风电工程：风力发电机组等技术标准完整、齐全，满足企业需要。——光伏工程：光伏组件、控制器、逆变器等技术标准完整、齐全，满足企业需要	标准有缺项、不齐全一项扣1分；标准内容不完善、有漏项扣0.5分；与体系中其他标准抵触、不协调一处扣0.5分	5	
	4）土建设计	DL/T 485—2018 7.2.2.4	建筑、结构、地基处理、总平面及交通运输、水工、采暖空调等技术标准完整、齐全，标准条文协调，与体系中其他技术标准无抵触，满足企业需要	标准有缺项、不齐全一项扣1分；标准内容不完善、有漏项扣0.5分；与体系中其他标准抵触、不协调一处扣0.5分	5	
	5）电气设计	DL/T 485—2018 7.2.2.5	电力系统、电气、继电保护、调度自动化、通信、仪表及控制等技术标准完整、齐全，标准条文协调，与体系中其他技术标准无抵触，满足企业需要	标准有缺项、不齐全一项扣1分；标准内容不完善、有漏项扣0.5分；与体系中其他标准抵触、不协调一处扣0.5分	5	

表 B.1（续）

评价项目		依据标准	评价细则	评分标准	标准分	得分
2.1 技术标准体系(60分)——电力设计企业	6）设备和材料	DL/T 485—2018 7.2.2.6	设备、材料的设计选型、技术性能要求、采购的技术要求等技术标准完整、齐全，标准条文协调，与体系中其他技术标准无抵触，满足企业需要	标准有缺项、不齐全一项扣 1 分；标准内容不完善、有漏项扣0.5 分；与体系中其他标准抵触、不协调一处扣0.5 分	5	
	7）检验和试验	DL/T 485—2018 7.2.2.7	检验、试验方法，设备设施检定、校准等技术标准完整、齐全，标准条文协调，与体系中其他技术标准无抵触，满足企业需要	标准有缺项、不齐全一项扣 1 分；标准内容不完善、有漏项扣0.5 分；与体系中其他标准抵触、不协调一处扣0.5 分	5	
	8）验收和评价	DL/T 485—2018 7.2.2.8	工程交付验收、整体试运行等技术标准完整、齐全，标准条文协调，与体系中其他技术标准无抵触，满足企业需要	标准有缺项、不齐全一项扣 1 分；标准内容不完善、有漏项扣0.5 分；与体系中其他标准抵触、不协调一处扣0.5 分	5	
	9）技术经济	DL/T 485—2018 7.2.2.9	概算、预算、决算、投资后评估等技术标准完整、齐全，标准条文协调，与体系中其他技术标准无抵触，满足企业需要	标准有缺项、不齐全一项扣 1 分；标准内容不完善、有漏项扣0.5 分；与体系中其他标准抵触、不协调一处扣0.5 分	5	
	10）安全和职业健康	DL/T 485—2018 7.2.2.10	通用、安全、职业健康、事故应急处置等技术标准完整、齐全，标准条文协调，与体系中其他技术标准无抵触，满足企业需要	标准有缺项、不齐全一项扣 1 分；标准内容不完善、有漏项扣0.5 分；与体系中其他标准抵触、不协调一处扣0.5 分	5	
	11）能源和环境	DL/T 485—2018 7.2.2.11	通用、能源使用、能源消耗、污染物排放等技术标准完整、齐全，标准条文协调，与体系中其他技术标准无抵触，满足企业需要	标准有缺项、不齐全一项扣 1 分；标准内容不完善、有漏项扣0.5 分；与体系中其他标准抵触、不协调一处扣0.5 分	5	

表 B.1（续）

评价项目	依据标准	评价细则	评分标准	标准分	得分
2.1 技术标准体系(60分)——电力设计企业	12）标准化和信息技术	DL/T 485—2018 7.2.2.12	通用、标准化、科技、档案、信息应用等技术标准完整、齐全，标准条文协调，与体系中其他技术标准无抵触，满足企业需要	标准有缺项、不齐全一项扣1分；标准内容不完善、有漏项扣0.5分；与体系中其他标准抵触、不协调一处扣0.5分	5	
2.1 技术标准体系(60分)——电力施工企业	1）设备、设施和材料	DL/T 485—2018 7.3.2.1	原料、材料、设备、设施等的使用及维护技术标准，采购技术要求等完整、齐全，标准条文协调，与体系中其他技术标准无抵触，满足企业需要	标准有缺项、不齐全一项扣1分；标准内容不完善、有漏项扣0.5分；与体系中其他标准抵触、不协调一处扣0.5分	9	
	2）施工、安装和调试	DL/T 485—2018 7.3.2.2	土建、安装、调试等施工技术标准完整、齐全，标准条文协调，与体系中其他技术标准无抵触，满足企业需要	标准有缺项、不齐全一项扣1分；标准内容不完善、有漏项扣0.5分；与体系中其他标准抵触、不协调一处扣0.5分	9	
	3）验收和评价	DL/T 485—2018 7.3.2.3	施工过程验收、交付验收、整体试运行等技术标准完整、齐全，标准条文协调，与体系中其他技术标准无抵触，满足企业需要	标准有缺项、不齐全一项扣1分；标准内容不完善、有漏项扣0.5分；与体系中其他标准抵触、不协调一处扣0.5分	9	
	4）测量、检验和试验	DL/T 485—2018 7.3.2.4	测量、检验、试验方法，测量设备设施检定、校准等技术标准完整、齐全，标准条文协调，与体系中其他技术标准无抵触，满足企业需要	标准有缺项、不齐全一项扣1分；标准内容不完善、有漏项扣0.5分；与体系中其他标准抵触、不协调一处扣0.5分	9	
	5）安全和职业健康	DL/T 485—2018 7.3.2.5	通用、安全、职业健康、事故应急处置等技术标准完整、齐全，标准条文协调，与体系中其他技术标准无抵触，满足企业需要	标准有缺项、不齐全一项扣1分；标准内容不完善、有漏项扣0.5分；与体系中其他标准抵触、不协调一处扣0.5分	8	

表 B.1（续）

评价项目		依据标准	评价细则	评分标准	标准分	得分
2.1　技术标准体系(60分)——电力施工企业	6）能源和环境	DL/T 485—2018 7.3.2.6	通用、能源使用、能源消耗、污染物排放等技术标准完整、齐全，标准条文协调，与体系中其他技术标准无抵触，满足企业需要	标准有缺项、不齐全一项扣1分；标准内容不完善、有漏项扣0.5分；与体系中其他标准抵触、不协调一处扣0.5分	8	
	7）标准化和信息技术	DL/T 485—2018 7.3.2.7	通用、标准化、科技、档案、信息应用等技术标准完整、齐全，标准条文协调，与体系中其他技术标准无抵触，满足企业需要	标准有缺项、不齐全一项扣1分；标准内容不完善、有漏项扣0.5分；与体系中其他标准抵触、不协调一处扣0.5分	8	
2.1　技术标准体系(60分)——发电、供电企业	1）设备、设施和材料	DL/T 485—2018 7.4.2.1	设备、设施选型的技术要求、备品备件及材料的采购技术要求等技术标准完整、齐全，标准条文协调，与体系中其他技术标准无抵触，满足企业需要	标准有缺项、不齐全一项扣1分；标准内容不完善、有漏项扣0.5分；与体系中其他标准抵触、不协调一处扣0.5分	7	
	2）运行和维护	DL/T 485—2018 7.4.2.2	——发电运行和维护：设备、设施及系统的运行与维护等技术标准完整、齐全，标准条文协调，与体系中其他技术标准无抵触，满足企业需要。——供电运行和维护：电力调度、电网运行与监控、继电保护、调度自动化等技术标准完整、齐全，标准条文协调，与体系中其他技术标准无抵触，满足企业需要	标准有缺项、不齐全一项扣1分；标准内容不完善、有漏项扣0.5分；与体系中其他标准抵触、不协调一处扣0.5分	7	
	3）检修	DL/T 485—2018 7.4.2.3	设备及系统的检修技术标准及作业指导书等完整、齐全，标准条文协调，与体系中其他技术标准无抵触，满足企业需要	标准有缺项、不齐全一项扣1分；标准内容不完善、有漏项扣0.5分；与体系中其他标准抵触、不协调一处扣0.5分	7	

表 B.1（续）

评价项目		依据标准	评价细则	评分标准	标准分	得分
2.1 技术标准体系(60 分)——发电、供电企业	4）技术监督	DL/T 485—2018 7.4.2.4	电能质量监督、绝缘监督、电测监督、保护与控制系统监督、自动化监督、信息通信监督、节能监督、环保监督、化学监督、热工监督、金属监督、水工监督、汽（水）轮机监督等技术标准完整、齐全，标准条文协调，与体系中其他技术标准无抵触，满足企业需要	标准有缺项、不齐全一项扣 1 分；标准内容不完善、有漏项 0.5 分；与体系中其他标准抵触、不协调一处扣 0.5 分	7	
	5）测量、检验和试验	DL/T 485—2018 7.4.2.5	测量、检验、试验方法，测量设备设施检定、校准等技术标准完整、齐全，标准条文协调，与体系中其他技术标准无抵触，满足企业需要	标准有缺项、不齐全一项扣 1 分；标准内容不完善、有漏项扣 0.5 分；与体系中其他标准抵触、不协调一处扣 0.5 分	7	
	6）质量、营销和服务	DL/T 485—2018 7.4.2.6	电能产品的电压、频率、谐波、可靠性，热能产品的压力、温度、流量等性能技术参数，营销和服务规范等技术标准完整、齐全，标准条文协调，与体系中其他技术标准无抵触，满足企业需要	标准有缺项、不齐全一项扣 1 分；标准内容不完善、有漏项扣 0.5 分；与体系中其他标准抵触、不协调一处扣 0.5 分	7	
	7）安全和职业健康	DL/T 485—2018 7.4.2.7	通用、安全、职业健康、事故应急处置等技术标准完整、齐全，标准条文协调，与体系中其他技术标准无抵触，满足企业需要	标准有缺项、不齐全一项扣 1 分；标准内容不完善、有漏项扣 0.5 分；与体系中其他标准抵触、不协调一处扣 0.5 分	6	
	8）能源和环境	DL/T 485—2018 7.4.2.8	通用、能源使用、能源消耗、污染物排放等技术标准完整、齐全，标准条文协调，与体系中其他技术标准无抵触，满足企业需要	标准有缺项、不齐全一项扣 1 分；标准内容不完善、有漏项扣 0.5 分；与体系中其他标准抵触、不协调一处扣 0.5 分	6	

表 B.1（续）

评价项目		依据标准	评价细则	评分标准	标准分	得分
2.1 技术标准体系(60 分)——发电、供电企业	9）标准化和信息技术	DL/T 485—2018 7.4.2.9	通用、标准化、科技、档案、信息应用、通信等技术标准完整、齐全，标准条文协调，与体系中其他技术标准无抵触，满足企业需要	标准有缺项、不齐全一项扣 1 分；标准内容不完善、有漏项扣 0.5 分；与体系中其他标准抵触、不协调一处扣 0.5 分	6	
2.1 技术标准体系(60 分)——电力科研企业	1）试验检测	DL/T 485—2018 7.5.2.1	设备、设施、装置、材料等试验、检测、研究技术标准完整、齐全，标准条文协调，与体系中其他技术标准无抵触，满足企业需要	标准有缺项、不齐全一项扣 1 分；标准内容不完善、有漏项扣 0.5 分；与体系中其他标准抵触、不协调一处扣 0.5 分	8	
	2）调试	DL/T 485—2018 7.5.2.2	设备及系统调试等技术标准完整、齐全，标准条文协调，与体系中其他技术标准无抵触，满足企业需要	标准有缺项、不齐全一项扣 1 分；标准内容不完善、有漏项扣 0.5 分；与体系中其他标准抵触、不协调一处扣 0.5 分	8	
	3）计量检定	DL/T 485—2018 7.5.2.3	仪器仪表、计量器具的检定、校准等技术标准完整、齐全，标准条文协调，与体系中其他技术标准无抵触，满足企业需要	标准有缺项、不齐全一项扣 1 分；标准内容不完善、有漏项扣 0.5 分；与体系中其他标准抵触、不协调一处扣 0.5 分	8	
	4）技术监督	DL/T 485—2018 7.5.2.4	电能质量监督、绝缘监督、电测监督、保护与控制系统监督、自动化监督、信息通信监督、节能监督、环保监督、化学监督、热工监督、金属监督、水工监督、汽（水）轮机监督等技术标准完整、齐全，标准条文协调，与体系中其他技术标准无抵触，满足企业需要	标准有缺项、不齐全一项扣 1 分；标准内容不完善、有漏项扣 0.5 分；与体系中其他标准抵触、不协调一处扣 0.5 分	8	

表 B.1（续）

评价项目		依据标准	评价细则	评分标准	标准分	得分
2.1 技术标准体系(60分)——电力科研企业	5）设备、设施与材料	DL/T 485—2018 7.5.2.5	设备和仪器仪表选型、化学试剂、材料的采购技术要求、实验室配置等技术标准完整、齐全，标准条文协调，与体系中其他技术标准无抵触，满足企业需要	标准有缺项、不齐全一项扣1分；标准内容不完善、有漏项扣0.5分；与体系中其他标准抵触、不协调一处扣0.5分	7	
	6）安全和职业健康	DL/T 485—2018 7.5.2.6	通用、安全、职业健康、事故应急处置等技术标准完整、齐全，标准条文协调，与体系中其他技术标准无抵触，满足企业需要	标准有缺项、不齐全一项扣1分；标准内容不完善、有漏项扣0.5分；与体系中其他标准抵触、不协调一处扣0.5分	7	
	7）能源和环境	DL/T 485—2018 7.5.2.7	通用、能源使用、能源消耗、污染物排放等技术标准完整、齐全，标准条文协调，与体系中其他技术标准无抵触，满足企业需要	标准有缺项、不齐全一项扣1分；标准内容不完善、有漏项扣0.5分；与体系中其他标准抵触、不协调一处扣0.5分	7	
	8）标准化和信息技术	DL/T 485—2018 7.5.2.8	通用、标准化、科技、档案、信息应用等技术标准完整、齐全，标准条文协调，与体系中其他技术标准无抵触，满足企业需要	标准有缺项、不齐全一项扣1分；标准内容不完善、有漏项扣0.5分；与体系中其他标准抵触、不协调一处扣0.5分	7	
2.2 管理标准体系（80分）						
2.2.1 产品实现管理标准体系(40分)——电力设计企业	1）勘测	DL/T 485—2018 8.2.1.2.1	勘测的策划、输入、输出、评审、验证、确认、更改等有关的管理标准完整齐全，内容协调，与体系中其他管理标准内容不重复，满足企业需要	标准有缺项、不齐全一项扣1分；标准内容不完善、有漏项扣0.5分；与体系中其他标准重复、不协调一处扣0.5分；未落实应实施的技术标准扣0.5分	7	

表 B.1（续）

评价项目		依据标准	评价细则	评分标准	标准分	得分
2.2.1 产品实现管理标准体系(40分)——电力设计企业	2）规划和设计	DL/T 485—2018 8.2.1.2.2	电网、电源、电源点接入系统等规划和设计的策划、输入、输出、评审、验证、确认、更改等有关的管理标准完整齐全，内容协调，与体系其他管理标准内容不重复，满足企业需要	标准有缺项、不齐全一项扣1分；标准内容不完善、有漏项扣0.5分；与体系中其他标准重复、不协调一处扣0.5分；未落实应实施的技术标准扣0.5分	7	
	3）技术经济	DL/T 485—2018 8.2.1.2.3	概算、预算、决算、投资后评估等有关的管理标准完整齐全，内容协调，与体系中其他管理标准内容不重复，满足企业需要	标准有缺项、不齐全一项扣1分；标准内容不完善、有漏项扣0.5分；与体系中其他标准重复、不协调一处扣0.5分；未落实应实施的技术标准扣0.5分	7	
	4）设备和材料	DL/T 485—2018 8.2.1.2.4	设计过程中对设备材料选型的管理以及企业自用设备、设施、材料的使用、维护、报废等有关的管理标准完整齐全，内容协调，与体系中其他管理标准内容不重复，满足企业需要	标准有缺项、不齐全一项扣1分；标准内容不完善、有漏项扣0.5分；与体系中其他标准重复、不协调一处扣0.5分；未落实应实施的技术标准扣0.5分	6	
	5）检验和试验	DL/T 485—2018 8.2.1.2.5	试验检验、仪器设备和实验室等有关的管理标准完整齐全，内容协调，与体系中其他管理标准内容不重复，满足企业需要	标准有缺项、不齐全一项扣1分；标准内容不完善、有漏项扣0.5分；与体系中其他标准重复、不协调一处扣0.5分；未落实应实施的技术标准扣0.5分	6	

表 B.1（续）

评价项目		依据标准	评价细则	评分标准	标准分	得分
2.2.1 产品实现管理标准体系(40分)——电力设计企业	6）服务和评价	DL/T 485—2018 8.2.1.2.6	设计交底、设计服务、技术支持、验收评价等有关的管理标准完整齐全，内容协调，与体系中其他管理标准内容不重复，满足企业需要	标准有缺项、不齐全一项扣 1 分；标准内容不完善、有漏项扣 0.5 分；与体系中其他标准重复、不协调一处扣 0.5 分；未落实应实施的技术标准扣 0.5 分	7	
	1）设备、设施和材料	DL/T 485—2018 8.2.2.2.1	设备、设施、备品备件、工程材料、构配件、仓储管理、废旧物资等有关的管理标准完整齐全，内容协调，与体系中其他标准内容不重复，满足企业需要	标准有缺项、不齐全一项扣 1 分；标准内容不完善、有漏项扣 0.5 分；与体系中其他标准重复、不协调一处扣 0.5 分；未落实应实施的技术标准扣 0.5 分	10	
2.2.1 产品实现管理标准体系(40分)——电力施工企业	2）施工、安装和调试	DL/T 485—2018 8.2.2.2.2	施工组织、施工方案和措施、施工进度、质量控制和监督、图纸与变更、设备安装、调整试验、服务等有关的管理标准完整齐全，内容协调，与体系中其他管理标准内容不重复，满足企业需要	标准有缺项、不齐全一项扣 1 分；标准内容不完善、有漏项扣 0.5 分；与体系中其他标准重复、不协调一处扣 0.5 分；未落实应实施的技术标准扣 0.5 分	10	
	3）测量、检验和试验	DL/T 485—2018 8.2.2.2.3	监视和测量、计量、检验和试验等有关的管理标准完整齐全，内容协调，与体系中其他管理标准内容不重复，满足企业需要	标准有缺项、不齐全一项扣 1 分；标准内容不完善、有漏项扣 0.5 分；与体系中其他标准重复、不协调一处扣 0.5 分；未落实应实施的技术标准扣 0.5 分	10	

表 B.1（续）

评价项目		依据标准	评价细则	评分标准	标准分	得分
2.2.1　产品实现管理标准体系(40分)——电力施工企业	4) 验收和评价	DL/T 485—2018 8.2.2.2.4	过程验收管理、竣工验收管理、达标创优等有关的管理标准完整齐全，内容协调，与体系中其他管理标准内容不重复，满足企业需要	标准有缺项、不齐全一项扣 1 分；标准内容不完善、有漏项扣 0.5 分；与体系中其他标准重复、不协调一处扣 0.5 分；未落实应实施的技术标准扣 0.5 分	10	
2.2.1　产品实现管理标准体系(40分)——发电、供电企业	1) 设备、设施和材料	DL/T 485—2018 8.2.3.2.1、8.2.3.3.1	设备设施的定置、标识、台账、可靠性、维护、点检、异动、缺陷、改造、报废，以及特种设备和工器具、材料等有关的管理标准完整齐全，内容协调，与体系中其他管理标准内容不重复，满足企业需要	标准有缺项、不齐全一项扣 1 分；标准内容不完善、有漏项扣 0.5 分；与体系中其他标准重复、不协调一处扣 0.5 分；未落实应实施的技术标准扣 0.5 分	7	
	2) 运行	DL/T 485—2018 8.2.3.2.2、8.2.3.3.2	——发电企业：生产调度、运行值班、工作票、操作票、巡回检查、设备定期试验及轮换、运行分析与报告、优化运行等有关的管理标准完整齐全，内容协调，与体系中其他管理标准内容不重复，满足企业需要。——供电企业：电力调度、电网运行与监控、继电保护、调度自动化、操作票、工作票、设备定期试验及轮换、运行操作、运行分析和报告等有关的管理标准完整齐全，内容协调，与体系中其他管理标准内容不重复，满足企业需要	标准有缺项、不齐全一项扣 1 分；标准内容不完善、有漏项扣 0.5 分；与体系中其他标准重复、不协调一处扣 0.5 分；未落实应实施的技术标准扣 0.5 分	7	

表 B.1（续）

评价项目		依据标准	评价细则	评分标准	标准分	得分
2.2.1 产品实现管理标准体系(40分)——发电、供电企业	3）检修	DL/T 485—2018 8.2.3.2.3、8.2.3.3.3	——发电企业：检修策划、检修准备、检修实施（如质量、安全、进度）、验收评价、检修技术资料等有关的管理标准完整齐全，内容协调，与体系中其他管理标准内容不重复，满足企业需要。——供电企业：检修策划、检修环境、质量控制和监督、检修设备及标准化作业管理、验收评价、检修技术资料等有关的管理标准完整齐全，内容协调，与体系中其他管理标准内容不重复，满足企业需要	标准有缺项、不齐全一项扣 1 分；标准内容不完善、有漏项扣 0.5 分；与体系中其他标准重复、不协调一处扣 0.5 分；未落实应实施的技术标准扣 0.5 分	7	
	4）技术监督	DL/T 485—2018 8.2.3.2.4、8.2.3.3.4	技术监督的内容、方法、结果等有关的管理标准完整齐全，内容协调，与体系中其他管理标准内容不重复，满足企业需要	标准有缺项、不齐全一项扣 1 分；标准内容不完善、有漏项扣 0.5 分；与体系中其他标准重复、不协调一处扣 0.5 分；未落实应实施的技术标准扣 0.5 分	6	
	5）测量、检验和试验	DL/T 485—2018 8.2.3.2.5、8.2.3.3.5	电力设备、继电保护、电力电子、仪器仪表等监视和测量管理，计量管理、检验、试验和化学检测等有关的管理标准完整齐全，内容协调，与体系中其他管理标准内容不重复，满足企业需要	标准有缺项、不齐全一项扣 1 分；标准内容不完善、有漏项扣 0.5 分；与体系中其他标准重复、不协调一处扣 0.5 分；未落实应实施的技术标准扣 0.5 分	6	

表 B.1（续）

评价项目	依据标准	评价细则	评分标准	标准分	得分
2.2.1 产品实现管理标准体系(40分)——发电、供电企业	6）营销服务	DL/T 485—2018 8.2.3.2.6、8.2.3.3.6	——发电企业：销售市场调研、拓展、交易，客户服务及满意度调查，售后服务等有关的管理标准完整齐全，内容协调，与体系中其他管理标准内容不重复，满足企业需要。——供电企业：营销策划、信息采集、业扩报装、电费电价、用电检查、客户服务、效益评价、电力市场及需求侧管理等有关的管理标准完整齐全，内容协调，与体系中其他管理标准内容不重复，满足企业需要	标准有缺项、不齐全一项扣 1 分；标准内容不完善、有漏项扣 0.5 分；与体系中其他标准重复、不协调一处扣 0.5 分；未落实应实施的技术标准扣 0.5分	7	
2.2.1 产品实现管理标准体系(40分)——电力科研企业	1）科技项目	DL/T 485—2018 8.2.4.2.1	科技立项、实施、验收和后评估实行全过程管理以及新技术、新成果的推广应用等有关的管理标准完整齐全，内容协调，与体系中其他管理标准内容不重复，满足企业需要	标准有缺项、不齐全一项扣 1 分；标准内容不完善、有漏项扣 0.5 分；与体系中其他标准重复、不协调一处扣 0.5 分；未落实应实施的技术标准扣 0.5分	7	
	2）试验检测	DL/T 485—2018 8.2.4.2.2	试验检测的方法、仪器、设备的保管和使用，验收、检测结果形成的文件、物资质量检测等有关的管理标准完整齐全，内容协调，与体系中其他管理标准内容不重复，满足企业需要	标准有缺项、不齐全一项扣 1 分；标准内容不完善、有漏项扣 0.5 分；与体系中其他标准重复、不协调一处扣 0.5 分；未落实应实施的技术标准扣 0.5分	7	

表 B.1（续）

评价项目		依据标准	评价细则	评分标准	标准分	得分
2.2.1 产品实现管理标准体系(40分)——电力科研企业	3）调试	DL/T 485—2018 8.2.4.2.3	调试装备管理和调试方案、进度、验收、质量评定、服务等有关的管理标准完整齐全，内容协调，与体系中其他管理标准内容不重复，满足企业需要	标准有缺项、不齐全一项扣 1 分；标准内容不完善、有漏项扣 0.5 分；与体系中其他标准重复、不协调一处扣 0.5 分；未落实应实施的技术标准扣 0.5 分	7	
	4）计量器具	DL/T 485—2018 8.2.4.2.4	计量器具的配置、安装、运行、保管、使用、维护及档案管理；计量器具的量值传递、溯源、计量印证和密钥等有关的管理标准完整齐全，内容协调，与体系中其他管理标准内容不重复，满足企业需要	标准有缺项、不齐全一项扣 1 分；标准内容不完善、有漏项扣 0.5 分；与体系中其他标准重复、不协调一处扣 0.5 分；未落实应实施的技术标准扣 0.5 分	7	
	5）技术监督	DL/T 485—2018 8.2.4.2.5	技术监督的内容、方法、结果等有关的管理标准完整齐全，内容协调，与体系中其他管理标准内容不重复，满足企业需要	标准有缺项、不齐全一项扣 1 分；标准内容不完善、有漏项扣 0.5 分；与体系中其他标准重复、不协调一处扣 0.5 分；未落实应实施的技术标准扣 0.5 分	6	
	6）设备、设施和材料	DL/T 485—2018 8.2.4.2.6	实验室管理、设备设施与材料保管与使用等有关的管理标准完整齐全，内容协调，与体系中其他管理标准内容不重复，满足企业需要	标准有缺项、不齐全一项扣 1 分；标准内容不完善、有漏项扣 0.5 分；与体系中其他标准重复、不协调一处扣 0.5 分；未落实应实施的技术标准扣 0.5 分	6	

表 B.1（续）

评价项目		依据标准	评价细则	评分标准	标准分	得分
2.2.2　基础保障管理标准体系(40分)	1）策划	DL/T 485—2018 8.3.2.1	企业发展规划、计划的编制、调整、执行等各项规划和计划管理标准完整齐全，统计与分析、考核等有关的管理标准完整齐全，内容协调，与体系中其他管理标准内容不重复，满足企业需要	标准有缺项、不齐全一项扣 1 分；标准内容不完善、有漏项扣 0.5 分；与体系中其他标准重复、不协调一处扣0.5 分	2	
	2）标准化	DL/T 485—2018 8.3.2.2	标准化工作组织与开展、各类标准化组织与人员的职责、标准制（修）订、标准实施与检查、标准复审、标准化信息、参与各类标准化活动、标准化工作评价和改进、标准化奖励、标准化经济效益与社会效益评价等管理标准完整齐全，内容协调，与体系中其他管理标准内容不重复，满足企业需要	标准有缺项、不齐全一项扣 1 分；标准内容不完善、有漏项扣 0.5 分；与体系中其他标准重复、不协调一处扣0.5 分；未落实应实施的技术标准扣 0.5分	4	
	3）人力资源	DL/T 485—2018 8.3.2.3	劳动组织、劳动关系、绩效、薪酬福利保障、培训和人才开发等管理标准完整齐全，内容协调，与体系中其他管理标准内容不重复，满足企业需要	标准有缺项、不齐全一项扣 1 分；标准内容不完善、有漏项扣 0.5 分；与体系中其他标准重复、不协调一处扣0.5 分	4	
	4）财务和审计	DL/T 485—2018 8.3.2.4	预算、决算、核算、成本、资金、资产、投融资、税务和审计管理标准完整齐全，内容协调，与体系中其他管理标准内容不重复，满足企业需要	标准有缺项、不齐全一项扣 1 分；标准内容不完善、有漏项扣 0.5 分；与体系中其他标准重复、不协调一处扣0.5 分	3	

表 B.1（续）

评价项目		依据标准	评价细则	评分标准	标准分	得分
2.2.2 基础保障管理标准体系(40分)	5）采购	DL/T 485—2018 8.3.2.5	采购计划、供应商、招投标、采购验收管理标准完整齐全，内容协调，与体系中其他管理标准内容不重复，满足企业需要	标准有缺项、不齐全一项扣1分；标准内容不完善、有漏项扣0.5分；与体系中其他标准重复、不协调一处扣0.5分；未落实应实施的技术标准扣0.5分	4	
	6）质量、安全和职业健康	DL/T 485—2018 8.3.2.6	质量、安全和职业健康管理的策划、建立、实施、评价、改进等管理标准完整齐全，内容协调，与体系中其他管理标准内容不重复，满足企业需要	标准有缺项、不齐全一项扣1分；标准内容不完善、有漏项扣0.5分；与体系中其他标准重复、不协调一处扣0.5分；未落实应实施的技术标准扣0.5分	4	
	7）能源和环境	DL/T 485—2018 8.3.2.7	环境监测、污染物排放等环境管理标准，能源计量、能源消耗、能源绩效等能源管理标准；环境应急预案、演练、通报、改进等应急准备和响应管理标准完整齐全，内容协调，与体系中其他管理标准内容不重复，满足企业需要	标准有缺项、不齐全一项扣1分；标准内容不完善、有漏项扣0.5分；与体系中其他标准重复、不协调一处扣0.5分；未落实应实施的技术标准扣0.5分	4	
	8）法务和合同	DL/T 485—2018 8.3.2.8	法人授权、章程及出资协议、证照管理、合规经营、法律纠纷案件等管理标准，合同授权、谈判、起草、审批、执行、保管、纠纷处置、销毁以及合同分类等管理标准完整齐全，内容协调，与体系中其他管理标准内容不重复，满足企业需要	标准有缺项、不齐全一项扣1分；标准内容不完善、有漏项扣0.5分；与体系中其他标准重复、不协调一处扣0.5分	4	

表 B.1（续）

评价项目		依据标准	评价细则	评分标准	标准分	得分
2.2.2　基础保障管理标准体系(40分)	9）知识和信息	DL/T 485—2018 8.3.2.9	知识鉴别、创造、获取、存储、共享、应用等管理标准；信息收集、加工、传递、使用、存储等管理标准；档案收集、鉴定、整理、保管、检索、使用等管理标准完整齐全，内容协调，与体系中其他管理标准内容不重复，满足企业需要	标准有缺项、不齐全一项扣 1 分；标准内容不完善、有漏项扣 0.5 分；与体系中其他标准重复、不协调一处扣 0.5 分；未落实应实施的技术标准每项扣 0.5 分	3	
	10）行政事务和综合	DL/T 485—2018 8.3.2.10	行政、文秘、涉外事务、治安保卫等行政事务管理标准，生产经营管理活动中的创新、储备、积累、推广、应用等管理标准完整齐全，内容协调，与体系中其他管理标准内容不重复，满足企业需要	标准有缺项、不齐全一项扣 1 分；标准内容不完善、有漏项扣 0.5 分；与体系中其他标准重复、不协调一处扣 0.5 分	4	
	11）党群和企业文化	DL/T 485—2018 8.3.2.11	党的建设、共青团、工会等管理标准，理念信念、价值观念、诚信建设、社会责任、企业群体意识、职工素质和优良传统、道德意识等精神文化管理标准，各种行为规范、领导体制、沟通协调、礼仪管理、纪律管理等制度文化管理标准，企业形象、企业标识、产品形象、环境建设以及文化传播等物质文化管理标准完整齐全，内容协调，与体系中其他管理标准内容不重复，满足企业需要	标准有缺项、不齐全一项扣 1 分；标准内容不完善、有漏项扣 0.5 分；与体系中其他标准重复、不协调一处扣 0.5 分	4	

表 B.1（续）

评价项目	依据标准	评价细则	评分标准	标准分	得分
2.3 岗位标准体系（40分）					
2.3.1 决策层（8分）	DL/T 485—2018 第9章	1）决策层岗位标准应按企业或上级设定的岗位编制，每个岗位都应有岗位标准	提供企业岗位设置相关规定，缺少一个岗位标准扣1分	3	
	DL/T 800—2018 第7章	2）决策层各岗位之间的职责、权限划分明确，无交叉、重叠、漏项	职责存在交叉或重叠或漏项，一处扣1分	3	
		3）决策层岗位标准中应明确岗位的职责范围、权限，岗位工作内容和要求	每缺少一项扣1分	2	
2.3.2 管理层（16分）	DL/T 485—2018 第9章	1）按企业设定的岗位编制，每个管理岗位都应有岗位标准	提供企业岗位设置相关规定，缺少一个岗位标准扣0.5分	3	
	DL/T 800—2018 第7章	2）部门及基层组织正职的岗位职责应体现本部门（基层组织、班组）所有职责	每缺少一项扣1分	3	
		3）各管理岗位之间的职责、权限划分明确，无交叉、重叠、漏项；岗位工作内容与其他岗位工作接口相互协调	职责存在交叉或重叠或漏项，一处扣1分；与其他岗位工作接口不清晰、不协调一处扣1分	4	
		4）岗位标准中应明确岗位的职责范围、权限，岗位工作内容和要求，检查与考核。内容应可操作，能评价和考核	每缺少一项扣1分；缺乏可操作性，错误或内容不完善的一处扣0.5分	3	
		5）岗位标准应将技术标准和管理标准的要求对应分解落实到岗位标准，量化质量、数量和时间的要求，确保技术标准、管理标准的有效实施	一处不符合扣0.5分；按职责范围没有落实相应的管理标准和技术标准一处扣0.5分	3	

表 B.1（续）

评价项目	依据标准	评价细则	评分标准	标准分	得分
2.3.3 操作层（16 分）	DL/T 485—2018 第 9 章	1）按企业设定的岗位编制，每个操作岗位都应有岗位标准	提供企业岗位设置相关规定，缺少一个岗位标准扣 0.5 分	4	
		2）岗位标准应明确各操作岗位的职责范围，岗位工作内容和要求，检查与考核；内容应可操作，能评价和考核	每缺少一项扣 0.5 分；缺乏可操作性，错误或内容不完善的一处扣 0.5 分	4	
	DL/T 800—2018 第 7 章	3）各操作岗位之间的职责划分明确，应具体到作业项目，各岗位之间职责无重叠、相互交叉、漏项；岗位工作内容与其他岗位工作接口相互协调	职责存在交叉或重叠或漏项，一处扣 1 分；与其他岗位工作接口不清晰、不协调一处扣 1 分	4	
		4）岗位标准应将技术标准（作业指导书）和管理标准的要求对应分解落实到岗位标准，量化质量、数量和时间的要求，能确保技术标准、管理标准的有效实施	一处不符合扣 0.5 分；按职责范围没有落实相应的管理标准和技术标准一处扣 0.5 分	4	
3 实施、评价与改进（180 分）					
3.1 技术标准实施（40 分）					
3.1 技术标准实施(40 分)——电力设计企业	1）规划	DL/T 485—2018 7.2.2.1	工作（作业）现场使用的标准文件与企业标准体系文件版本、内容应一致；实际工作情况或作业过程及结果与标准相符；相应记录、报告、表单符合标准规定	抽样检查工作场所的标准文件与企业标准体系文件不一致一处扣 0.5 分；过期作废文件无明显标识一项扣 0.5 分；现场实际工作情况、工作（作业）过程及结果与标准不符一处扣 0.5 分；不能提供标准规定的相应的记录一处扣 0.5 分；提供的记录与标准规定不符一处扣 0.5 分	3	

表 B.1（续）

评价项目		依据标准	评价细则	评分标准	标准分	得分
3.1 技术标准实施(40分)——电力设计企业	2）勘测	DL/T 485—2018 7.2.2.2	工作（作业）现场使用的标准文件与企业标准体系文件版本、内容应一致；实际工作情况或作业过程及结果与标准相符；相应记录、报告、表单符合标准规定	抽样检查工作场所的标准文件与企业标准体系文件不一致一处扣0.5分；过期作废文件无明显标识一项扣0.5分；现场实际工作情况、工作（作业）过程及结果与标准不符一处扣0.5分；不能提供标准规定的相应的记录一处扣0.5分；提供的记录与标准规定不符一处扣0.5分	4	
	3）机务（电）设计	DL/T 485—2018 7.2.2.3	工作（作业）现场使用的标准文件与企业标准体系文件版本、内容应一致；实际工作情况或作业过程及结果与标准相符；相应记录、报告、表单符合标准规定	抽样检查工作场所的标准文件与企业标准体系文件不一致一处扣0.5分；过期作废文件无明显标识一项扣0.5分；现场实际工作情况、工作（作业）过程及结果与标准不符一处扣0.5分；不能提供标准规定的相应的记录一处扣0.5分；提供的记录与标准规定不符一处扣0.5分	4	
	4）土建设计	DL/T 485—2018 7.2.2.4	工作（作业）现场使用的标准文件与企业标准体系文件版本、内容应一致；实际工作情况或作业过程及结果与标准相符；相应记录、报告、表单符合标准规定	抽样检查工作场所的标准文件与企业标准体系文件不一致一处扣0.5分；过期作废文件无明显标识一项扣0.5分；现场实际工作情况、工作（作业）	4	

表 B.1（续）

评价项目	依据标准	评价细则	评分标准	标准分	得分
3.1　技术标准实施(40分)——电力设计企业	4）土建设计　DL/T 485—2018　7.2.2.4		过程及结果与标准不符一处扣 0.5 分；不能提供标准规定的相应的记录一处扣 0.5 分；提供的记录与标准规定不符一处扣 0.5 分	4	
	5）电气设计　DL/T 485—2018　7.2.2.5	工作（作业）现场使用的标准文件与企业标准体系文件版本、内容应一致；实际工作情况或作业过程及结果与标准相符；相应记录、报告、表单符合标准规定	抽样检查工作场所的标准文件与企业标准体系文件不一致一处扣 0.5 分；过期作废文件无明显标识一项扣 0.5 分；现场实际工作情况、工作（作业）过程及结果与标准不符一处扣 0.5 分；不能提供标准规定的相应的记录一处扣 0.5 分；提供的记录与标准规定不符一处扣 0.5 分	4	
	6）设备和材料　DL/T 485—2018　7.2.2.6	工作（作业）现场使用的标准文件与企业标准体系文件版本、内容应一致；实际工作情况或作业过程及结果与标准相符；相应记录、报告、表单符合标准规定	抽样检查工作场所的标准文件与企业标准体系文件不一致一处扣 0.5 分；过期作废文件无明显标识一项扣 0.5 分；现场实际工作情况、工作（作业）过程及结果与标准不符一处扣 0.5 分；不能提供标准规定的相应的记录一处扣 0.5 分；提供的记录与标准规定不符一处扣 0.5 分	3	

表 B.1（续）

评价项目		依据标准	评价细则	评分标准	标准分	得分
3.1 技术标准实施(40分)——电力设计企业	7）检验和试验	DL/T 485—2018 7.2.2.7	工作（作业）现场使用的标准文件与企业标准体系文件版本、内容应一致；实际工作情况或作业过程及结果与标准相符；相应记录、报告、表单符合标准规定	抽样检查工作场所的标准文件与企业标准体系文件不一致一处扣0.5分；过期作废文件无明显标识一项扣0.5分；现场实际工作情况、工作（作业）过程及结果与标准不符一处扣0.5分；不能提供标准规定的相应的记录一处扣0.5分；提供的记录与标准规定不符一处扣0.5分	3	
	8）验收和评价	DL/T 485—2018 7.2.2.8	工作（作业）现场使用的标准文件与企业标准体系文件版本、内容应一致；实际工作情况或作业过程及结果与标准相符；相应记录、报告、表单符合标准规定	抽样检查工作场所的标准文件与企业标准体系文件不一致一处扣0.5分；过期作废文件无明显标识一项扣0.5分；现场实际工作情况、工作（作业）过程及结果与标准不符一处扣0.5分；不能提供标准规定的相应的记录一处扣0.5分；提供的记录与标准规定不符一处扣0.5分	3	
	9）技术经济	DL/T 485—2018 7.2.2.9	工作（作业）现场使用的标准文件与企业标准体系文件版本、内容应一致；实际工作情况或作业过程及结果与标准相符；相应记录、报告、表单符合标准规定	抽样检查工作场所的标准文件与企业标准体系文件不一致一处扣0.5分；过期作废文件无明显标识一项扣0.5分；现场实际工作情况、工作（作业）过程及结果与标准	3	

表 B.1（续）

评价项目		依据标准	评价细则	评分标准	标准分	得分
3.1 技术标准实施(40分)——电力设计企业	9）技术经济	DL/T 485—2018 7.2.2.9		不符一处扣 0.5 分；不能提供标准规定的相应的记录一处扣 0.5 分；提供的记录与标准规定不符一处扣 0.5 分	3	
	10）安全和职业健康	DL/T 485—2018 7.2.2.10	工作（作业）现场使用的标准文件与企业标准体系文件版本、内容应一致；实际工作情况或作业过程及结果与标准相符；相应记录、报告、表单符合标准规定	抽样检查工作场所的标准文件与企业标准体系文件不一致一处扣 0.5 分；过期作废文件无明显标识一项扣 0.5 分；现场实际工作情况、工作（作业）过程及结果与标准不符一处扣 0.5 分；不能提供标准规定的相应的记录一处扣 0.5 分；提供的记录与标准规定不符一处扣 0.5 分	3	
	11）能源和环境	DL/T 485—2018 7.2.2.11	工作（作业）现场使用的标准文件与企业标准体系文件版本、内容应一致；实际工作情况或作业过程及结果与标准相符；相应记录、报告、表单符合标准规定	抽样检查工作场所的标准文件与企业标准体系文件不一致一处扣 0.5 分；过期作废文件无明显标识一项扣 0.5 分；现场实际工作情况、工作（作业）过程及结果与标准不符一处扣 0.5 分；不能提供标准规定的相应的记录一处扣 0.5 分；提供的记录与标准规定不符一处扣 0.5 分	3	

表 B.1（续）

评价项目	依据标准	评价细则	评分标准	标准分	得分
3.1 技术标准实施(40 分)——电力设计企业	12）标准化和信息 DL/T 485—2018 7.2.2.12	工作（作业）现场使用的标准文件与企业标准体系文件版本、内容应一致；实际工作情况或作业过程及结果与标准相符；相应记录、报告、表单符合标准规定	抽样检查工作场所的标准文件与企业标准体系文件不一致一处扣 0.5 分；过期作废文件无明显标识一项扣 0.5 分；现场实际工作情况、工作（作业）过程及结果与标准不符一处扣 0.5 分；不能提供标准规定的相应的记录一处扣 0.5 分；提供的记录与标准规定不符一处扣 0.5 分	3	
3.1 技术标准实施(40 分)——电力施工企业	1）设备、设施和材料 DL/T 485—2018 7.3.2.1	工作（作业）现场使用的标准文件与企业标准体系文件版本、内容应一致；实际工作情况或作业过程及结果与标准相符；相应记录、报告、表单符合标准规定	抽样检查工作场所的标准文件与企业标准体系文件不一致一处扣 0.5 分；过期作废文件无明显标识一项扣 0.5 分；现场实际工作情况、工作（作业）过程及结果与标准不符一处扣 0.5 分；不能提供标准规定的相应的记录一处扣 0.5 分；提供的记录与标准规定不符一处扣 0.5 分	5	
	2）施工、安装和调试 DL/T 485—2018 7.3.2.2	工作（作业）现场使用的标准文件与企业标准体系文件版本、内容应一致；实际工作情况或作业过程及结果与标准相符；相应记录、报告、表单符合标准规定	抽样检查工作场所的标准文件与企业标准体系文件不一致一处扣 0.5 分；过期作废文件无明显标识一项扣 0.5 分；现场实际工作情况、工作（作业）过程及结果与标准	6	

表 B.1（续）

评价项目		依据标准	评价细则	评分标准	标准分	得分
3.1 技术标准实施(40分)——电力施工企业	2）施工、安装和调试	DL/T 485—2018 7.3.2.2		不符一处扣 0.5 分；不能提供标准规定的相应的记录一处扣 0.5 分；提供的记录与标准规定不符一处扣 0.5 分	6	
	3）验收和评价	DL/T 485—2018 7.3.2.3	工作（作业）现场使用的标准文件与企业标准体系文件版本、内容应一致；实际工作情况或作业过程及结果与标准相符；相应记录、报告、表单符合标准规定	抽样检查工作场所的标准文件与企业标准体系文件不一致一处扣 0.5 分；过期作废文件无明显标识一项扣 0.5 分；现场实际工作情况、工作（作业）过程及结果与标准不符一处扣 0.5 分；不能提供标准规定的相应的记录一处扣 0.5 分；提供的记录与标准规定不符一处扣 0.5 分	6	
	4）测量、检验和试验	DL/T 485—2018 7.3.2.4	工作（作业）现场使用的标准文件与企业标准体系文件版本、内容应一致；实际工作情况或作业过程及结果与标准相符；相应记录、报告、表单符合标准规定	抽样检查工作场所的标准文件与企业标准体系文件不一致一处扣 0.5 分；过期作废文件无明显标识一项扣 0.5 分；现场实际工作情况、工作（作业）过程及结果与标准不符一处扣 0.5 分；不能提供标准规定的相应的记录一处扣 0.5 分；提供的记录与标准规定不符一处扣 0.5 分	6	

表 B.1（续）

评价项目		依据标准	评价细则	评分标准	标准分	得分
3.1 技术标准实施(40分)——电力施工企业	5）安全和职业健康	DL/T 485—2018 7.3.2.5	工作（作业）现场使用的标准文件与企业标准体系文件版本、内容应一致；实际工作情况或作业过程及结果与标准相符；相应记录、报告、表单符合标准规定	抽样检查工作场所的标准文件与企业标准体系文件不一致一处扣0.5分；过期作废文件无明显标识一项扣0.5分；现场实际工作情况、工作（作业）过程及结果与标准不符一处扣0.5分；不能提供标准规定的相应的记录一处扣0.5分；提供的记录与标准规定不符一处扣0.5分	6	
	6）能源和环境	DL/T 485—2018 7.3.2.6	工作（作业）现场使用的标准文件与企业标准体系文件版本、内容应一致；实际工作情况或作业过程及结果与标准相符；相应记录、报告、表单符合标准规定	抽样检查工作场所的标准文件与企业标准体系文件不一致一处扣0.5分；过期作废文件无明显标识一项扣0.5分；现场实际工作情况、工作（作业）过程及结果与标准不符一处扣0.5分；不能提供标准规定的相应的记录一处扣0.5分；提供的记录与标准规定不符一处扣0.5分	6	
	7）标准化和信息	DL/T 485—2018 7.3.2.7	工作（作业）现场使用的标准文件与企业标准体系文件版本、内容应一致；实际工作情况或作业过程及结果与标准相符；相应记录、报告、表单符合标准规定	抽样检查工作场所的标准文件与企业标准体系文件不一致一处扣0.5分；过期作废文件无明显标识一项扣0.5分；现场实际工作情况、工作（作业）过程及结果与标准	5	

表 B.1（续）

评价项目		依据标准	评价细则	评分标准	标准分	得分
3.1 技术标准实施(40分)——电力施工企业	7）标准化和信息	DL/T 485—2018 7.3.2.7		不符一处扣 0.5 分；不能提供标准规定的相应的记录一处扣 0.5 分；提供的记录与标准规定不符一处扣 0.5 分	5	
3.1 技术标准实施(40分)——发电、供电企业	1）设备、设施和材料	DL/T 485—2018 7.4.2.1	工作（作业）现场使用的标准文件与企业标准体系文件版本、内容应一致；实际工作情况或作业过程及结果与标准相符；相应记录、报告、表单符合标准规定	抽样检查工作场所的标准文件与企业标准体系文件不一致一处扣 0.5 分；过期作废文件无明显标识一项扣 0.5 分；现场实际工作情况、工作（作业）过程及结果与标准不符一处扣 0.5 分；不能提供标准规定的相应的记录一处扣 0.5 分；提供的记录与标准规定不符一处扣 0.5 分	5	
	2）运行和维护	DL/T 485—2018 7.4.2.2	工作（作业）现场使用的标准文件与企业标准体系文件版本、内容应一致；实际工作情况或作业过程及结果与标准相符；相应记录、报告、表单符合标准规定	抽样检查工作场所的标准文件与企业标准体系文件不一致一处扣 0.5 分；过期作废文件无明显标识一项扣 0.5 分；现场实际工作情况、工作（作业）过程及结果与标准不符一处扣 0.5 分；不能提供标准规定的相应的记录一处扣 0.5 分；提供的记录与标准规定不符一处扣 0.5 分	5	

表 B.1（续）

评价项目		依据标准	评价细则	评分标准	标准分	得分
3.1 技术标准实施(40分)——发电、供电企业	3）检修	DL/T 485—2018 7.4.2.3	工作（作业）现场使用的标准文件与企业标准体系文件版本、内容应一致；实际工作情况或作业过程及结果与标准相符；相应记录、报告、表单符合标准规定	抽样检查工作场所的标准文件与企业标准体系文件不一致一处扣 0.5 分；过期作废文件无明显标识一项扣 0.5 分；现场实际工作情况、工作（作业）过程及结果与标准不符一处扣 0.5 分；不能提供标准规定的相应的记录一处扣 0.5 分；提供的记录与标准规定不符一处扣 0.5 分	5	
	4）技术监督	DL/T 485—2018 7.4.2.4	工作（作业）现场使用的标准文件与企业标准体系文件版本、内容应一致；实际工作情况或作业过程及结果与标准相符；相应记录、报告、表单符合标准规定	抽样检查工作场所的标准文件与企业标准体系文件不一致一处扣 0.5 分；过期作废文件无明显标识一项扣 0.5 分；现场实际工作情况、工作（作业）过程及结果与标准不符一处扣 0.5 分；不能提供标准规定的相应的记录一处扣 0.5 分；提供的记录与标准规定不符一处扣 0.5 分	4	
	5）测量、检验和试验	DL/T 485—2018 7.4.2.5	工作（作业）现场使用的标准文件与企业标准体系文件版本、内容应一致；实际工作情况或作业过程及结果与标准相符；相应记录、报告、表单符合标准规定	抽样检查工作场所的标准文件与企业标准体系文件不一致一处扣 0.5 分；过期作废文件无明显标识一项扣 0.5 分；现场实际工作情况、工作（作业）过程及结果与标准	4	

表 B.1（续）

评价项目		依据标准	评价细则	评分标准	标准分	得分
3.1　技术标准实施(40分)——发电、供电企业	5）测量、检验和试验	DL/T 485—2018 7.4.2.5		不符一处扣 0.5 分；不能提供标准规定的相应的记录一处扣 0.5 分；提供的记录与标准规定不符一处扣 0.5 分	4	
	6）质量、营销和服务	DL/T 485—2018 7.4.2.6	工作（作业）现场使用的标准文件与企业标准体系文件版本、内容应一致；实际工作情况或作业过程及结果与标准相符；相应记录、报告、表单符合标准规定	抽样检查工作场所的标准文件与企业标准体系文件不一致一处扣 0.5 分；过期作废文件无明显标识一项扣 0.5分；现场实际工作情况、工作（作业）过程及结果与标准不符一处扣 0.5 分；不能提供标准规定的相应的记录一处扣 0.5 分；提供的记录与标准规定不符一处扣 0.5 分	5	
	7）安全和职业健康	DL/T 485—2018 7.4.2.7	工作（作业）现场使用的标准文件与企业标准体系文件版本、内容应一致；实际工作情况或作业过程及结果与标准相符；相应记录、报告、表单符合标准规定	抽样检查工作场所的标准文件与企业标准体系文件不一致一处扣 0.5 分；过期作废文件无明显标识一项扣 0.5 分；现场实际工作情况、工作（作业）过程及结果与标准不符一处扣 0.5 分；不能提供标准规定的相应的记录一处扣 0.5 分；提供的记录与标准规定不符一处扣 0.5 分	4	

表 B.1（续）

评价项目		依据标准	评价细则	评分标准	标准分	得分
3.1 技术标准实施(40分)——发电、供电企业	8）能源和环境	DL/T 485—2018 7.4.2.8	工作（作业）现场使用的标准文件与企业标准体系文件版本、内容应一致；实际工作情况或作业过程及结果与标准相符；相应记录、报告、表单符合标准规定	抽样检查工作场所的标准文件与企业标准体系文件不一致一处扣0.5分；过期作废文件无明显标识一项扣0.5分；现场实际工作情况、工作（作业）过程及结果与标准不符一处扣0.5分；不能提供标准规定的相应的记录一处扣0.5分；提供的记录与标准规定不符一处扣0.5分	4	
	9）标准化和信息	DL/T 485—2018 7.4.2.9	工作（作业）现场使用的标准文件与企业标准体系文件版本、内容应一致；实际工作情况或作业过程及结果与标准相符；相应记录、报告、表单符合标准规定	抽样检查工作场所的标准文件与企业标准体系文件不一致一处扣0.5分；过期作废文件无明显标识一项扣0.5分；现场实际工作情况、工作（作业）过程及结果与标准不符一处扣0.5分；不能提供标准规定的相应的记录一处扣0.5分；提供的记录与标准规定不符一处扣0.5分	4	
3.1 技术标准实施(40分)——电力科研企业	1）试验检测	DL/T 485—2018 7.5.2.1	工作（作业）现场使用的标准文件与企业标准体系文件版本、内容应一致；实际工作情况或作业过程及结果与标准相符；相应记录、报告、表单符合标准规定	抽样检查工作场所的标准文件与企业标准体系文件不一致一处扣0.5分；过期作废文件无明显标识一项扣0.5分；现场实际工作情况、工作（作业）过程及结果与标准	5	

表 B.1（续）

评价项目		依据标准	评价细则	评分标准	标准分	得分
3.1 技术标准实施(40分)——电力科研企业	1）试验检测	DL/T 485—2018 7.5.2.1		不符一处扣0.5分；不能提供标准规定的相应的记录一处扣0.5分；提供的记录与标准规定不符一处扣0.5分	5	
	2）调试	DL/T 485—2018 7.5.2.2	工作（作业）现场使用的标准文件与企业标准体系文件版本、内容应一致；实际工作情况或作业过程及结果与标准相符；相应记录、报告、表单符合标准规定	抽样检查工作场所的标准文件与企业标准体系文件不一致一处扣0.5分；过期作废文件无明显标识一项扣0.5分；现场实际工作情况、工作（作业）过程及结果与标准不符一处扣0.5分；不能提供标准规定的相应的记录一处扣0.5分；提供的记录与标准规定不符一处扣0.5分	5	
	3）计量检定	DL/T 485—2018 7.5.2.3	工作（作业）现场使用的标准文件与企业标准体系文件版本、内容应一致；实际工作情况或作业过程及结果与标准相符；相应记录、报告、表单符合标准规定	抽样检查工作场所的标准文件与企业标准体系文件不一致一处扣0.5分；过期作废文件无明显标识一项扣0.5分；现场实际工作情况、工作（作业）过程及结果与标准不符一处扣0.5分；不能提供标准规定的相应的记录一处扣0.5分；提供的记录与标准规定不符一处扣0.5分	5	

表 B.1（续）

评价项目		依据标准	评价细则	评分标准	标准分	得分
3.1 技术标准实施(40分)——电力科研企业	4）技术监督	DL/T 485—2018 7.5.2.4	工作（作业）现场使用的标准文件与企业标准体系文件版本、内容应一致；实际工作情况或作业过程及结果与标准相符；相应记录、报告、表单符合标准规定	抽样检查工作场所的标准文件与企业标准体系文件不一致一处扣0.5分；过期作废文件无明显标识一项扣0.5分；现场实际工作情况、工作（作业）过程及结果与标准不符一处扣0.5分；不能提供标准规定的相应的记录一处扣0.5分；提供的记录与标准规定不符一处扣0.5分	5	
	5）设备、设施与材料	DL/T 485—2018 7.5.2.5	工作（作业）现场使用的标准文件与企业标准体系文件版本、内容应一致；实际工作情况或作业过程及结果与标准相符；相应记录、报告、表单符合标准规定	抽样检查工作场所的标准文件与企业标准体系文件不一致一处扣0.5分；过期作废文件无明显标识一项扣0.5分；现场实际工作情况、工作（作业）过程及结果与标准不符一处扣0.5分；不能提供标准规定的相应的记录一处扣0.5分；提供的记录与标准规定不符一处扣0.5分	5	
	6）安全和职业健康	DL/T 485—2018 7.5.2.6	工作（作业）现场使用的标准文件与企业标准体系文件版本、内容应一致；实际工作情况或作业过程及结果与标准相符；相应记录、报告、表单符合标准规定	抽样检查工作场所的标准文件与企业标准体系文件不一致一处扣0.5分；过期作废文件无明显标识一项扣0.5分；现场实际工作情况、工作（作业）过程及结果与标准	5	

表 B.1（续）

评价项目		依据标准	评价细则	评分标准	标准分	得分
3.1 技术标准实施(40分)——电力科研企业	6）安全和职业健康	DL/T 485—2018 7.5.2.6		不符一处扣 0.5 分；不能提供标准规定的相应的记录一处扣 0.5 分；提供的记录与标准规定不符一处扣 0.5 分	5	
	7）能源和环境	DL/T 485—2018 7.5.2.7	工作（作业）现场使用的标准文件与企业标准体系文件版本、内容应一致；实际工作情况或作业过程及结果与标准相符；相应记录、报告、表单符合标准规定	抽样检查工作场所的标准文件与企业标准体系文件不一致一处扣 0.5 分；过期作废文件无明显标识一项扣 0.5 分；现场实际工作情况、工作（作业）过程及结果与标准不符一处扣 0.5 分；不能提供标准规定的相应的记录一处扣 0.5 分；提供的记录与标准规定不符一处扣 0.5 分	5	
	8）标准化和信息	DL/T 485—2018 7.5.2.8	工作（作业）现场使用的标准文件与企业标准体系文件版本、内容应一致；实际工作情况或作业过程及结果与标准相符；相应记录、报告、表单符合标准规定	抽样检查工作场所的标准文件与企业标准体系文件不一致一处扣 0.5 分；过期作废文件无明显标识一项扣 0.5 分；现场实际工作情况、工作（作业）过程及结果与标准不符一处扣 0.5 分；不能提供标准规定的相应的记录一处扣 0.5 分；提供的记录与标准规定不符一处扣 0.5 分	5	

表 B.1（续）

	评价项目	依据标准	评价细则	评分标准	标准分	得分
	3.2 管理标准实施（50分）					
3.2.1 产品实现管理标准实施（25分）——电力设计企业	1）勘测	DL/T 485—2018 8.2.1.2.1	工作（作业）现场使用的标准文件与企业标准体系文件版本、内容应一致；实际工作情况或作业过程及结果与标准相符；相应记录、报告、表单符合标准规定	抽样检查工作场所的标准文件与企业标准体系文件不一致一处扣0.5分；过期作废文件无明显标识一项扣0.5分；现场实际工作情况、工作（作业）过程及结果与标准不符一处扣0.5分；不能提供标准规定的相应记录一处扣0.5分；提供的记录与标准规定不符一处扣0.5分	4	
	2）规划和设计	DL/T 485—2018 8.2.1.2.2	工作（作业）现场使用的标准文件与企业标准体系文件版本、内容应一致；实际工作情况或作业过程及结果与标准相符；相应记录、报告、表单符合标准规定	抽样检查工作场所的标准文件与企业标准体系文件不一致一处扣0.5分；过期作废文件无明显标识一项扣0.5分；现场实际工作情况、工作（作业）过程及结果与标准不符一处扣0.5分；不能提供标准规定的相应记录一处扣0.5分；提供的记录与标准规定不符一处扣0.5分	5	
	3）技术经济	DL/T 485—2018 8.2.1.2.3	工作（作业）现场使用的标准文件与企业标准体系文件版本、内容应一致；实际工作情况或作业过程及结果与标准相符；相应记录、报告、表单符合标准规定	抽样检查工作场所的标准文件与企业标准体系文件不一致一处扣0.5分；过期作废文件无明显标识一项扣0.5分；现场实际工作	4	

表 B.1（续）

评价项目		依据标准	评价细则	评分标准	标准分	得分
3.2.1 产品实现管理标准实施(25分)——电力设计企业	3）技术经济	DL/T 485—2018 8.2.1.2.3		情况、工作（作业）过程及结果与标准不符一处扣 0.5 分；不能提供标准规定的相应的记录一处扣 0.5 分；提供的记录与标准规定不符一处扣 0.5 分	4	
	4）设备和材料	DL/T 485—2018 8.2.1.2.4	工作（作业）现场使用的标准文件与企业标准体系文件版本、内容应一致；实际工作情况或作业过程及结果与标准相符；相应记录、报告、表单符合标准规定	抽样检查工作场所的标准文件与企业标准体系文件不一致一处扣 0.5 分；过期作废文件无明显标识一项扣 0.5 分；现场实际工作情况、工作（作业）过程及结果与标准不符一处扣 0.5 分；不能提供标准规定的相应的记录一处扣 0.5 分；提供的记录与标准规定不符一处扣 0.5 分	4	
	5）检验和试验	DL/T 485—2018 8.2.1.2.5	工作（作业）现场使用的标准文件与企业标准体系文件版本、内容应一致；实际工作情况或作业过程及结果与标准相符；相应记录、报告、表单符合标准规定	抽样检查工作场所的标准文件与企业标准体系文件不一致一处扣 0.5 分；过期作废文件无明显标识一项扣 0.5 分；现场实际工作情况、工作（作业）过程及结果与标准不符一处扣 0.5 分；不能提供标准规定的相应的记录一处扣 0.5 分；提供的记录与标准规定不符一处扣 0.5 分	4	

表 B.1（续）

评价项目		依据标准	评价细则	评分标准	标准分	得分
3.2.1 产品实现管理标准实施(25 分)——电力设计企业	6）服务和评价	DL/T 485—2018 8.2.1.2.6	工作（作业）现场使用的标准文件与企业标准体系文件版本、内容应一致；实际工作情况或作业过程及结果与标准相符；相应记录、报告、表单符合标准规定	抽样检查工作场所的标准文件与企业标准体系文件不一致一处扣 0.5 分；过期作废文件无明显标识一项扣 0.5 分；现场实际工作情况、工作（作业）过程及结果与标准不符一处扣 0.5 分；不能提供标准规定的相应的记录一处扣 0.5 分；提供的记录与标准规定不符一处扣 0.5 分	4	
3.2.1 产品实现管理标准实施(25 分)——电力施工企业	1）设备、设施和材料	DL/T 485—2018 8.2.2.2.1	工作（作业）现场使用的标准文件与企业标准体系文件版本、内容应一致；实际工作情况或作业过程及结果与标准相符；相应记录、报告、表单符合标准规定	抽样检查工作场所的标准文件与企业标准体系文件不一致一处扣 0.5 分；过期作废文件无明显标识一项扣 0.5 分；现场实际工作情况、工作（作业）过程及结果与标准不符一处扣 0.5 分；不能提供标准规定的相应的记录一处扣 0.5 分；提供的记录与标准规定不符一处扣 0.5 分	6	
	2）施工、安装和调试	DL/T 485—2018 8.2.2.2.2	工作（作业）现场使用的标准文件与企业标准体系文件版本、内容应一致；实际工作情况或作业过程及结果与标准相符；相应记录、报告、表单符合标准规定	抽样检查工作场所的标准文件与企业标准体系文件不一致一处扣 0.5 分；过期作废文件无明显标识一项扣 0.5 分；现场实际工作情况、工作（作业）过程及结果与标准	7	

表 B.1（续）

评价项目		依据标准	评价细则	评分标准	标准分	得分
3.2.1 产品实现管理标准实施(25分)——电力施工企业	2）施工、安装和调试	DL/T 485—2018 8.2.2.2.2		不符一处扣 0.5 分；不能提供标准规定的相应的记录一处扣 0.5 分；提供的记录与标准规定不符一处扣 0.5 分	7	
	3）测量、检验和试验	DL/T 485—2018 8.2.2.2.3	工作（作业）现场使用的标准文件与企业标准体系文件版本、内容应一致；实际工作情况或作业过程及结果与标准相符；相应记录、报告、表单符合标准规定	抽样检查工作场所的标准文件与企业标准体系文件不一致一处扣 0.5 分；过期作废文件无明显标识一项扣 0.5 分；现场实际工作情况、工作（作业）过程及结果与标准不符一处扣 0.5 分；不能提供标准规定的相应的记录一处扣 0.5 分；提供的记录与标准规定不符一处扣 0.5 分	6	
	4）验收和评价	DL/T 485—2018 8.2.2.2.4	工作（作业）现场使用的标准文件与企业标准体系文件版本、内容应一致；实际工作情况或作业过程及结果与标准相符；相应记录、报告、表单符合标准规定	抽样检查工作场所的标准文件与企业标准体系文件不一致一处扣 0.5 分；过期作废文件无明显标识一项扣 0.5 分；现场实际工作情况、工作（作业）过程及结果与标准不符一处扣 0.5 分；不能提供标准规定的相应的记录一处扣 0.5 分；提供的记录与标准规定不符一处扣 0.5 分	6	

表 B.1（续）

	评价项目	依据标准	评价细则	评分标准	标准分	得分
3.2.1 产品实现管理标准实施(25分)——发电、供电企业	1）设备、设施和材料	DL/T 485—2018 8.2.3.2.1、8.2.3.3.1	工作（作业）现场使用的标准文件与企业标准体系文件版本、内容应一致；实际工作情况或作业过程及结果与标准相符；相应记录、报告、表单符合标准规定	抽样检查工作场所的标准文件与企业标准体系文件不一致一处扣0.5分；过期作废文件无明显标识一项扣0.5分；现场实际工作情况、工作（作业）过程及结果与标准不符一处扣0.5分；不能提供标准规定的相应记录一处扣0.5分；提供的记录与标准规定不符一处扣0.5分	4	
	2）运行	DL/T 485—2018 8.2.3.2.2、8.2.3.3.2	工作（作业）现场使用的标准文件与企业标准体系文件版本、内容应一致；实际工作情况或作业过程及结果与标准相符；相应记录、报告、表单符合标准规定	抽样检查工作场所的标准文件与企业标准体系文件不一致一处扣0.5分；过期作废文件无明显标识一项扣0.5分；现场实际工作情况、工作（作业）过程及结果与标准不符一处扣0.5分；不能提供标准规定的相应记录一处扣0.5分；提供的记录与标准规定不符一处扣0.5分	5	
	3）检修	DL/T 485—2018 8.2.3.2.3、8.2.3.3.3	工作（作业）现场使用的标准文件与企业标准体系文件版本、内容应一致；实际工作情况或作业过程及结果与标准相符；相应记录、报告、表单符合标准规定	抽样检查工作场所的标准文件与企业标准体系文件不一致一处扣0.5分；过期作废文件无明显标识一项扣0.5分；现场实际工作情况、工作（作业）过程及结果与标准	4	

表 B.1（续）

评价项目		依据标准	评价细则	评分标准	标准分	得分
3.2.1 产品实现管理标准实施(25分)——发电、供电企业	3）检修	DL/T 485—2018 8.2.3.2.3、8.2.3.3.3		不符一处扣 0.5 分；不能提供标准规定的相应的记录一处扣 0.5 分；提供的记录与标准规定不符一处扣 0.5 分	4	
	4）技术监督	DL/T 485—2018 8.2.3.2.4、8.2.3.3.4	工作（作业）现场使用的标准文件与企业标准体系文件版本、内容应一致；实际工作情况或作业过程及结果与标准相符；相应记录、报告、表单符合标准规定	抽样检查工作场所的标准文件与企业标准体系文件不一致一处扣 0.5 分；过期作废文件无明显标识一项扣 0.5 分；现场实际工作情况、工作（作业）过程及结果与标准不符一处扣 0.5 分；不能提供标准规定的相应的记录一处扣 0.5 分；提供的记录与标准规定不符一处扣 0.5 分	4	
	5）测量、检验和试验	DL/T 485—2018 8.2.3.2.5、8.2.3.3.5	工作（作业）现场使用的标准文件与企业标准体系文件版本、内容应一致；实际工作情况或作业过程及结果与标准相符；相应记录、报告、表单符合标准规定	抽样检查工作场所的标准文件与企业标准体系文件不一致一处扣 0.5 分；过期作废文件无明显标识一项扣 0.5 分；现场实际工作情况、工作（作业）过程及结果与标准不符一处扣 0.5 分；不能提供标准规定的相应的记录一处扣 0.5 分；提供的记录与标准规定不符一处扣 0.5 分	4	

表 B.1（续）

评价项目		依据标准	评价细则	评分标准	标准分	得分
3.2.1 产品实现管理标准实施(25分)——发电、供电企业	6）营销服务	DL/T 485—2018 8.2.3.2.6、8.2.3.3.6	工作（作业）现场使用的标准文件与企业标准体系文件版本、内容应一致；实际工作情况或作业过程及结果与标准相符；相应记录、报告、表单符合标准规定	抽样检查工作场所的标准文件与企业标准体系文件不一致一处扣0.5分；过期作废文件无明显标识一项扣0.5分；现场实际工作情况、工作（作业）过程及结果与标准不符一处扣0.5分；不能提供标准规定的相应的记录一处扣0.5分；提供的记录与标准规定不符一处扣0.5分	4	
3.2.1 产品实现管理标准实施(25分)——电力科研企业	1）科技项目	DL/T 485—2018 8.2.4.2.1	工作（作业）现场使用的标准文件与企业标准体系文件版本、内容应一致；实际工作情况或作业过程及结果与标准相符；相应记录、报告、表单符合标准规定	抽样检查工作场所的标准文件与企业标准体系文件不一致一处扣0.5分；过期作废文件无明显标识一项扣0.5分；现场实际工作情况、工作（作业）过程及结果与标准不符一处扣0.5分；不能提供标准规定的相应的记录一处扣0.5分；提供的记录与标准规定不符一处扣0.5分	5	
	2）试验检测	DL/T 485—2018 8.2.4.2.2	工作（作业）现场使用的标准文件与企业标准体系文件版本、内容应一致；实际工作情况或作业过程及结果与标准相符；相应记录、报告、表单符合标准规定	抽样检查工作场所的标准文件与企业标准体系文件不一致一处扣0.5分；过期作废文件无明显标识一项扣0.5分；现场实际工作情况、工作（作业）过程及结果与标准	4	

表 B.1（续）

评价项目		依据标准	评价细则	评分标准	标准分	得分
3.2.1 产品实现管理标准实施(25分)——电力科研企业	2）试验检测	DL/T 485—2018 8.2.4.2.2		不符一处扣 0.5 分；不能提供标准规定的相应的记录一处扣 0.5 分；提供的记录与标准规定不符一处扣 0.5 分	4	
	3）调试	DL/T 485—2018 8.2.4.2.3	工作（作业）现场使用的标准文件与企业标准体系文件版本、内容应一致；实际工作情况或作业过程及结果与标准相符；相应记录、报告、表单符合标准规定	抽样检查工作场所的标准文件与企业标准体系文件不一致一处扣 0.5 分；过期作废文件无明显标识一项扣 0.5 分；现场实际工作情况、工作（作业）过程及结果与标准不符一处扣 0.5 分；不能提供标准规定的相应的记录一处扣 0.5 分；提供的记录与标准规定不符一处扣 0.5 分	4	
	4）计量器具	DL/T 485—2018 8.2.4.2.4	工作（作业）现场使用的标准文件与企业标准体系文件版本、内容应一致；实际工作情况或作业过程及结果与标准相符；相应记录、报告、表单符合标准规定	抽样检查工作场所的标准文件与企业标准体系文件不一致一处扣 0.5 分；过期作废文件无明显标识一项扣 0.5 分；现场实际工作情况、工作（作业）过程及结果与标准不符一处扣 0.5 分；不能提供标准规定的相应的记录一处扣 0.5 分；提供的记录与标准规定不符一处扣 0.5 分	4	

表 B.1（续）

评价项目		依据标准	评价细则	评分标准	标准分	得分
3.2.1 产品实现管理标准实施（25 分）——电力科研企业	5）技术监督	DL/T 485—2018 8.2.4.2.5	工作（作业）现场使用的标准文件与企业标准体系文件版本、内容应一致；实际工作情况或作业过程及结果与标准相符；相应记录、报告、表单符合标准规定	抽样检查工作场所的标准文件与企业标准体系文件不一致一处扣 0.5 分；过期作废文件无明显标识一项扣 0.5 分；现场实际工作情况、工作（作业）过程及结果与标准不符一处扣 0.5 分；不能提供标准规定的相应的记录一处扣 0.5 分；提供的记录与标准规定不符一处扣 0.5 分	4	
	6）设备、设施和材料	DL/T 485—2018 8.2.4.2.6	工作（作业）现场使用的标准文件与企业标准体系文件版本、内容应一致；实际工作情况或作业过程及结果与标准相符；相应记录、报告、表单符合标准规定	抽样检查工作场所的标准文件与企业标准体系文件不一致一处扣 0.5 分；过期作废文件无明显标识一项扣 0.5 分；现场实际工作情况、工作（作业）过程及结果与标准不符一处扣 0.5 分；不能提供标准规定的相应的记录一处扣 0.5 分；提供的记录与标准规定不符一处扣 0.5 分	4	
3.2.2 基础保障管理标准实施（25 分）	1）策划	DL/T 485—2018 8.3.2.1	工作现场使用的标准文件与企业标准体系文件版本、内容应一致；实际工作情况或作业过程及结果与标准相符；相应记录、报告、表单符合标准规定	抽样检查工作场所的标准文件与企业标准体系文件不一致一处扣 0.5 分；过期作废文件无明显标识一项扣 0.5 分；现场实际工作情况、工作过程及结果与标准不符一	2	

表 B.1（续）

评价项目		依据标准	评价细则	评分标准	标准分	得分
3.2.2 基础保障管理标准实施(25分)	1）策划	DL/T 485—2018 8.3.2.1		处扣 0.5 分；不能提供标准规定的相应的记录一处扣 0.5 分；提供的记录与标准规定不符一处扣 0.5 分	2	
	2）标准化	DL/T 485—2018 8.3.2.2	工作现场使用的标准文件与企业标准体系文件版本、内容应一致；实际工作情况或作业过程及结果与标准相符；相应记录、报告、表单符合标准规定	抽样检查工作场所的标准文件与企业标准体系文件不一致一处扣 0.5 分；过期作废文件无明显标识一项扣 0.5 分；现场实际工作情况、工作过程及结果与标准不符一处扣 0.5 分；不能提供标准规定的相应的记录一处扣 0.5 分；提供的记录与标准规定不符一处扣 0.5 分	3	
	3）人力资源	DL/T 485—2018 8.3.2.3	工作现场使用的标准文件与企业标准体系文件版本、内容应一致；实际工作情况或作业过程及结果与标准相符；相应记录、报告、表单符合标准规定	抽样检查工作场所的标准文件与企业标准体系文件不一致一处扣 0.5 分；过期作废文件无明显标识一项扣 0.5 分；现场实际工作情况、工作过程及结果与标准不符一处扣 0.5 分；不能提供标准规定的相应的记录一处扣 0.5 分；提供的记录与标准规定不符一处扣 0.5 分	2	

表 B.1（续）

评价项目		依据标准	评价细则	评分标准	标准分	得分
3.2.2 基础保障管理标准实施(25分)	4）财务和审计	DL/T 485—2018 8.3.2.4	工作现场使用的标准文件与企业标准体系文件版本、内容应一致；实际工作情况或作业过程及结果与标准相符；相应记录、报告、表单符合标准规定	抽样检查工作场所的标准文件与企业标准体系文件不一致一处扣 0.5 分；过期作废文件无明显标识一项扣 0.5 分；现场实际工作情况、工作过程及结果与标准不符一处扣 0.5 分；不能提供标准规定的相应的记录一处扣 0.5 分；提供的记录与标准规定不符一处扣 0.5 分	2	
	5）采购	DL/T 485—2018 8.3.2.5	工作现场使用的标准文件与企业标准体系文件版本、内容应一致；实际工作情况或作业过程及结果与标准相符；相应记录、报告、表单符合标准规定	抽样检查工作场所的标准文件与企业标准体系文件不一致一处扣 0.5 分；过期作废文件无明显标识一项扣 0.5 分；现场实际工作情况、工作过程及结果与标准不符一处扣 0.5 分；不能提供标准规定的相应的记录一处扣 0.5 分；提供的记录与标准规定不符一处扣 0.5 分	2	
	6）质量、安全和职业健康	DL/T 485—2018 8.3.2.6	工作现场使用的标准文件与企业标准体系文件版本、内容应一致；实际工作情况或作业过程及结果与标准相符；相应记录、报告、表单符合标准规定	抽样检查工作场所的标准文件与企业标准体系文件不一致一处扣 0.5 分；过期作废文件无明显标识一项扣 0.5 分；现场实际工作情况、工作过程及结果与标准不符一	3	

表 B.1（续）

评价项目		依据标准	评价细则	评分标准	标准分	得分
3.2.2 基础保障管理标准实施(25分)	6）质量、安全和职业健康	DL/T 485—2018 8.3.2.6		处扣 0.5 分；不能提供标准规定的相应的记录一处扣 0.5 分；提供的记录与标准规定不符一处扣 0.5 分	3	
	7）能源和环境	DL/T 485—2018 8.3.2.7	工作（作业）现场使用的标准文件与企业标准体系文件版本、内容应一致；实际工作情况或作业过程及结果与标准相符；相应记录、报告、表单符合标准规定	抽样检查工作场所的标准文件与企业标准体系文件不一致一处扣 0.5 分；过期作废文件无明显标识一项扣 0.5 分；现场实际工作情况、工作（作业）过程及结果与标准不符一处扣 0.5 分；不能提供标准规定的相应的记录一处扣 0.5 分；提供的记录与标准规定不符一处扣 0.5 分	3	
	8）法务和合同	DL/T 485—2018 8.3.2.8	工作现场使用的标准文件与企业标准体系文件版本、内容应一致；实际工作情况或作业过程及结果与标准相符；相应记录、报告、表单符合标准规定	抽样检查工作场所的标准文件与企业标准体系文件不一致一处扣 0.5 分；过期作废文件无明显标识一项扣 0.5 分；现场实际工作情况、工作过程及结果与标准不符一处扣 0.5 分；不能提供标准规定的相应的记录一处扣 0.5 分；提供的记录与标准规定不符一处扣 0.5 分	2	

表 B.1（续）

评价项目		依据标准	评价细则	评分标准	标准分	得分
3.2.2 基础保障管理标准实施(25分)	9）知识和信息	DL/T 485—2018 8.3.2.9	工作现场使用的标准文件与企业标准体系文件版本、内容应一致；实际工作情况或作业过程及结果与标准相符；相应记录、报告、表单符合标准规定	抽样检查工作场所的标准文件与企业标准体系文件不一致一处扣0.5分；过期作废文件无明显标识一项扣0.5分；现场实际工作情况、工作过程及结果与标准不符一处扣0.5分；不能提供标准规定的相应的记录一处扣0.5分；提供的记录与标准规定不符一处扣0.5分	2	
	10）行政事务和综合	DL/T 485—2018 8.3.2.10	工作现场使用的标准文件与企业标准体系文件版本、内容应一致；实际工作情况或作业过程及结果与标准相符；相应记录、报告、表单符合标准规定	抽样检查工作场所的标准文件与企业标准体系文件不一致一处扣0.5分；过期作废文件无明显标识一项扣0.5分；现场实际工作情况、工作过程及结果与标准不符一处扣0.5分；不能提供标准规定的相应的记录一处扣0.5分；提供的记录与标准规定不符一处扣0.5分	2	
	11）党群和企业文化	DL/T 485—2018 8.3.2.11	工作现场使用的标准文件与企业标准体系文件版本、内容应一致；实际工作情况或作业过程及结果与标准相符；相应记录、报告、表单符合标准规定	抽样检查工作场所的标准文件与企业标准体系文件不一致一处扣0.5分；过期作废文件无明显标识一项扣0.5分；现场实际工作情况、工作过程及	2	

表 B.1（续）

评价项目		依据标准	评价细则	评分标准	标准分	得分
3.2.2 基础保障管理标准实施（25分）	11）党群和企业文化	DL/T 485—2018 8.3.2.11		结果与标准不符一处扣 0.5 分；不能提供标准规定的相应的记录一处扣 0.5 分；提供的记录与标准规定不符一处扣 0.5 分	2	
3.3 岗位标准实施（30分）						
3.3 岗位标准实施（30分）	1）决策层	DL/T 485—2018 第9章 DL/T 800—2018 第7章	决策层人员能提供履行本岗位职责依据的相关标准和证实性记录；实际工作内容和活动与本岗位标准规定的内容应一致；岗位人员工作满足岗位标准和相关标准的规定和要求	抽样检查决策层人员，实际工作内容和职责范围与本岗位标准规定的内容不一致一处扣 1 分	6	
	2）管理层		管理层人员能提供履行本岗位职责依据的相关标准和证实性记录；实际工作内容和活动与本岗位标准规定的内容应一致；岗位人员工作满足岗位标准和相关标准的规定和要求	未能提供履行本岗位职责依据的相关标准和证实性记录一人次扣1分；实际工作内容和活动与本岗位标准规定的内容不一致一处扣1分；岗位人员工作不能满足岗位标准和相关标准的规定和要求一处扣1分	12	
	3）操作层		操作层人员能提供履行本岗位职责依据的相关标准和证实性记录；实际工作内容和活动与本岗位标准规定的内容应一致；岗位人员工作满足岗位标准和相关标准的规定和要求	未能提供履行本岗位职责依据的相关标准和证实性记录一人次扣1分；实际工作内容和活动与本岗位标准规定的内容不一致一处扣1分；岗位人员工作不能满足岗位标准和相关标准的规定和要求一处扣1分	12	

表 B.1（续）

评价项目	依据标准	评价细则	评分标准	标准分	得分
3.4　自我评价（30分）	本标准 4.3、5.1、第 6 章	1）按 4.3 和 5.1 的要求成立了自我评价小组、进行了自我评价策划，并提供证实性资料	没有成立评价小组扣 3 分；评价小组成员不符合 4.3 规定一人次扣 0.5 分；不能按 5.1 提供开展自我评价策划的证实性资料扣 5 分；策划内容有缺失一项扣 1 分	12	
		2）按第 6 章的规定，实施了自我评价；能提供实施自我评价的证实性资料和相关记录；形成评价报告	按第 6 章规定没有开展自我评价扣 8 分；不能提供自我评价的证实性资料扣 6 分；评价过程或记录、资料有缺失一处扣 1 分，没有评价报告扣 3 分	12	
	DL/T 485—2018 8.2.2.2.2	3）实施了企业标准化的效益评价，能提供经济效益评价和社会效益评价的文件材料	无效益评价文件材料扣 4 分；不完善、不客观的一处扣 0.5 分	6	
3.5　改进（30分）	本标准第 8 章	1）建立了对自我评价发现不合格项的分析、处置与改进的程序，有可操作性并实施	没有建立自我改进程序扣 5 分；自我改进程序不完善或有错漏的一处扣 0.5 分	10	
		2）应按照 8.1 开展标准化工作改进，制定改进措施或纳入企业标准化工作计划组织实施	没有按 8.1 所列项目开展改进扣 6 分；无改进措施计划扣 3 分；未实施改进措施扣 2 分	10	
		3）企业应按 8.2 提供实施了各项改进的成果和证实性材料	按 8.2，没有改进扣 8 分；不能提供改进和改进成果的证实性材料扣 4 分；材料缺乏客观性一处扣 2 分	10	

表 B.1（续）

评价项目	依据标准	评价细则	评分标准	标准分	得分
4　加分项（50分）					
4.1　国际标准化（10分）		1）承担国际标准化组织 TC/SC 秘书处工作得 10 分；担任 ISO/IEC P 成员得 5 分，参与国际标准制定得 6 分；同时承担 2 项以上工作的，按最高得分计，不累计加分。 2）主导国际标准制定得 8 分；结合企业需求，主导国家标准、行业标准、团体标准翻译为外文标准并正式发布分别得 6 分、4 分、4 分，累计不超过 8 分。 3）采用国际标准或国外先进标准（不含已转化成国家、行业、地方或团体标准的国际标准或国外先进标准）纳入企业标准体系或转化制定企业标准，一项得 1 分，累计不超过 5 分		10	
4.2　国内标准化（10分）		1）承担国家级 TC 秘书处工作得 9 分；承担国家级 SC 秘书处工作得 8 分；承担国家工作组（WG）工作得 6 分；承担行业/团体 TC 工作得 4 分，承担行业/团体 SC 工作得 2 分；有各类 TC/SC 委员得 1 分。 2）主导国家标准制定得 8 分；主导行业标准、地方标准制定得 6 分；主导团体标准制定得 4 分；参与国家标准、行业标准、地方标准、团体标准制定的，按主导制定标准分值的 30%～50%计分。同时主导或参与 2 类以上标准制定工作的，按最高得分计，不累计加分。 3）在国家标准、行业标准、地方标准、团体标准制定征求意见中反馈了意见并被采纳，一次分别加 1 分、0.5 分、0.5 分、0.5 分，加满 2 分为止；参加国家标准、行业标准、地方标准、团体标准审查一人次分别加 2 分、1 分、1 分、1 分，加满 4 分为止		10	
4.3　标准化推动技术进步（10分）		1）企业近五年技术创新成果（含专利），获得国家、省（部）、集团（地市）、本企业表彰，转化成企业技术标准并实施，一项分别加 10 分、8 分、6 分、2 分。 2）筹建国家标准创新基地等标准化创新活动加 10 分、参与一项加 2 分		10	
4.4　标准化推动管理提升（10分）		1）企业近五年管理创新成果，获得国家、省（部）、集团（地市）、本企业表彰，转化成企业管理标准并实施，一项分别加 10 分、8 分、6 分、2 分。 2）实施重大管理举措、优化管理流程取得效果后在三个月内修订纳入企业管理标准并保持，一项加 1 分。 3）收集国际标准化创新动态信息资料，提炼纳入企业创新工作管理标准，一项加 1 分。 4）有产、学、研协同创新成果，一项加 1 分		10	

表 B.1（续）

评价项目	依据标准	评价细则	评分标准	标准分	得分
4.5 企业获得表彰（10分）		企业近五年受表彰情况： 1）获得国家标准化行政主管部门表彰或奖励加10分。 2）获得行业标准化工作表彰或奖励加8分。 3）获得省级地方标准化行政主管部门表彰或奖励加5分。 4）获得地（市）级标准化行政主管部门的表彰或奖励加2分。 企业获得的管理类奖项有关内容已纳入企业标准中，可比照同档次标准化荣誉加分		10	

附 录 C

（规范性附录）
标准化工作评价报告与用表

C.1 表 C.1 给出了企业标准化工作自我评价不符合项报告。

表C.1 标准化工作自我评价不符合项报告

编号：   检查日期：   年   月   日

受检部门或基层组织		负责人	
评审组成员			
不符合项事实			
受检部门或基层组织（班组）负责人确认不符合项	签字：　　　　　　　　　　　　　年　　月　　日		
不符合项纠正措施（不符合项部门或基层组织、班组填写）	纠正措施（可附页）： 负责人签字：　　　　　　　　　年　　月　　日		
纠正措施完成情况	 负责人签字：　　　　　　　　　年　　月　　日		
评审组长验证纠正措施完成情况	 评审组长签字：　　　　　　　　年　　月　　日		

C.2 表 C.2 给出了电力企业标准化工作第三方评价扣分项报告的格式。

表 C.2 电力企业标准化工作第三方评价扣分项报告

评价组：（第　　组）　　　　　　　　　　　　　　　评价组成员：

被评价单位或部门			陪同人员		评价时间		扣分总计	
扣分项目	评价内容	评价要求	扣分原因				规定得分	扣分

C.3 表 C.3 给出了企业标准化工作自我评价报告的格式。

表 C.3 标准化工作自我评价报告

编号：　　　　　　　　　　　　　　　　　　　　　　备案号：

被评价部门及基层组织				
评价时间	年　　月　　日至　　月　　日			
评价组成员名单				
评价组职务	姓　名	所在部门或基层组织	职务或岗位	签　字
组　长				
评价组成员				
评价目的				
评价依据				
评价范围				
评价结论	总　分	基　本　分	加　分	级别
评价综述及结论：　　　　　　　　　　　　　　　　　　　评价组长签字： 　　　　　　　　　　　　　　　　　　　　　　　　　　年　　月　　日				

C.4　表 C.4 给出了电力企业标准化工作第三方评价报告的格式。

表 C.4　电力企业标准化工作第三方评价报告

编号：　　　　　　　　　　　　　　　　　　　　　　　　备案号：

被评价单位						
地　　址				评价时间	年　月　日至　月　日	
法定代表人		联系人		联系电话及信箱		
评价组成员名单						
评价组职务	姓　名	工作单位及职务/职称		电　话		签　字
组　长						
评价组成员						
评价目的						
评价依据						
评价范围						
评价结论	总　分	基　本　分		加　分		级　别
评价综述及结论：						

评价组长签字：

年　　　　月　　　　日

C.5 表 C.5 给出了电力企业标准化工作第三方复评报告的格式。

表 C.5　电力企业标准化工作第三方复评报告

编号：　　　　　　　　　　　　　　　　　　　　备案号：

被评价单位						
地　　址				复评时间	年　月　日至　月　日	
法定代表人		联系人		联系电话及信箱		
复评组成员名单						
复评组职务	姓　名	工作单位及职务/职称	电　话		签　字	
组　长						
评价组成员						
复评目的						
复评依据						
复评范围						
复评结果	升为等级		保持等级		降为等级	
复评综述及结论：						

复评组长签字：
　　　　年　　月　　日